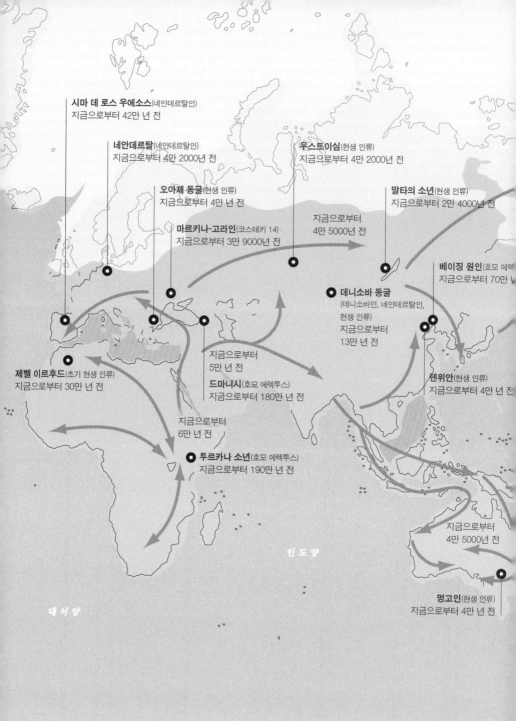

시마 데 로스 우에소스(네안데르탈인)
지금으로부터 42만 년 전

네안데르탈(네안데르탈인)
지금으로부터 4만 2000년 전

오아제 동굴(현생 인류)
지금으로부터 4만 년 전

마르키나-고라인(코스텐키 14)
지금으로부터 3만 9000년 전

우스트이심(현생 인류)
지금으로부터 4만 2000년 전

지금으로부터
4만 5000년 전

말타의 소년(현생 인류)
지금으로부터 2만 4000년 전

베이징 원인(호모 에렉)
지금으로부터 70만 ᄂ

데니소바 동굴
(데니소바인, 네안데르탈인,
현생 인류)
지금으로부터
13만 년 전

제벨 이르후드(초기 현생 인류)
지금으로부터 30만 년 전

지금으로부터
5만 년 전

드마니시(호모 에렉투스)
지금으로부터 180만 년 전

톈위안(현생 인류)
지금으로부터 4만 년 ᄌ

지금으로부터
6만 년 전

투르카나 소년(호모 에렉투스)
지금으로부터 190만 년 전

지금으로부터
4만 5000년 전

인도양

대서양

멍고인(현생 인류)
지금으로부터 4만 년 전

과거 육지 면적　　　　최대 빙하 면적　　　　──── 현대 해안선

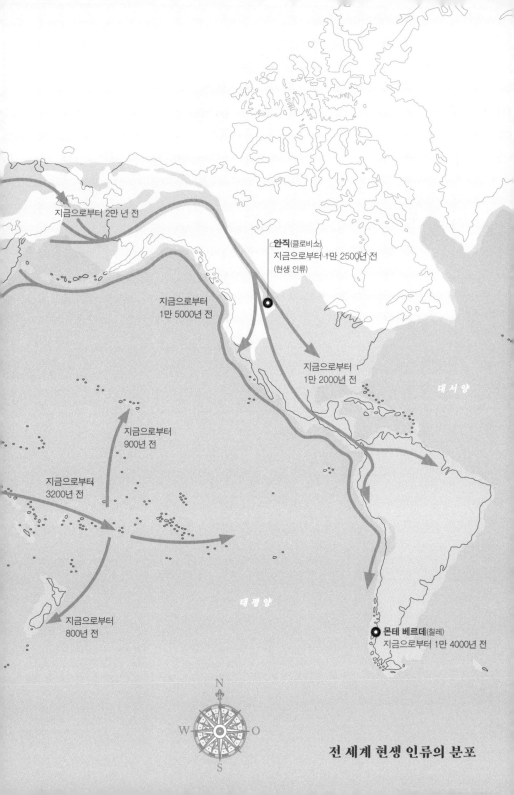

지금으로부터 2만 년 전

안직(클로비스)
지금으로부터 1만 2500년 전
(현생 인류)

지금으로부터
1만 5000년 전

지금으로부터
1만 2000년 전

대서양

지금으로부터
900년 전

지금으로부터
3200년 전

지금으로부터
800년 전

대평양

몬테 베르데(칠레)
지금으로부터 1만 4000년 전

N
W   O
S

전 세계 현생 인류의 분포

호모 에렉투스의
유전자 여행

호모 에렉투스의
유전자 여행

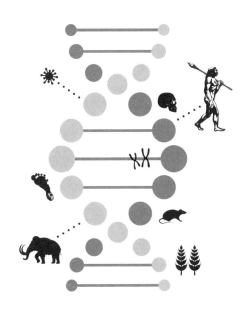

DNA 속에 남겨진 인류의 이주, 질병
그리고 치열한 전투의 역사

요하네스 크라우제, 토마스 트라페 지음 • 강영옥 옮김

책밥

호모 에렉투스의
유전자 여행

—

2020년 7월 5일 1판 1쇄 인쇄
2020년 7월 10일 1판 1쇄 발행

—

지은이 요하네스 크라우제, 토마스 트라페
옮긴이 강영옥
펴낸이 이상훈
펴낸곳 책밥
주소 03986 서울시 마포구 동교로23길 116 3층
전화 번호 02-582-6707
팩스 번호 02-335-6702
홈페이지 www.bookisbab.co.kr
등록 2007.1.31. 제313-2007-126호

—

기획·진행 권경자
디자인 디자인허브

—

ISBN 979-11-90641-08-1 (03900)
정가 17,800원

책밥은 (주)오렌지페이퍼의 출판 브랜드입니다.

이 도서의 국립중앙도서관 출판예정도서목록(CIP)은 서지정보유통지원시스템 홈페이지
(http://seoji.nl.go.kr)와 국가자료종합목록시스템(http://www.nl.go.kr/kolisnet)에서
이용하실 수 있습니다. (CIP제어번호 : CIP2020021426)

라이프치히 실험실에서는 시베리아 알타이에서 보내온
손가락뼈에 대한 분석이 한창 진행 중이었다. 우리는
이 손가락 조각이 현생 인류의 평범한 뼈, 혹시
네안데르탈인의 뼈일지도 모른다고 가정했다.

그때 갑자기 염기 서열 분석기가 분석 결과를 뽑아냈다.
처음에 나는 이 분석 결과로 연구에 착수할 엄두를 내지 못했다.
이 DNA는 현생 인류의 것도 네안데르탈인의 것도
아니었기 때문이다. 놀랍게도 이 소녀는
이제껏 알려지지 않은 원시 인류의 유형이었다.

그때까지 유럽은 이런 일을 겪어본 적이 없었다. 발칸반도를 넘어 대륙의 중심으로 밀려드는 이주 물결은 그야말로 시대의 전환을 이루는 사건임을 예고한다. 이것은 전무후무한 일이었다. 농경 문화의 대가족들이 유입되었다. 이들이 원하는 것은 단 한 가지, 새로운 땅을 차지하는 것이었다. 오랫동안 터를 잡고 살아왔던 유럽인들에게는 기회가 없었다. 처음에는 유럽인들이 물러났고, 그 다음에는 고대 유럽 문화가 사라졌다. 유럽 대륙의 정착민들과 침입자들의 모습은 달랐다. 이렇게 민족의 교류는 시작되었다.

이처럼 획기적인 대이주 행렬이 시작되고 8000년이 흘렀다. 이제서야 겨우 민족 대이동에 관한 보다 정확한 사실이 밝혀지고 있다. 우리는 혁명적인 기술로 무장하고 고대인의 뼈를 분쇄해, 뼛가루의 DNA에서 역사를 추출한다. 이것이 우리가 이 책에서 다룰 내용이다. 새로운 학문 분야인 고고유전학에서는 의학에서 개발한 방식을 이용해, 수십만 년 된 유전자를 해독한다. 고고유전학은 본격적으로 발전에 속도가 붙기 시작했다. 물론 지금까지 우리가 얻은 지식만도 헤아

릴 수 없을 정도로 많다. 우리는 아주 오래된 인간의 **뼈**를 통해, 죽은 자의 유전자 프로파일뿐만 아니라 유럽에 이러한 유전적 특질이 확산된 방식, 쉽게 말해 우리의 조상이 언제 어디에서 나타났는지 알 수 있다. 8000년 전 유럽 대륙에 아나톨리아인(소아시아인)들이 밀려들기 시작했다. 하지만 이것은 유럽 대륙에서 있었던 수많은 민족 이동 가운데 하나에 불과하다. 고고유전학 연구 결과에 의하면 과거에도 현재에도 '순수' 유럽 혈통을 가진 사람은 없다. 유전자 분석으로 과거를 추적해보면 우리 모두는 이민자 배경을 가진 사람들이다.

　2014년 석기시대 아나톨리아인들이 이주했다는 사실이 학문적으로 입증되었을 당시만 하더라도, 우리는 이 주제와 최신 이슈와의 연관성을 전혀 짐작하지 못했다. 2015년 여름 발칸반도에서 중부 유럽으로의 이동 행렬이 다시 나타나면서, 많은 유럽 국가들은 불안에 떨었고 이 현상이 정치적으로 어떤 영향을 끼칠지 예상하지 못했다. "우리는 해낸다!" 원래 전혀 악의가 없는 이 표현 때문에 우리 사회는 두 진영으로 갈라져 팽팽하게 맞서고 있다. 이주민 수용 반대파들은 이 문장을 희화화하면서 반대 의견을 피력하고 있다. 대규모 이주는 극복할 수 없고 쉽게 수용할 수도 없는 문제라는 것이다. 유엔이주협약 논의만 보아도 대규모 이주가 얼마나 논란의 소지가 많은 주제인지 알 수 있다. 독일에서는 유엔이주협약을 받아들이지 말아야 한다는 목소리가 커지고 있다. 많은 국가들이 협약의 취지가 이주를 제한하는 것이 아니라 장려하는 것이라며 지지를 거부하고 있다. 유감스럽게도 이러한 정치적 논의에서 고고유전학은 중재자로 활약할 수 없고 그런 걸 원하지도 않는다. 하지만 고고유전학은 복잡한 논의를 정리하는 데 도움을 줄 수 있고, 지난 수천 년간 인류의 이동과 이동성이 없었더라면 유럽이 이토록 눈부신 발전을 이룩할 수 없었다는 사실을 입증할 수 있다.

이 책의 집필 아이디어는 2015년 '난민의 여름'이라는 진통을 겪으면서 탄생했다. 이후 불붙기 시작한 수많은 사회적 논의에서 고고유전학은 큰 역할을 했다. 이러한 지식을 고대인의 뼛가루 속에 묻어두었다면 연구자들의 노력은 물거품이 되었을 것이다. 태곳적부터 유럽에서 나타났던 대이동 행렬은 이곳 유럽에서 시작되어 서구 세계의 기반을 다졌다. 이것이 바로 우리가 이 책에서 다룰 주제다. 특히 영원한 발칸루트(유럽으로 향하는 난민의 주요 이동로로, 터키에서 에게해를 건너 그리스에 온 난민이 독일과 오스트리아까지 가기 위해 거치는 국가를 이른다. 마케도니아에서 시작해 세르비아, 크로아티아, 슬로베니아를 거쳐 오스트리아로 이어진다. 2015년 유럽행 난민 중 100만 명이 넘는 난민이 이 루트를 이용한 것으로 알려졌다.-옮긴이), 즉 유사 이래 존재해왔던 이주와 관련된 갈등에 관해 구체적으로 다룰 것이다. 우리는 최초의 유럽인들은 왜 검은색 피부를 가졌는지, 또 게놈 분석 결과를 바탕으로 각 유럽인들의 위치를 지도에 표기하고, 민족이나 국적을 유전자로 구분할 수 없다는 사실을 설명하고자 한다. 이 책에서 설명하는 유전자 여행은 빙하기에서 시작해 진화의 실체를 완벽하게 밝히기 직전인 현대까지다. 이 책은 이 주제와 관련된 정치적 논쟁뿐만 아니라, 유럽의 역사를 통한 고고유전학 지식을 다루고 있다.

흑백 논쟁에는 새롭게 밝혀진 지식들이 별 쓸모가 없다. 유럽에는 이주민에 대한 인상이 강렬하게 남아있다. 이는 아나톨리아 농경민들에게 쫓겨난, 유럽 대륙에서 사냥과 채집생활을 하던 정착민들의 잠재의식에 거부감이 형성되는 계기였다. 한편 이주의 역사는 석기시대로 거슬러 올라가 페스트와 같은 치명적인 질병의 역사이기도 하다. 질병은 전 유럽을 죽음의 올가미로 몰아넣었지만, 후손들에게는 청동기시대로 진입할 수 있는 길을 닦아주었다. 이 책은 이주에 대해 개방적인 입장을 취하는 이들에게 주장의 근거를 제공하려는 취지로 쓰였지만, 이주에 엄격한 제한을 두자는 이들도 염두에 두었다. 인간의 본성에는 이동성에 대한 욕구가 잠재해 있다. 이 사실에 아무도 이의를 제기하지 않길 바란다. 독자들이 수천 년 동안 시도해온 글로벌 사회가 미래, 특히 유럽 발전의 열쇠를 쥐고 있다는 입장에 근접할 수 있다면 저자로서 더 바랄 것이 없겠다.

이 책은 두 명의 저자가 공동 집필했다. 한 사람은 1인칭 서술자인 요하네스 크라우제다. 그는 고고유전학 분야에서 세계적으로 인정받는 학자이자, 현재 독일 예나의 막스플랑크연구소 소장이기도 하다. 공동 저자인 토마스 트라페는 크라우제 박사의 지식을 취합해 짜임새 있는 글로 만들고, 이 글을 동시대의 프레임으로 재구성해, 최근 정치적 논의로 편입시키는 작업을 맡았다. 트라페는 다년간 크라우제의 기사를 전문적으로 다루며 크라우제와 공동 작업을 해왔으며, 오늘날의 국수주의와 민족들의 사고 총체를 집중 조명하고 있다. 두 저자의 수많은 대화 끝에 그들의 의지, 학문, 최신 논의가 담긴 한 권의 공동 저서가 탄생한 것이다.

　　먼저 고고유전학에 관한 기초 지식을 다룬 후 본론으로 들어가
도록 하자. 이야기는 고고유전학자로서 크라우제의 인생에 중대한 영
향을 끼친 손가락에서 시작된다. 이 작은 손가락은 새로운 인간 유형
이 알려지고 초기 유럽인들과 네안데르탈인의 유사성을 직접적으로
입증할 수 있는 계기가 되었다.

차례

1
작은 뼛조각에서 시작된 질문

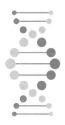

시베리아에서 발굴된 작은 손가락 하나가
우리를 새로운 원시 인류의 세계로 안내한다.
황금광이라도 발견한 양 들떠 있는 유전학자들은
이제 만능기계를 손에 쥐고 있다.
아담과 이브는 따로 살았다.
지금까지 우리가 네안데르탈인에 대해 알고 있던 것은 허상이었다.
쥐라기 공원은 모든 것을 엉뚱한 방향으로 몰고 갔다.

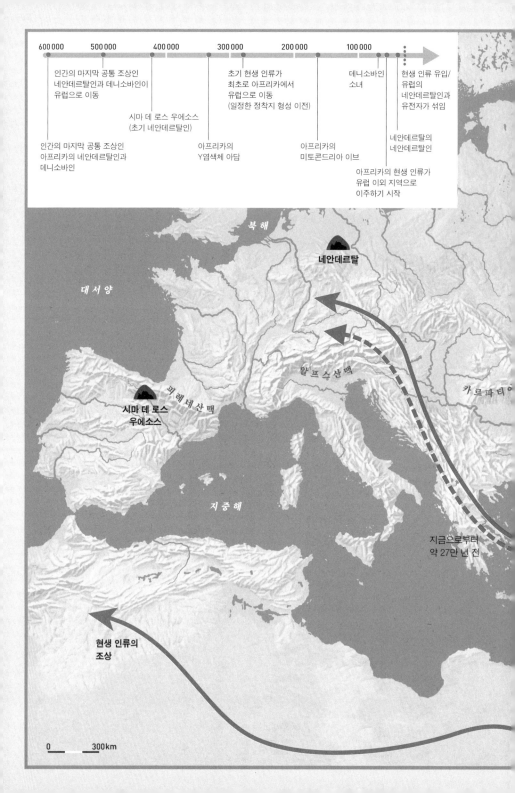

600 000　　　500 000　　　400 000　　　300 000　　　200 000　　　100 000

인간의 마지막 공통 조상인
네안데르탈인과 데니소바인이
유럽으로 이동

시마 데 로스 우에소스
(초기 네안데르탈인)

초기 현생 인류가
최초로 아프리카에서
유럽으로 이동
(일정한 정착지 형성 이전)

데니소바인
소녀

현생 인류 유입/
유럽의
네안데르탈인과
유전자가 섞임

인간의 마지막 공통 조상인
아프리카의 네안데르탈인과
데니소바인

아프리카의
Y염색체 아담

아프리카의
미토콘드리아 이브

네안데르탈의
네안데르탈인

아프리카의 현생 인류가
유럽 이외 지역으로
이주하기 시작

북 해

네안데르탈

대 서 양

알프스산맥

카르파티○

피레네산맥

시마 데 로스
우에소스

지중해

지금으로부터
약 27만 년 전

현생 인류의
조상

0　　　300km

데니소바 동굴

데니소바인

흑해

카스피해

칸카스산맥

지금으로부터
약 50만 년 전

네안데르탈인

자그로스산맥

타우루스산맥

지중해

초기 현생 인류

네안데르탈인과
데니소바인의 조상

지금으로부터
약 60만 년 전

책상 위의
작은 뼈

2009년 어느 겨울날 아침 내 책상 위에 손가락 끝부분이 놓여있었다. 이 작은 조각은 손가락의 잔해로, 손톱도 빠져 있고 피부도 남아있지 않았다. 엄밀히 말해 이 조각은 손가락뼈 상부의 가장 끝 부위로 크기는 앵두 씨 정도였다. 나중에 밝혀졌지만 이 손가락은 5세 내지 7세 소녀의 것이었다. 손가락 끝 조각은 시중에서 흔히 볼 수 있는 안전봉투로 포장해, 저 먼 노보시비르스크에서 보내온 것이었다. 모닝커피 한 잔 마실 틈도 없이 아침 댓바람부터 러시아에서 보내온 인체 조각이 책상 위에 놓여있는 걸 보는 일은 누구에게나 유쾌한 일은 아니다. 물론 나는 기대감으로 들떠 있었지만 말이다.

그보다 약 10년 전인 2000년, 빌 클린턴 미국 대통령은 백악관 기자회견에서 수십억 달러의 연구비를 투자해 '인간 게놈 프로젝트'를 추진한 지 10년 만에 인간 게놈 해독에 성공했다고 발표했다. DNA는 하루아침에 모든 언론의 화두가 되었고, 독일의 유력 일간지 〈프랑크푸르터 알게마이네 차이퉁〉은 문예 면에 인간 게놈의 염기 서열을 통째로 실었다. 그것도 DNA를 구성하고 있는 네 가지 염기, 즉 아데닌, 구아닌, 사이토신, 티민의 끝없는 배열을 말이다. 이즈음 갑자기 유전학적으로 중요한 의미를 갖는 많은 정보들이 대중에게 알려졌다. 물론 학자들은 오래전부터 인간의 DNA를 설계도처럼 읽을 수 있는 날이 오리라는 희망을 품어 왔다.

2009년은 학문적으로 이 목표에 성큼 다가설 수 있었던 한 해였다. 당시 나는 MPI-EVA라는 약칭으로도 유명한, 라이프치히 막스플랑크 진화인류학 연구소에서 박사 후 과정을 밟고 있었다. MPI-EVA는 수십 년 동안 쌓아온 탄탄한 실력으로 유전학 연구 분야에서 정평이 나 있는 연구소였다. 그 시절 이미 MPI-EVA에는 고효율 기술로 오래된 뼈의 DNA 염기 서열을 해독하기 위해 전 세계 학자들이 몰려들고 있었다. 어쨌든 내 책상 위에 놓인 작은 손가락 조각 하나가 인류 탄생의 역사를 뒤바꿔 놓을지도 모를 일이었다. 시베리아에서 발굴된 이 손가락 조각은 약 7만 년 전 소녀의 것으로 추정되었다. 놀랍게도 이 소녀는 이제껏 알려지지 않은 원시 인류의 유형이었다. 이것은 몇 밀리그램의 뼛가루와 고도로 복잡한 염기 서열 분석 기술 결과 알게 된 사실이었다. 불과 몇 년 전만 하더라도 손가락 끝 조각이 누구의 것인지 찾는 일은 기술적으로 불가능했다. 이제 DNA 염기 서열 분석 기술 덕분에 우리는 뼛조각의 주인에 관한 정보뿐만 아니라, 이 소녀가 현재의 인류와 어떤 관계가 있고 또 어떤 차이가 있는지 알 수 있다.

하루에
1조 개

DNA가 생명체의 설계도라는 사실이 알려진 지 100년이 지났다. 1953년 미국의 생물학자 제임스 왓슨James Watson과 영국의 분자 생물학자 프랜시스 크릭Francis Crick은 영국의 생물물리학자 로절린드 프랭클린Rosalind Franklin의 선행연구를 바탕으로 'DNA의 이중나선 구조'를 발견했고, 그 공로를 인정받아 9년 후 노벨 생리의학상을 수상했다(로절린드 프랭클린은 37세의 젊은 나이에 요절해, 노벨상 수상자 선정 당시에는 생존해 있지 않았다). 이후 의학 분야에서도 DNA 연구에 박차를 가하며 인간 게놈 프로젝트에 동참했다.

DNA 염기 서열 분석, 즉 염기 서열을 해독하는 데 전환점이 된 사건은 1980년대 중합효소 연쇄 반응polymerase chain reaction(분자생물학 분야에서 DNA 절편을 시험관 내에서 복제·증폭하는 반응을 통해 관심 있는 DNA를 몇천에서 몇백만 개 이상의 절편으로 증폭시키는 기술-옮긴이)을 개발하던 중 일어났다.[1] 이 프로세스는 DNA 분자 한 개 내에서 염기 서열을 해독하는 오늘날의 염기 서열 분석기의 기술적 토대 가운데 하나였다. 2000년에 접어들면서 염기 서열 분석 기술은 급속도로 발전했다. 코모도어 64Commodore 64(코모도어 인터내셔널이 1982년 8월에 내놓은 8비트 가정용 컴퓨터-옮긴이)를 쓰던 추억을 떠올리며 스마트폰을 사용하고 있는 사람이라면 누구나, 유전학 분야의 기술이 얼마나 빠른 속도로 발전할지 대략 짐작할 수 있을 것이다.

인간의 움직임이 얼마나 대단한 규모로 이루어지는지, DNA 염기 서열 분석과 관련된 숫자 몇 가지만 떠올려 보아도 알 수 있다. 대표적인 예로 인간 게놈이 약 33억 개의 염기로 구성되어 있다는 사실을 꼽을 수 있다.[2] 2003년 기술 수준으로는 한 사람의 유전 정보를 해독하는 데 10년이 넘게 걸렸으나, 현재 막스플랑크 진화인류학 연구소 실험실에서는 하루에 1조 개의 염기쌍을 만들어낼 수 있다. 지난 12년 동안 기계 용량이 1억 배나 증가해, 현재 염기 서열 분석기 한 대로 하루에 무려 300명의 게놈을 해독할 수 있다.[3] 10년 후면 전 세계 수백만 명의 게놈을 안정적으로 해독할 수 있는 기술 수준에 도달할 것이다. 그럼에도 향후 발전 가능성은 여전히 저평가되고 있는 실정이다. DNA 염기 서열 분석의 속도는 점점 빨라지고 비용은 저렴해지면서 누구나 누릴 수 있는 서비스가 될 것이다. 이제 혈액상(血液像, 적혈구 및 백혈구의 수, 모양, 크기, 염색성, 종류별 비율, 이상세포의 출현 따위로 나타나는 혈액의 형태학적 특징. 질병의 종류에 따라 특유한 상을 보이므로 병을 진단하는 데 유용하다.-옮긴이)보다 게놈 한 개를 검사하는 비용이 더 저렴하다. 머지않아 젊은 부모들이 갓 태어난 자녀의 게놈 해독을 의뢰하는 일이 일상화될 것이다. DNA 염기 서열 분석은 특정 질병이 발현되는 유전적 특질의 조기 진단 등 미지의 영역에 새로운 가능성을 제공하며 그 잠재력은 나날이 커질 것이다.[4]

의학 분야에서는 살아있는 인간의 게놈을 해독하여, 질병에 관한 더 많은 정보를 알아내고 이를 바탕으로 새로운 치료법과 의약품을 개발한다. 반면 고고유전학자들은 인간유전학에서 개발된 기술로 오래된 뼈, 치아 혹은 토양 시료 등 고고학 유물을 분석하고, 이러한 유물에서 채취한 DNA를 분석해 오래전 죽은 사람들의 혈통을 귀납적으로 추론한다. DNA 염기 서열 분석기 덕분에 고고학자들에게 새로운 연구의 길이 열린 셈이다. 고고학자들은 이론과 해석에 의존해야 했던 기존의 연구 방식에서 벗어나, 유전자 분석을 바탕으로 인류의 이동 등을 그 어느 때보다 정확하게 연구할 수 있게 되었다. 오래된 DNA를 해독하는 일은 고고학에서는 1950년대 기술 혁명에 견줄 만한 중대한 사건이다. 당시 방사성 탄소 연대 측정법으로 고고학 유물 연구에 새 지평이 열렸다. 뼛조각이 생성된 날짜까지 알아낼 수는 없다고 해도 방사성 탄소 연대 측정법은 그때까지 개발된 분석 기술 중 가장 신뢰도가 높았기 때문이다.[5]

뼛조각이 낱개의 파편인 상태에서는 아무것도 알 수 없지만 고고유전학에서는 파편에 숨겨진 정보를 읽고 상관관계를 파악해, 이 파편들이 인체의 어느 부위의 것인지 알아낼 수 있다. 수만 년 동안 땅속에 묻혀 있던 고대인의 뼛조각은 과거를 읽을 수 있는 소중한 자료가 되었다. 그 안에 우리 선조들의 역사도 담겨 있다. 이 책에서는 이러한 역사를 다루려고 한다. 그중 일부 내용은 이 책에서 처음 다루는 것이다.

돌연변이를 통한
발전

고고유전학이라는 신생 학문은 우리가 인류 역사에서 가장 오래된 근원적인 질문들 중 일부에 새로운 답을 찾는 데 도움을 줄 수 있다. 인간은 무엇으로 만들어졌는가? 인간은 어디에서 왔는가? 인간은 어떻게 현재의 모습을 갖게 되었는가?

고고유전학의 선구자로 손꼽히는 스반테 페보Svante Pääbo는 1999년부터 라이프치히 MPI-EVA의 소장직을 맡고 있다. 원래 의학도였던 그는 1984년 스웨덴 웁살라대학교에서 박사과정을 밟던 중, 밤마다 몰래 실험실에서 이집트 미라를 연구하며 DNA를 추출하는 데 성공했다. 페보의 화려한 이력이 시작되는 순간이었다. 2003년 페보의 추천으로 대학 졸업반이었던 나는 라이프치히 연구소로 들어왔다. 2년 후 내가 박사 논문 주제를 찾고 있을 때 페보는 자신의 연구팀과 함께 네안데르탈인 게놈을 해독해보지 않겠느냐는 제의를 해왔다. 당시 기술 수준으로는 수십 년 이상 시간이 걸리고, 수십 킬로그램의 네안데르탈인 유골을 분쇄해야 하는 고된 연구였다. 이것은 미친 짓이나 다름없었다. 물론 나는 페보와 프로젝트를 현실적으로 평가하는 그의 능력을 믿었다. 그래서 페보의 연구 제의를 수락했다. 지금 생각해보면 이것은 옳은 결정이었다. 그사이 염기 서열 분석 기술이 급속도로 발전해, 우리는 3년 만에 네안데르탈인 게놈 해독 작업을 마칠 수 있었다. 그리고 뼈 분쇄 작업도 많지 않았다.

시베리아 알타이에서 나한테 손가락 조각을 보낸 것도 바로 이 무렵이었다. 이런 뼈들은 고고유전학의 데이터 매체로, 우리는 이 뼈들을 통해 수많은 추론을 할 수 있다. 뼈의 주인인 원시 인류가 우리의 직계 조상인가 아니면 이미 혈통이 끊어졌는가? 이들과 우리의 유전자에는 어떤 차이가 있는가? 원시 인류의 유전자는 현재 인류의 DNA를 올려놓는 틀이다. 학자들이 관심을 갖는 부분은 이 틀이 맞지 않는 위치다. 이른바 우리의 DNA에 변형이 생긴 위치, 즉 돌연변이가 나타난 위치다. 많은 사람들이 돌연변이를 껄끄러운 단어쯤으로 생각한다. 하지만 돌연변이는 진화를 촉진시키는 엔진이자, 인간과 침팬지가 동물원의 울타리를 사이에 두고 서로를 신기한 눈으로 바라보게 만든 원인이기도 하다. 고고유전학에서는 돌연변이를 인류 역사의 전환점으로 본다.

여러분이 이 장을 읽고 있는 동안, 여러분의 체세포 속에 있는 수백만 개의 DNA들은 화학 변화를 한다. 피부, 장, 인체 곳곳에서 오래된 DNA는 죽고 새로운 DNA로 교체되는 과정이 반복되어야 하기 때문이다. 그런데 뭔가 비정상적인 것이 나타나는 경우가 있다. 이를 우리는 돌연변이라고 한다. 돌연변이는 매우 흔하게 발생하는 현상으로, 세포 교체가 집중적으로 이루어진다. 대개 돌연변이가 발생하면 인체에서 돌연변이를 원상태로 바로 복구시킨다. 하지만 이 기능이 항상 정상적으로 작동하는 것은 아니다. 인간의 생식세포, 즉 정자와 난자에 돌연변이가 발생하는 경우 돌연변이의 유전적 특질은 다음세대로 전달된다. 물론 이때 인체 고유의 보호 기능이 작동을 개시한다. 일반적으로 중증 질병을 유발하는 돌연변이 생식세포는 일찍 사멸한다. 반면 사소한 돌연변이가 나타난 생식세포는 대개 끈질기게 살아남는다. 경우에 따라 이러한 유전적 변화는 후손에게 유전된다.[6]

이러한 유전적 변화는 더 많은 후손에게 나타나면서 개체군에서는 매우 빠른 속도로 확산된다. 가령 인간이 먼 친척뻘인 유인원보다 털이 적은 이유는 돌연변이 때문이다. 인간의 인체에 털 대신 땀샘이 발달한 것도 유전자 돌연변이 때문이다. 땀샘이라는 냉각체계가 발달하면서 열을 분산시킬 수 있었기 때문에 인간은 유인원들보다 더 오래 달릴 수 있었고 사냥과 도피 능력도 우수했다. 먹는 문제가 해결되자 수명이 길어지고 그만큼 생식의 기회도 많아져 인간은 더 많은 후손을 남길 수 있었다. 반면 털이 많은 유전적 특질을 지닌 유인원들은 생식의 기회가 줄어들면서 멸종했다. 대부분의 돌연변이는 방향이 설정되어 있지 않아 어디로 튈지 모른다. 돌연변이는 생명체에 아무런 영향을 주지 않기도 하지만, 불리하게 작용해 선택 메커니즘에서 도태된다. 즉 멸종하는 것이다. 생존과 생식 과정에서 나타나는 이러한 변화는 드문 일이 아니다. 돌연변이가 확산되면서 발전을 촉진시킨다. 진화는 실전 테스트가 끊임없이 진행되는 상황에서 우연의 상호작용이 빚어낸 결과다.

원시 인류가
인사를 건네다

오래된 뼈의 유전물질을 관찰하는 일은 고고유전학자에게는 타임머신을 타고 여행하는 것이나 다름없다. 수십만 년 전에 살았던 우리 선조들의 DNA를 통해 우리는 현대인들에게 어떤 돌연변이가 나타났고 어떤 유전적 특성들이 사라졌는지 확인할 수 있다. 우리는 이런 지식들을 얻을 수 있으리라는 희망으로 러시아에서 온 작은 손가락뼈를 분석했다.

권위 있는 고고학자로 손꼽히는 러시아의 아나톨리 데레브얀코Anatoli Derevjanko는 알타이산맥의 약 700미터 높이에 있는 데니소바 동굴에서 7만 년 된 뼈를 발굴했다. 알타이산맥은 모스크바에서 동쪽으로 3,500킬로미터 거리에 있는 중국, 카자흐스탄, 몽골과의 국경지대, 아시아의 중심부에 위치한다. 데니소바 동굴은 일반인들에게는 사랑받는 여행지이고, 학자들에게는 연구의 보고다. 이곳에서는 정기적으로 뼈와 석기시대 원시인들이 손으로 제작한 각종 유물들이 발굴되고 있기 때문이다. 여러분이 상상하듯 알타이산맥은 시베리아의 특성이 매우 강하게 나타나는 지역인데, 이것이 연구에는 아주 유리한 조건이다. 시베리아의 추운 날씨가 고대 유물을 잘 보존해주기 때문이다. 2010년 나는 스반테 페보를 포함해 동료 몇 명과 함께 데레브얀코를 만나기 위해 이 지역을 방문했다. 그때 나는 처음으로 영하 42도의 날씨에는 피부에 얼음 결정이 맺힐 수 있다는 사실을 알았다.

라이프치히 실험실에서는 알타이에서 보내온 손가락뼈에 수십 차례 반복 훈련을 통해 연마된 프로세스가 한창 진행 중이었다. 이렇게 뼈를 갈아 작은 구멍을 내고, 여기에서 생긴 뼛가루를 특수한 용액에 넣으면 뼛가루에서 DNA 분자가 추출된다. 이 사례에서 우리는 실험을 많이 하지 않았다. 우리는 빵부스러기 하나 분량인 10밀리그램의 뼛가루만 추출할 수 있었기 때문이다. 우리는 현생 인류의 평범한 뼈, 혹시 네안데르탈인의 뼈일지도 모른다고 가정했다. 그때 갑자기 염기 서열 분석기가 분석 결과를 뽑아냈다. 처음에 나는 이 분석 결과로 연구에 착수할 엄두를 내지 못했다. 이 DNA는 현생 인류의 것도 네안데르탈인의 것도 아니었기 때문이다. 나는 즉시 우리 연구팀을 소집해 이 수수께끼 같은 분석 결과를 발표했다. 나는 연구원들에게 물었다. "내가 무슨 실수를 한 겁니까?" 연구원들이 전부 머리를 맞대고 분석 데이터를 여러 번 검토했다. 검토 결과 내가 실수한 것이 아니라는 사실이 확인되었다. 그리고 나는 상사인 스반테 페보에게 전화를 걸어 잠시 숨을 고르라고 말했다. "스반테, 우리가 호모 에렉투스를 찾아낸 것 같습니다." 호모 에렉투스는 현생 인류와 네안데르탈인의 공통 조상으로, 그때까지 호모 에렉투스의 DNA 염기 서열은 분석된 적이 없었다. 당시 나는 만일 이 뼛조각이 호모 에렉투스의 것이라면 우리 팀은 세계 최초로 호모 에렉투스의 염기 서열을 분석하게 되는 것이라 생각했다.

우리가 손가락뼈 DNA에서 본 것은 대체 무엇이었을까? 이 DNA와 현대인의 게놈의 차이는 네안데르탈인과 현대인의 DNA의 그것보다 2배나 많았다. 이 말은 곧, 이미 오래전 데니소바 동굴에 살던 인간에서 네안데르탈인과 현생 인류로 분화되어 각기 다른 진화의 길을 걸어왔다는 뜻이었다. 당시 우리는 약 100만 년 전 아프리카의 호모 에렉투스에서 두 계통이 발전했다고 생각했다. 하나는 네안데르탈인과 현생 인류, 다른 하나는 아시아의 데니소바인으로 분화되었다고 말이다. 지금까지 진화 연구에서 정확한 사실이라고 확신하고 있던 것들이 한순간에 잘못되었음이 밝혀진 것이다. 학자들은 7만 년 전 초기 현생 인류와 네안데르탈인 외에 이 지구상에는 어떤 원시 인류 유형이 존재하지 않는다고 굳게 믿고 있었다.

이 잘못된 자료가 우리를 오류로 이끌었다. 물론 당시에는 오류라는 사실을 깨닫지 못했었다. 그래서 우리는 권위 있는 학술전문지 〈네이처〉에 세계 최초로 데니소바 동굴에 관한 논문을 발표했다. 이후 세계 각국에서 나를 찾아왔다. 지금도 우리 실험실에 여러 대의 카메라가 동시에 설치되던 모습이 생생하게 떠오른다. 우리는 이 뼛조각의 주인 이름을 데니소바인이라고 명명했고, 나는 일주일 내내 '데니소바인의 발견'에 관한 전화 인터뷰를 했다. 몇 주 지나자 우리가 발표한 데이터들이 전부 정확한 것들이었는지, 우리가 데이터를 제대로 분석한 것인지 슬슬 찜찜한 기분이 들기 시작했다.

절반은 잡동사니, 절반은 청사진

우리는 유전자와 게놈의 개념을 뭉뚱그려 사용한다. 엄밀하게 말해 게놈을 유전자라고 표현하는 것은 학문적으로 잘못된 것이다. 인간의 게놈은 33억 개의 염기쌍으로 구성되어 있는데, 그중 극히 일부를 유전자라고 한다. 게놈 중 약 2퍼센트가 단백질을 암호화하는 데 관여한다. 쉽게 말해 유전자는 우리 인체의 구성요소인 약 30조 개 세포의 계획도인 셈이다.[7]

놀랍게도 한 사람이 갖고 있는 유전자의 수는 약 1만 9,000개밖에 안 된다. 반면 단세포 미생물인 아메바는 약 3만 개의 유전자를, 유럽 소나무는 5만 개가 넘는 유전자를 갖고 있다. 그런데 생물의 복잡성에 결정적인 영향을 끼치는 것은 유전자의 개수가 아니다. 세포핵이 있는 생물인 경우 한 개의 유전자가 다양한 구성요소로 조합될 수 있다. 이 유전자는 한 가지 기능만 담당하지 않는다. 박테리아처럼 원시적인 생물일수록 한 개의 유전자에서 한 개의 구성요소만 만들어질 가능성이 높다. 이 구성요소는 대개 한 가지 과제만 담당한다. 인간뿐만 아니라 대부분의 동물 유전자는 크기는 아주 작지만 팀플레이가 아주 탁월하다.

한편 인간 게놈의 50퍼센트는 마치 용량이 아주 큰 하드디스크처럼 잡동사니들, 쉽게 말해 우리가 보기에 뚜렷한 목적이 없는 DNA 염기서열들로 채워져 있다. 유전자 이외에도 분자 스위치가 중요한 역할을 한다. 분자 스위치(넓은 뜻으로는 단백질의 인산화·탈인산화 등의 반응을 의미한다. 원래 GTP결합단백질은 활성형 GTP결합형과 불활성형 GDP결합형의 상호변환에 의해 다양한 세포 기능 등을 조절한다. 어떤 반응을 감시하고, 어떤 경우에는 진행신호를 보내며, 어떤 경우에는 정지시키는 기능을 할 수 있다고 하여 분자 스위치라는 표현이 붙여졌다.-옮긴이)는 극도로 복잡한 게놈 구조의 약 10퍼센트를 구성하고 있다. 분자 스위치는 전사 인자(전사 인자는 활성화되었을 때 어떤 진핵세포 유전자 근처의 반응요소라는 DNA의 특정 부위에 결합하여 유전자의 발현을 촉진하거나 억제하는 단백질을 말한다.-옮긴이)에 의해 활성화되거나 비활성화되고, 인체 부위별로 적합한 단백질을 생성하게 하는 역할을 한다. 손가락 끝의 세포는 위장세포로 적합하지 않고 산을 생성할 수 없다. 원칙적으로 인간의 모든 세포는 동일한 정보를 갖고 있고, 여기에서 중요한 정보들만 먼저 필터링되어야 하기 때문이다.

하지만 고고유전학에서는 이런 '게놈의 잡동사니'에서 일어나는 현상이 매우 소중한 자료다. 이 잡동사니 덕분에 소위 유전자 시계가 작동하기 때문이다. 학자들은 전체 게놈에서 돌연변이를 찾고 언제 2개의 개체군으로 분열되었는지를 유추한다. 시기가 오래되었을수록 DNA에서 더 많은 차이점을 찾아낼 수 있다. 게놈 전체가 유전자라면 차이점, 즉 돌연변이의 개수는 두 개체군으로 분리된 기간이 아니라, 두 개체군의 환경의 영향을 많이 받는다. 그래서 아프리카 지역을 떠난 사람들의 후손보다 아프리카인들에게서 일부 유전자의 변화가 적게 나타나는 것이다. 아프리카 이주자들의 유전자는 외부 조건에 적응해야 했던 반면, 아프리카 원주민들의 유전자는 환경 변화에 적응할 필요성이 적었기 때문이다. 그럼에도 현재 아프리카인들의 게놈, 정확하게 말해 2퍼센트에 속하는 유전자를 제외한 게놈은 전 세계 다른 지역 사람들처럼 돌연변이가 많이 나타나고 있다. 유전자와 마찬가지로 큰 비중을 차지하는 '게놈의 잡동사니' 부분에도 돌연변이가 나타났기 때문이다. 하지만 이것은 양성 선택이나 음성 선택이라고 보기는 어렵다. 인류의 마지막 공통 조상은 모두로부터 동일한 정도의 돌연변이 정보를 수집했다. 그러니까 원래의 유전자가 비교 가능한 두 개체군으로 분화되어 발전되었는지 여부와 상관없이 유전자 시계는 항상 작동하고 있는 것이다.

모든 유전자의
어머니

지금은 모든 것이 밝혀졌지만, 당시 우리의 DNA 해석에 문제가 없었는지 괜히 찜찜한 기분이 들었던 것이 아니었다. 이제부터 우리는 이 DNA에 숨겨져 있던 놀라운 역사를 밝혀내려고 한다. 이것은 최근 몇 년간 급속도로 발전한 고고유전학의 전형적인 방식으로, 수십 년 동안 명쾌하게 밝혀지지 않았던 고고학 지식들에 확실성을 부여하는 계기가 되었다. 우리가 알타이산맥에서 보내온 데이터를 잘못 해석하면서 결국 원시 인류 연구의 허와 실을 들춰내는 셈이 되는 것이었다. 아시아의 데니소바인 DNA는 간접적이지만 명확하게 유럽의 현생 인류 분포를 새로운 관점으로 볼 수 있게 해준 계기였다. 우리는 수십만 년 전에 데니소바인이 네안데르탈인을 만났다는 사실을 알게 되었다. 그리고 이 데니소바인은 네안데르탈인과 성관계도 가졌다.

우리는 세포의 발전소인 미토콘드리아의 DNA 분석 결과를 바탕으로 데니소바 소녀의 가계도를 재구성했고, 이것을 주제로 첫 연구 논문을 발표했다. 미토콘드리아 DNA, 약칭 mtDNA는 우리 게놈의 아주 작은 부분을 차지한다. 지금은 훨씬 광범위하고 중요한 핵 DNA의 염기 서열 분석을 표준으로 삼고 있지만, 2010년 이전에는 일반적으로 시간과 비용을 많이 절약할 수 있는 mtDNA를 이용했다.[8]

mtDNA는 상세한 분석 결과를 제공하지 못하지만 가계도를 작성하기에는 좋다. 하나는 모든 인간의 mtDNA는 모계 유전이고, 다른 하나는 3000년에 한 번꼴로 mtDNA에 돌연변이가 나타나 후속 세대에 유전되기 때문이다. 그러니까 모계 혈통은 3000년 넘게 동일한 mtDNA가 유전되는 것이다. 두 개체의 mtDNA를 비교해보면 마지막 공통 조상이 언제까지 살았는지 계산할 수 있다. 이것을 '유전자 시계'라고 한다. 현재 살아있는 인간의 mtDNA의 과거로 거슬러 올라가면 한 명의 여성, 즉 인류의 '모계 조상'만 남는다. 그녀는 약 16만 년 전에 살았으며 유전학에서는 '미토콘드리아 이브'라고 부른다. 물론 부계 유전인 Y염색체의 과거를 거슬러 올라가면 '원시 아담'이 있다. 아담은 '원시 이브'보다 약 20만 년 전에 살았고, 미토콘드리아 이브와 Y염색체 아담에게는 배우자가 없었다.[9]

데니소바인에 관한 첫 논문을 발표할 때 우리는 핵 DNA 염기 서열 분석 결과를 마냥 기다릴 수 없었다. 아주 단순한 이유에서였다. 아나톨리 데레브얀코가 우리 팀 외에도 다른 실험실에 손가락뼈를 보냈는데, 우리는 이 연구팀이 선수를 칠까 봐 불안했다. 물론 이런 경우 일반적으로 새치기는 문제될 것이 없다. 우리는 경쟁 연구소의 아이디어를 훔친 것이 아니라 동일한 조건에서 mtDNA와 핵 DNA의 유전학 시계를 해석한 것뿐이기 때문이다.[10] 핵 DNA 분석은 mtDNA 분석을 통해 얻은 지식에 깊이를 더해주는 것이지, 원칙적으로 두 분석 결과는 상충되지 않는다. 데니소바 소녀의 경우는 독특했다. 핵 DNA 분석 결과 가계도가 전혀 달랐기 때문이다. 핵 DNA 분석 결과에 의하면 데니소바인은 현생 인류와 네안데르탈인의 공통 조상인 호모 에렉투스가 아니라, 그보다 훨씬 이후에 나타난 네안데르탈인의 혈통에서 갈라져 나온 것이어야 했다. 새로운 데이터는 현대인은 한 혈통에서 네안데르탈인과 데니소바인으로 갈라졌다고 말해주고 있었다. 현대인의 조상들이 유럽으로 이동했고, 다른 유형이 아시아로 이동했던 것이다. 이것은 현재 우리가 알고 있는 지식과 매우 근접했다. 아직 중대한 오류는 수정이 안 된 상태였다. 이 오류를 수정하기까지 우리는 6년을 더 기다려야 했다.

mtDNA와 핵 DNA 분석 결과에서 나타났던 모순은 스페인 북부 시마 데 로스 우에소스(해골 구덩이라는 뜻) 유적에서 출토된 뼈를 통해 해소되었다. 2016년 발굴 당시 스반테 페보 연구팀이 유전자 분석을 담당했다. 이 뼈들은 약 42만 년 전의 것이었고 핵 DNA 분석 결과 네안데르탈인의 것으로 분류되었다. 바로 이 부분이 하이라이트다. 그때까지 고고학계에서는 지금으로부터 42만 년 전 유럽에는 네안데르탈인이 없었다고 보았다. 학자들은 네안데르탈인은 지금으로부터 최대 40만 년 전 아프리카의 우리 조상으로부터 갈라졌다는 mtDNA 분석 결과를 바탕으로 뼈의 시대를 측정했다. 그런데 스페인에서 발굴된 뼈 분석 결과에 의하면 네안데르탈인은 그보다 훨씬 전에 유럽으로 이주해왔고, 생성 시기가 기존의 시대 계산과 일치하지 않았다.[11] 게다가 스페인에서 발굴된 네안데르탈인의 mtDNA는 우리가 그동안 네안데르탈인이라고 알고 있었던 mtDNA, 그러니까 그보다 훨씬 후에 나타난 네안데르탈인의 mtDNA와 일치하지 않았다. 이 네안데르탈인의 mtDNA는 데니소바 소녀의 것과 유사했다. 바로 이것이 결정적인 단서였다.

　　이로써 우리가 데니소바인에 관한 첫 논문에서 잘못된 결론을 내린 이유가 단번에 밝혀졌다. 오류의 원인은 원시 네안데르탈인의 것과는 다르고 시기적으로 훨씬 늦은 네안데르탈인의 mtDNA를 기준치로 삼았다는 데 있었다. 스페인 네안데르탈인의 생존 시기보다 훨씬 늦게 나타난 후기 네안데르탈인의 게놈에는 다른 mtDNA가 있었던 것이다. 이것은 초기 현생 인류, 더 정확하게 말해 초기의 여성 현생 인류로부터 물려받은 것이었다. 네안데르탈인이 유럽 혹은 근동 지방의 국경지대에서 이 여성과 성관계를 가졌기 때문에, mtDNA는 후기 네안데르탈인과 현생 인류의 유연관계(類緣關係, 생물들이 분류학적으로 얼마나 멀고 가까운지를 나타내는 관계-옮긴이)가 더 가깝다고 해석할 수 있다. 반면 아시아의 데니소바인은 이 시대에 속한다. 적어도 데니소바 소녀 시대에 데니소바인들에게는 혼혈의 흔적이 없다. 그리고 mtDNA와 핵 DNA에는 아시아의 데니소바인과 원시 네안데르탈인의 유연관계가 상대적으로 가까웠다는 사실을 추측할 수 있는 정보가 들어 있다. 이제 새롭게 밝혀진 유전학 지식 덕분에 mtDNA와 핵 DNA 데이터는 일치한다. 지금까지 우리가 알고 있던 인류 가계도의 연대표는 좀 더 수정이 필요하다. 최근 연구 결과에 의하면 네안데르탈인과 데니소바인은 약 30만 년 전이 아니라 약 50만 년 전에 갈라졌다는 것이다. 현생 인류로부터 네안데르탈인과 데니소바인의 공통 조상이 분화된 것은 지금으로부터 약 45만 년 전이 아니라 약 60만 년 전인 셈이다.

데니소바인이 원시 네안데르탈인의 mtDNA를 갖고 있고 후기 네안데르탈인이 현생 인류와 비슷하다는 발견은 학자들뿐만 아니라 개인적으로도 감격적인 사건이었다. 내가 원시 인류 연구에 열광하는 이유 가운데 하나가, 내 고향인 튀링겐의 아이히스펠트의 소도시 라이네펠데의 역사와도 관련이 깊기 때문이다. 우리 부모님 댁에서 별로 멀지 않은 곳에서 네안데르탈인의 발견자 카를 플로트Carl Fuhlrott가 태어났다. 어린 시절 플로트는 나에게 우상과도 같은 존재였다. 하지만 당시 나는 플로트의 연구 성과를 보완하게 되리라는 것은 꿈조차 꾸지 못했다.

질풍노도의
시절은 가고

데니소바인의 발견과 네안데르탈인의 재발견은 고고유전학의 발전 속도와 향후 발전 가능성을 보여준다. 현재 고고유전학이 상승 가도를 달리고 있는 건 사실이지만 이제 겨우 걸음마 단계를 벗어난 수준이다. 더 정확하게 표현하면 고고유전학은 이제 막 사춘기를 지났다. 최근 고고유전학 연구 분야는 질풍노도의 시기를 겪었다. 비이성적인 연구 열풍으로 터무니없는 연구 결과가 발표되곤 했다. 이런 이유로 몇 년 전까지만 하더라도 많은 유전학자들이 과거 유전자의 염기 서열 분석 결과를 신뢰할 수 있는지 의구심을 품었다. 회의론자들은 고고유전학의 눈부신 발전에 섣불리 환호성을 터트리는 것을 비판하고 있는데, 이것은 스티븐 스필버그의 영화가 대성공을 거둔 것과 관련이 있다.

염기 서열 분석은 최소한의 뼈로 하는 것이 좋다. DNA는 이 상태에서 최적으로 보존되어 있기 때문이다. DNA 보존에서 방사선, 열, 습기는 적이고, 시간은 가장 큰 적이다. 뼈가 매장되어 있던 기간이 길수록 분석에 필요한 DNA를 찾을 가능성은 낮아진다. 하지만 DNA는 어디서든 찾을 수 있다. DNA는 뼈 주변에 서식하고 있던 박테리아의 것일 수도, 뼈 발굴 작업을 하던 고고학자의 것일 수도, 뼈 주변에 있던 모든 곳, 이를테면 박물관에서 온 것일 수도 있다. DNA는 바닷가 별장의 모래처럼 구석에까지 분포해 있다. 예를 들어 스반테 페보가 1980년대 미라에서 채취한 DNA는 이집트가 아니라 스웨덴, 즉 페보의 것이었다.

이런 문제점이 있지만 1990년대에 본격적으로 DNA 염기 서열 분석 열풍이 불었다. 이 주제는 대중의 관심을 끌기 좋았고 장래가 유망한 연구 주제가 되었다. 스티븐 스필버그의 〈쥐라기 공원〉에서 호박에 들어 있던 모기 DNA를 추출해 생명체를 복원하는 장면이 나오기 때문에, 일반인들은 대부분 그렇다고 믿었다. 당시에 분석되었던 과거 DNA 염기 서열은 연구에 적용될 수 있는 자료가 아니었다. 대부분의 화석은 오염된 상태였고 연구자가 아무리 조심한다고 해도 박테리아와 연구자들의 DNA가 섞여 들어가 있을 가능성을 배제할 수 없기 때문이다. 게다가 1980년대 학문 수준으로는 과거 DNA의 진위 여부를 확인할 수 없었기 때문에 과거 자료를 연구에 반영하지 않는 연구자들이 많다.

2005년 중반 이후 염기 서열 분석기 발명으로 기술 혁명이 일어났다. 막강한 데이터 분석 성능 덕분에 예전보다 훨씬 쉽게 오염요소들을 배제할 수 있게 되었다. 현재 내가 진두지휘하고 있는 MPI-EVA의 연구로 2009년 고고유전학은 새로운 전환점을 맞이했다. MPI-EVA 연구팀은 러시아 서부 지역에서 발굴된 빙하시대 인간의 mtDNA 전체를 최초로 분석하는 성과를 거뒀다. 현재의 관점에서 우리가 이 연구에서 얻은 가장 중대한 성과는 방법론적 측면이었다. 우리는 인간의 DNA에서 손상된 부위를 분석하는 프로세스를 개발했고, 이것은 현대 고고유전학의 표준 프로세스가 되었다. 그리고 시간이 경과하면서 DNA가 일정하게 붕괴되는 양상을 보이며 확실한 정보를 제공할 수 있는 손상 샘플들도 연구되었다. 붕괴 과정을 많이 거친 DNA일수록 오래된 것이다. 이렇게 하여 우리 연구팀은 과거의 DNA에 대한 순도 유지 원칙을 도출할 수 있었다. 최근 DNA에서 추론할 수 있는 손상 샘플을 찾아보면 샘플이 오염되어 있는데 이런 샘플들은 연구에 반영할 수 없다. 우리는 러시아의 빙하시대 인간에게서 처음으로 오염되지 않은 DNA를 확인할 수 있었다.

원시 인류에 관한
속설

최근 몇 년간 유사 학문 출판물이 끼친 폐해는 심각하다. 실제로 이런 출판물들 때문에 유전에 관한 잘못된 지식이 얼마나 많이 유포되고 상품화되고 있는지 모른다. 이런 상황이 고고유전학자들에게 얼마나 섬뜩한 일인지 모른다. 계보학에 관심 있는 고객들을 호도하는 업체들까지 생겼다. 이런 업체들은 고객들의 조상을 특정한 '원시 인류'로 편입시킨다. 이런 업체들 중 한 곳은 이미 나폴레옹 유전자를 발견했다고 한다.

이런 종류의 유전자 검사는 비용도 만만치 않다. 심지어 몇천 유로를 요구하는 업체도 있다. 유감스럽게도 이런 검사 자체가 말이 안 된다. 서비스 제공 업체는 유전자 검사를 위해 고객들의 mtDNA

와 Y염색체를 옛날 사람의 DNA와 비교한다. '켈트족의 DNA'와 같은 이름을 회사 간판으로 걸면 도움이 된다. 예를 들어 한 고객의 DNA와 켈트족 무덤에서 채취한 DNA 표본과 일치하면 이 고객이 켈트족의 직계 혈통이라고 결론 내리는 식이다. 켈트족의 mtDNA는 석기시대와 청동기시대 혹은 중세시대 유럽에서도 발견된다. 그런데 실제로 이 시대에는 켈트족 문화가 존재하지 않았다. 게다가 mtDNA는 누군가와의 유연관계를 입증하기에 부적합하다. mtDNA는 수백만 여성의 조상인 한 여인의 유전 정보이기 때문이다. 따라서 켈트 원시 인류와 같은 상상은 한낱 이야기에 불과하다. 자신이 나폴레옹과 유연관계가 가깝다는 사실을 내세우고 싶은 사람이라면 이런 테스트를 받아봤자 얻을 것이 하나도 없다. 나폴레옹의 mtDNA는 나폴레옹과 그의 어머니뿐만 아니라 당대를 살았던 수천 명의 사람들도 가지고 있었을 것이기 때문이다.

그뿐만이 아니다. 자신이 위인의 후손이라는 기쁨을 완전히 공짜로 누릴 수 있다. 1000년보다 훨씬 전에 살았던 카를 대제는 최소 14명의 자식을 두었다. 이렇게 따지고 보면 대부분의 유럽인이 카를 대제의 후손인 셈이다. 이것은 순수 수학적 관점의 주장이다. 계산상으로는 현대 모든 유럽인의 조상 수가 당시에 살았던 사람 수보다 훨씬 많다. 거꾸로 표현하면 과거에 살았던 모든 조상의 혈통이 모든 유럽인에게 있다. 하지만 모든 유럽인이 적어도 카를 대제의 자손 중 한 사람의 후손이 될 확률이 100퍼센트라는 주장에는 허점이 있다.[12] 이 말을 좀 더 쉽게 표현하면, 수천 년 전으로 거슬러 올라가면 모든 유럽인의 공통 조상이 있다는 뜻이다. 그런데 한 세대가 지날 때마다 우리의 조상과 공통인 DNA 수는 반으로 감소한다. 그렇다면 10세대 이전 유럽인의 게놈에서 현재 유럽인의 게놈을 찾을 수 없을 확률이 높다는 뜻이다.

물론 양심적인 업체에서는 핵 DNA를 전부 조사하고 유전적 혈통에 관해 더 타당성 있는 분석 결과를 제공한다. 이렇게 하여 지역별 유전자 특성이 분류된다. 여기에 숨겨진 원칙은 단순하다. 인류의 마지막 공통 조상이 죽은 지 얼마 안 되었기 때문에, 가까운 지역에 거주하는 사람들은 유연관계가 가까울 확률이 높다는 것이다. 영국인과 그리스인의 유전적 차이는 스페인과 발트족의 차이 정도이고, 그사이에 중부 유럽인들이 있다. 유럽인들의 유전적 차이를 X축과 Y축에 나타냈을 때, 좌표는 유럽의 지도와 대략 일치한다.

하지만 원시 인류는 이런 것과는 전혀 관련이 없다. 가령 원시 인류를 확대시킨 사상 중 핵심 개념인 민족 이동에 대해 살펴보자. 이 시기에 유럽인들 사이에 많은 교류가 이루어진 건 사실이지만, 근본적인 유전자 이동은 없었다. 모든 유럽인의 DNA에 엄청난 변화를 일으킨 마지막 대이동은 이보다 5000년 전 과거로 거슬러 올라가야 한다. 당시 동유럽 스텝지대 출신인 사람들의 DNA는 현재 유럽 대륙의 3대 주요 유전자 구성요소 가운데 하나다. 나머지 두 가지 유전자 구성요소는 초기의 수렵민과 채집민, 아나톨리아에서 이주해온 농경민의 것이다. 여기에는 '원시 인류 개체군'이라는 표현이 적합하다. 이러한 세 가지 원시 인류 개체군의 유전자 비중은 유럽 혈통을 가진 모든 사람들의 DNA 염기 서열 분석을 통해 정량화할 수 있다. 그사이 많은 업체에서 이런 검사 서비스까지 제공하고 있다. 하지만 이런 서비스의 유용성 여부는 개인이 판단할 문제다.

물론 자신이 유전적으로 수렵민과 채집민, 초기 농경민, 혹은 스텝지대 민족 중 어디에 가장 가까운지 아는 것도 흥미로운 일일 것이다. 하지만 민속학이 대부분의 상업적 유전자 검사 서비스업체보다 더 많은 정보를 제공한다. 다양한 구성요소들은 유전적 혈통은 알려줄 수 있지만 유전적 소인에 대해서는 아무것도 알려주지 못하기 때문이다. 가장 멀리 떨어진 나라의 사람들조차도 유전자의 99.8퍼센트가 동일하기 때문이다. 그리고 우리와 네안데르탈인의 게놈은 그 차이가 0.5퍼센트도 안 된다. 유전자 이동이라면 DNA의 작은 부분에만 변화가 일어나야 한다. 따라서 프랑스인과 포르투갈인처럼 지리적·유전적으로 아주 가까운 개체군은 고성능 염기 서열 분석기로만 차이를 구분할 수 있다.

유럽인의 유전학적 기초는 약 4500년 전 마련되었지만, 고고유전학이 이 시대에 관해 더 이상 알려줄 것은 없다. 광범위한 영역의 고고유전학 연구는 아직 초기 단계에 불과하다. 지금까지는 특히 선사시대와 원사시대 정도밖에 연구되지 않았다. 고고유전학자들의 관심 분야는 수메르인, 이집트인, 그리스인, 로마인이다. 이 시대는 문자 기록물이 매우 많기 때문에 이 분야에 대한 관심은 여전히 적다. 사람들이 로마 황제의 식사 시간까지 알 정도로 세세한 역사적 사실이 알려져 있다. 그래서 대부분의 고고유전학자들은 문자 기록물이 없는 시대를 연구의 우선순위로 둔다.

　민족 이동이라는 이주 물결과 관련해 DNA 염기 서열 분석은 우리에게 새로운 통찰력을 제공한다. 사실 이것은 DNA 미량 원소와 관련이 더 많다. 기원후 6세기에는 유럽 대륙으로 건너온 이주민들이 이보다 더 큰 유전자 지문을 남기기 어려웠다. 이곳에는 너무 많은 사람들이 살고 있어서, 수만 명의 이주민 집단들이 '유전자 단층'을 형성하기 어려웠을 것이기 때문이다. 물론 이주의 사회·정치·문화적 영향을 언급하기에는 아직 이르다.

페스트와 콜레라의
여행

　오래전 죽은 사람들의 DNA 염기 서열 해독 외에 최근 몇 년간 고고유전학이 각광받고 있는 연구 분야가 있다. 오래된 병원체 DNA의 염기 서열을 분석하는 일이다. 인류의 이동과 개체군 간 교류는 오늘날의 현생 인류를 탄생시켜, 고도로 발달하고 글로벌 네트워크화된 문명이 구축되었다. 하지만 인류는 이주의 대가를 톡톡히 치렀다. 감염성 질병이 발생한 것이다. 20세기에 수백만 명의 사람들이 박테리아와 바이러스에 감염되어 목숨을 잃었고, 이것은 서로 상관관계에 있는 두 가지 메가트렌드에 의해 촉진되었다. 하나는 전 세계에 집락이 더욱 촘촘하게 형성되면서 사람들에게 병원체가 확산되고 더 쉽게 목숨을 잃을 수 있는 환경이 되었기 때문이다. 다른 하나는 개체군 간의 교류로 특히 무역이 활발해졌기 때문이다. 무역은 병원체가 새로운 지역으로 침투하게 된 원인이 되었을 가능성이 크다.

이 역사는 근대로 거슬러 올라간다. 유럽인의 이주 후 북아메리카 원주인들은 유럽인과 함께 온 천연두와 홍역으로 집단 사망했고, 유럽 대륙으로 돌아갈 때 유럽인들은 매독균을 옮겨가, 20세기 유럽 대륙은 고통에 시달리고 수많은 희생자가 발생했다. 몇 년 전 에볼라 바이러스가 서아프리카 지역을 뒤덮었을 때, 사람들은 바이러스가 다른 지역으로 확산될지 모른다는 불안감에 시달렸다.

초기의 이주 행렬이 감염성 질병 확산과 관련 있을 가능성이 높다. 적어도 5200년 전 현재 러시아 지역의 남부에 페스트균이 있었다. 이 지역 사람들이 중부 유럽으로 대거 이동했고, 원주민의 인구는 급감했다. 체내에 장기간 잠복하고 있던 병원체에 감염되어 사람들이 죽었고, 오랫동안 병원체에 적응한 사람들에게는 비집고 들어갈 틈이 없었던 것은 아닐까? 이것이 전혀 불가능한 시나리오가 아니라는 증거도 있다.

약 3000년 전 유럽인의 유전자 여행이 끝난 후, 20세기에 병원체가 다시 나타나 유럽 대륙을 뒤흔들고 있다. 이러한 작은 생물의 진화 메커니즘을 이해하는 것은 고고유전학자와 의학자들이 공동으로 해결해야 할 당면과제다. 인간은 지구 역사상 가장 성공하고 이동성이 뛰어난 종이다. 그리고 박테리아와 바이러스는 수천 년 전부터 인간이 유전적으로 발전해온 발자취를 추적하고 있다. 우리는 경쟁적 대립관계에 있는 두 미생물의 세계를 알고, 이러한 지식이 인간에게 감염성 질병을 극복하기 위한 어떤 방안을 제시할 수 있을지 생각해 봐야 한다. 이 책에서는 이 부분에 대해서도 상세히 다룰 예정이다.

2
끈질긴 이주민들

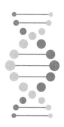

모든 사람은 어떻게든 서로 관련이 있다.

원시 인류가 그 증거다.

현생 인류는 유럽을 정복했다.

잔류 가능성은 없다!

따뜻한 남쪽 나라에서의 겨울나기.

뜻밖의 재회.

수렵민은 푸른 눈을 갖고 있었다.

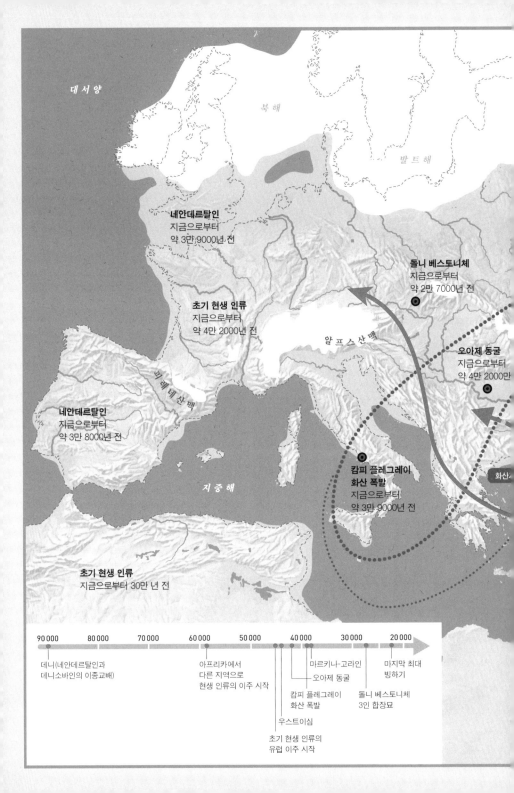

대서양

북해

발트해

네안데르탈인
지금으로부터
약 3만 9000년 전

돌니 베스토니체
지금으로부터
약 2만 7000년 전

초기 현생 인류
지금으로부터
약 4만 2000년 전

알프스산맥

오아제 동굴
지금으로부터
약 4만 2000만 전

피레네산맥

네안데르탈인
지금으로부터
약 3만 8000년 전

지중해

캄피 플레그레이
화산 폭발
지금으로부터
약 3만 9000년 전

화산

초기 현생 인류
지금으로부터 30만 년 전

| 90 000 | 80 000 | 70 000 | 60 000 | 50 000 | 40 000 | 30 000 | 20 000 |

데니(네안데르탈인과
데니소바인의 이종교배)

아프리카에서
다른 지역으로
현생 인류의 이주 시작

마르키나-고라인
오아제 동굴

캄피 플레그레이
화산 폭발

돌니 베스토니체
3인 합장묘

마지막 최대
빙하기

우스트이심

초기 현생 인류의
유럽 이주 시작

우스트이심 ◉⇨
지금으로부터 약 4만 2000년 전 옴스크주

초기 현생 인류

코스텐키
지금으로부터
약 3만 8500년 전 ◉

화산재

캅카스산맥

카스피해

흑해

자그로스산맥

유럽 지역으로의 현생 인류 확산 1기
지금으로부터 약 4만 5000년 전
(현재 유전적으로 일치하는 후손은 없음)

유럽 지역으로의 현생 인류 확산 2기
지금으로부터 약 4만 년 전
(현재 유전적으로 일치하는 후손은 없음)

초기 현생 인류
지금으로부터
약 5만 년 전

초기 현생 인류

0   300km

원시 인류의
성생활

　서로 다른 종의 원시 인류 간의 성생활에 대해서는 오랫동안 추측만 할 뿐이었다. 이제 이러한 추측을 뒷받침할 수 있는 확실한 증거들이 있다. 현생 인류는 네안데르탈인뿐만 아니라 데니소바인과 성관계를 가졌다. 그리고 2018년에는 네안데르탈인 여성과 데니소바인 남성 사이의 딸로, 데니소바 동굴에서 발견된 한 소녀의 유전자 분석 결과가 발표되었다. 지금으로부터 약 9만 년 전에 살았던 인물로 13세에 사망했다고 알려진 이 소녀는 학계에서는 데니Denny라는 닉네임으로 불린다. 우리의 원시 조상들은 다른 종의 인간과 새로운 친분관계를 맺는 데 매우 개방적이었던 듯하다. 하지만 이 사실에 놀랄 필요는 없다. 지금과는 달리 당시에는 데이트 상대를 만날 기회가 흔치 않았다.

　네안데르탈인 게놈의 염기 서열 분석 이후 원시 인류 간 이종교

배가 이루어졌다는 사실이 확실하게 밝혀졌다. 2010년 네안데르탈인과 현대인의 게놈을 비교한 결과, 유럽인, 아시아인, 오스트레일리아인은 약 2~2.5퍼센트의 네안데르탈인 DNA를 가지고 있는 것으로 확인되었다. 데니소바인 연구도 이에 필적할만한 지식을 제공하고 있다. 현재 파푸아뉴기니와 오스트레일리아 원주민은 수만 년 전 아프리카에서 아시아를 거쳐 태평양 지역으로 건너왔다. 연구 결과에 의하면 이들은 데니소바인 유전자의 약 5퍼센트를 가지고 있다고 한다. 이를 통해 '아웃 오브 아프리카 이론'도 입증할 수 있다. 이 이론에 의하면 아프리카에서 인간이 탄생해 아프리카에서 세계 정복이 시작되었다. 그래서 서브 사하라, 즉 사하라 이남 지역 아프리카가 아닌, 아프리카 이외의 지역에 살고 있는 사람들의 유전자에서 네안데르탈인의 유전자가 발견된다는 것이다. 이들의 조상들은 네안데르탈인의 얼굴이 어떻게 생겼는지도 몰랐다.

약 42만 년 전에 살던 스페인의 네안데르탈인 덕분에 이들의 후손이 현생 인류와 관계를 맺어 유전자가 섞였다는 사실을 간접적으로 알 수 있다. 이 또한 놀랄 일이 아니다. 초기 및 후기 네안데르탈인 유전자를 비교하면 최소 22만 년, 최대 40만 년 전에 처음으로 현생 인류의 조상이 유럽으로 건너왔다는 계산이 나온다. 이들은 처음에는 오랜 정착생활을 할 수 없었지만 말이다.[13]

아웃 오브 아프리카

현대까지 이어져 내려오는 우리 조상의 혈통은 최소 700만 년 전 아프리카에서 우리와 가장 가까운 종인 침팬지로부터 분화되었다. 그 결과 아주 다양한 인간 유형, 특히 아르디피테쿠스(라미두스 원인이라고도 한다.—옮긴이)와 루시 화석으로 가장 유명한 오스트랄로피테쿠스로 발전했다. 이들은 지금으로부터 300만 년 훨씬 이전부터 아프리카에 살았고, 이 침팬지들은 현재의 인간과 모습이 매우 유사했다. 지금으로부터 190만 년 전 호모 에렉투스의 혈통이 탄생했다. 호모 에렉투스는 몇만 년 내에 전 유럽과 유라시아 대륙 일부로 퍼져 나갔으며, 아프리카를 떠난 최초의 원시 인류였다. 호모 에렉투스는 유라시아 대륙에서도 계속 발전하다가 결국 멸종했다. 그중 가장 유명한 것이 베이징 원인이다. 반면 아프리카에서는 지금으로부터 60만 년 전 호모 에렉투스 혈통이 나타나 네안데르탈인, 데니소바인, 현생 인류로 발전했다.

이제 침팬지와 인간의 공통 조상이 아프리카에서 진화했다는 사실에 이의를 제기하는 사람은 없다. 아프리카에서만 호모 에렉투스에서 호모 사피엔스로 진화가 있었는지를 두고 몇 년 전까지만 해도 논란이 많았고, 지금도 일부 학자들은 그렇게 생각한다. 1990년대까지는 소위 다지역 기원설이 우세했다. 전 세계 다양한 지역에 퍼져 있는 인류의 직계 조상이 바로 이 지역에서 탄생했기 때문이다. 유럽인의 조상은 네안데르탈인, 아프리카인의 조상은 호모 에르가스테르라고도 불리는 호모 에렉투스, 아시아인의 조상은 아시아의 호모 에렉투스인 베이징 원인이다. 반면 아웃 오브 아프리카 이론에 의하면 현생 인류는 아프리카의 호모 에렉투스에서 진화해, 이 지역에서 거주하다가 전 세계로 퍼져나가면서 다른 종의 원시 인류를 몰아냈다고 한다.

　두 이론은 수십 년 동안 동등하게 인정받으며 공존했다. 두 이론의 지지자들은 회의에서 눈에 불을 켜고 자신들의 이론이 타당함을 입증하려고 한다. 통계적 변수에 큰 차이가 있긴 하지만, 네안데르탈인이 유럽인에게, 데니소바인이 오세아니아 지역 거주자에게 끼친 유전적 영향이 알려진 덕분에 두 이론의 타당성은 입증되었다. 유럽인은 아프리카인에게서 97~98퍼센트의 유전자를, 네안데르탈인에게서 나머지 2~2.5퍼센트의 유전자를 물려받았다. 오스트레일리아와 파푸아뉴기니 원주민들은 네안데르텔인과 데니소바인으로부터 약 7퍼센트, 아프리카인으로부터 최대 93퍼센트의 유전자를 물려받았다. 사하라 이남 지역 거주자들만 아프리카 이외 지역의 원시 인류 유형과는 유전자를 혼합시키지 않았다.

　현존하는 호모 사피엔스 화석 중 가장 오래된 것은 지금으로부터 약 16만 년에서 20만 년 전의 것으로, 에티오피아에서 발견되었다. 하지만 네안데르탈인과 데니소바인의 혈통이 언제 갈라져 나왔는지 설명할 수 있는 유물은 없다. 오랫동안 인류의 진화와 관련된 장소는 대개 동아프리카 지역에 국한되어 있었다. 원시시대 뼈의 대부분이 이 지역에서 발굴되었기 때문이었다. 하지만 2017년 이후 인류의 진화가 아프리카 이외 지역에서도 발생했음을 암시하는 증거가 발견되었다. 모로코에서 30만 년 전에 살았던 원시 인류의 두개골이 발견된 것이다. 따라서 인류의 발자취를 찾기 위한 대장정을 동아프리카 지역에만 국한시키는 것은 낡은 사고다. 어떤 경로와 분기점을 거쳐 아프리카에서 인류의 진화가 이루어졌는지 여전히 수수께끼로 남아있다. 어쩌면 이 수수께끼는 영원히 풀리지 않을지도 모른다. 하지만 현재 한 가지 사실만은 확실하다. 우리의 유전적 뿌리는 아프리카에서 찾을 수 있다는 것이다.

동종교배의
문제점

네안데르탈인은 이베리아반도에서 알타이산맥, 특히 알프스 남부와 현재의 남프랑스까지 띠처럼 이어지는 지역에 살았지만, 중동 지역에서도 살았다. 유감스럽게도 현재로서는 어느 시대에 어느 정도의 네안데르탈인들이 유럽에 살았는지 말할 수 없다. 얼마 되지 않는 뼛조각으로 수만 년 전의 차단된 사회에 관해 우리가 알 수 있는 것은 지극히 일부에 불과하다.[14]

이 운명은 네안데르탈인이 스스로 선택한 것은 아니었다. 네안데르탈인들의 이주 활동은 매우 활발했던 듯하다. 그렇지 않고서는 네안데르탈인이 어떻게 멀고도 먼 알타이산맥까지 진출할 수 있었겠는가! 네안데르탈인은 수만 년 이상 주기적으로 반복되면서 인간의 힘으로는 극복할 수 없는 거대한 빙하 덩어리가 쌓여 갔던 빙하기에도 살아남았다. 유럽과 대부분의 아시아 지역은 이 시기 현생 인류가 발전했던 아프리카 지역과는 생활환경이 달랐다.[15] 네안데르탈인의 주거지는 대개 외부와 차단되어 있었다. 짝짓기 상대를 선택할 기회가 많지 않았던 원시 인류는 근동 혹은 극동 지방 인류와 성관계를 맺었다. 이것은 치명적인 돌연변이 유전자가 확산되는 계기였다. 인간은 인간 유형을 불문하고 모든 기회를 활용해, 파트너를 찾을 수 있는 범위를 넓혀가고 새로운 친분관계를 맺었다.[16]

하지만 인간에게 이런 만남의 기회는 자주 오지 않았다. 빙하기의 유라시아 대륙에는 인간이 거의 살지 않았다. 네안데르탈인이 짝짓기 상대를 찾아 숲속을 정찰할 때 갑자기 현생 인류와 마주치는 일은 설인을 보는 것과 같은 희귀한 사건이었다. 긴장을 풀고 네안데르탈인도 현생 인류도 없었던 상황부터 생각해보자. 어쨌든 지금 우리는 석기시대의 수렵민과 채집민에 대해 이야기하고 있다. 위험한 상황에 노출되어 있는 이들의 삶에서는 잠시도 경계 및 방어태세를 소홀히 할 수 없다. 이런 만남은 간혹 성적 접촉으로 이어졌지만, 항상 폭력 없이 순조롭게 이루어지지는 않았을 가능성이 높다.

현생 인류와 네안데르탈인이 성관계를 가질 것인지 말 것인지와 같은 기본적인 결정을 내릴 때 어떤 방식으로 소통했는지 아직까지는 밝혀지지 않았다. 어쨌든 현생 인류는 아프리카에서 전 세계로 퍼져 나가기 전부터 복잡한 언어를 구사할 줄 알았다.[17] 반면 네안데르탈인에 대해서는, 정말로 네안데르탈인이 조음(調音)을 할 수 있었는지, 조음이 가능했다면 어떻게 조음을 했는지에 대해 학자들의 의

견이 일치하지 않는다. 하지만 네안데르탈인에게는 분명 이들만의 의사소통 방식이 있었다. 무리를 지어 다니며 사냥을 했던 네안데르탈인에게는 공동 전략이 필요했다. 그래서 지금으로부터 6만 년 전 현재의 이스라엘 지역에 살았던 네안데르탈인은 현대인과 매우 유사한 발성기관을 갖고 있었던 것이다. 지금으로부터 700만 년 전 인간과 네안데르탈인의 공통 조상이었던 침팬지에게서는 이러한 유사점이 발견되지 않는다. 원시 인류의 언어 구사 능력은 원시 인류가 침팬지와 인간으로 분리되고 네안데르탈인으로 분화되기 전부터 발달했을 가능성이 있다.

이러한 가정을 뒷받침할 수 있는 것은 인간의 DNA에 존재하는 특수한 게놈 조각으로, 네안데르탈인도 현재와 동일한 형태의 이것을 갖고 있었다. 소위 FOXP2 유전자로 불리는 이것은 언어 유전자는 아니다. 현재의 지식수준으로 그런 것은 존재하지 않기 때문이다. 물고기와 쥐도 이 유전자를 갖고 있다. 여러분도 알다시피 물고기와 쥐에게는 언어 구사 능력이 없다. 그럼에도 FOXP2 유전자에는 중요한 의미가 있다. FOXP2 유전자에 돌연변이가 생긴 사람은 복잡한 언어를 구사할 수 있는 능력을 상실한다. 부모 중 한쪽으로부터 결함이 있는 FOXP2 유전자를 물려받은 자녀는 언어를 거의 구사하지 못한다. 양쪽 부모로부터 FOXP2 돌연변이 유전자를 받은 자녀는 언어 구사 능력을 완전히 잃고 만다. 발성기관과 마찬가지로 FOXP2 유전자도 원시 인류가 인간과 침팬지로 분리된 후 발달했다. 반면 네안데르탈인과 현생 인류를 비교하면 FOXP2 유전자에서 큰 차이가 보이지 않는다. 이 견해가 네안데르탈인이 최소한 단순한 형태의 언어 구사 능력을 갖고 있었다는 주장보다 신빙성이 높다.[18]

네안데르탈인은 멸종하지 않았다

네안데르탈인이 인간이라는 건 틀림없는 사실이다. 진화론적 관점에서 네안데르탈인과 현생 인류의 차이는 근소하다. 그럼에도 우리와 가장 가까운 종인 네안데르탈인은 간혹 고유한 인간종으로 분류된다. 종(種) 체계의 확립은 현상을 분류하고 인간을 동물과 구별된 존재로 부각시키고자 하는 인간의 소망에서 비롯되었다. 가장 유명한 종 개념 중 하나가, 이종관계에 있는 생물이 교배하여 후손을 보았으나 이 후손들은 불임이라는 것이다. 우리 주변에서 가장 잘 알려진 예는 수컷 말과 암컷 당나귀의 중간 잡종인 버새다. 이미 입증되었듯이 네안데르탈인과 인간 사이에서 탄생한 후손은 아이를 가질 수 있었기 때문에, 이 개념에 의하면 네안데르탈인과 인간은 다른 종으로 분류할 수 없다. 데니소바인도 마찬가지다. 그럼에도 진화론, 생태학, 혹은 계통발생학 등 종 개념에서는 인간과 네안데르탈인을 다른 종으로 구분한다. 하지만 인간과 네안데르탈인의 차이는 아주 근소하기 때문에, 네안데르탈인과 데니소바인에게는 '인간 유형'이라는 개념이 더 적합하다. 이 개념에는 인간의 다양한 특성이 담겨 있기 때문이다.

종에 관한 논의는 네안데르탈인의 멸종 여부와 밀접한 관련이 있다.

언뜻 보면 현대인의 외형에는 수만 년 전 유럽에 살았던 네안데르탈인의 모습이 남아있지 않다. 네안데르탈인이 현생 인류와 관계를 맺어 생식 능력이 있는 후손을 가질 수 있었고, 그래서 현재 우리 몸 안에는 네안데르탈인의 DNA가 있다고 한다면 네안데르탈인이 우리 안에 흡수된 채 사라졌다고 말할 수 있을 것이다. 유럽의 초기 현생 인류 개체군이 네안데르탈인 개체군보다 50배 많았다면 현재의 유전자 혼합 비율은 50대 1이 될 것이다. 네안데르탈인 유전자 중 일부는 확산하는 데 성공했다. 이를테면 피부의 특성이다. 유럽인들은 어쩌면 네안데르탈인의 특성을 물려받아 피부가 더 두꺼운 것인지도 모른다. 날씨가 더운 지방의 아프리카인들의 피부는 더 얇은데 반해, 유럽인들은 추위로부터 피부를 보호해야 하기 때문인 것으로 짐작된다.

유럽의 요새가
무너지다

유전자 분석 결과에 의하면 현생 인류는 적어도 22만 년 전 아프리카에서 최초의 이주를 시작했다. 네안데르탈인은 유럽과 아시아에서 수만 년 넘게 주도권을 장악하고 있었던 듯하다. 이들의 확산 시도는 점점 궁지에 몰렸다. 초기 이주민들은 간혹 네안데르탈인의 후손들과 관계를 맺어 자녀를 낳았다. 물론 이러한 소수 사례는 이상치로 간주해야만 한다. 유라시아의 원시 인류 유형은 오랫동안 이상치

아래에 속해 있었기 때문이다.

　그사이 남부에서 북부로 이주 행렬이 계속되었다.[19] 약 4만 5000년 전 최소 두 차례의 준비 기간이 있었다. DNA 상세 분석 결과 이 시도는 이전의 준비 기간과 마찬가지로 실패했던 것으로 밝혀졌다. 이 유물은 모스크바에서 동쪽으로 2,500킬로미터 떨어진 곳에 위치한 시베리아 우스트이심에서 발굴된 것이었다. 아프리카에서 북쪽 지방으로 이주한 현생 인류의 시신 한 구였다. 루마니아의 오아제 동굴(해골의 동굴이란 뜻-옮긴이)에서 4만 2000년 된 두개골이 발견되었다. 이것은 유럽에서 발견된 현생 인류의 두개골 중 가장 오래된 것으로 간주된다. 물론 이 두개골은 형태가 독특했고, 2015년 DNA 분석 결과 네안데르탈인의 DNA가 10퍼센트 이상 섞여있는 교잡종이었다. 하지만 시베리아에서 발견된 인간도 오아제 동굴에서 발견된 인간도 우리의 직계 조상은 아니었다.

　하지만 그날이 멀지 않았다. 지금으로부터 약 4만 년 전, 드디어 우리의 직계 조상이라는 인간들이 유럽과 아시아에서 확산되기 시작했다. 이 시기 근동 지방, 흑해를 지나 도나우강으로 넘어가는 길에서 중부 유럽에 이르는 지역까지 인간이 나타났다. 열정적인 자전거 여행자라면 유럽에서 두 번째로 긴 도나우강을 쭉 따라가면 남부 독일에서 루마니아까지 어렵지 않게 도달할 수 있다는 사실을 안다. 4만 년 전 도나우강 삼각주에서 슈바르츠발트까지 가는 길은 물론 단순한 산책길이 아니었다. 하지만 이 길은 발칸반도를 넘어 일부는 거대한 빙하층으로 둘러싸인 중부 유럽으로 진입하는 통로 가운데 하나였다. 이것은 도전해봄직한 목표였다. 빙하기에도 매머드, 털코뿔소, 메갈로케로스(지구에 살았던 가장 큰 사슴으로 키가 2.1미터였는데, 머리 위에서 양쪽으로 벌어진 뿔의 폭이 2.7~3.6미터였다.—옮긴이)를 유혹할 목초지는 부족하지 않았다. 이런 동물들은 현생 인류와 마찬가지로 네안데르탈인의 밥상에 오를 음식으로 인기가 많았다.

　　이러한 최초의 대이주 행렬과 함께 유럽에는 오리냐크시대가 열리며 인상적인 변화가 일어났다. 오리냐크인들은 그때까지 알려지지 않았던 기술을 섭렵하고 있는 본격적인 예술가였다. 이들은 말, 인간, 슈베비셰 알프, 홀렌슈타인-슈타델에서 발굴된 사자 인간과 같은 환상적인 반인반수를 조각했다. 또한 이들은 새의 뼈로 피리를 제작했다. 특히 우리를 감탄하게 한 사실이 하나 있다. 이런 문화가 수천 년 동안 유럽의 전통이 되었고, 오리냐크인들이 소위 비너스 조각상을 발전시키는 계기가 되었다는 것이다. 고고학자들은 슈베비셰 알프에서 지금까지 가장 오래된 것으로 알려진 비너스 표본을 발견했다. 이 시대 다른 조각품의 전형적인 특징으로 외음부와 여성의 육감적인 몸매를 꼽을 수 있는데, 이 표본은 외음부와 여성의 풍만한 몸매를 유난히 강조했다. 현재의 남부 독일 지역인 오리냐크 문화의 중심지는 몸집이 큰 야생 동물이 특히 많이 서식하고 있어 인간이 살기에 좋은 환경이었다. 오리냐크인들은 당시의 상황을 예술 작품과 음악에 열정적으로 표현했다. 이것은 이 지역의 인구가 상대적으로 많았다는 사실을 암시한다. 그렇지 않았더라면 오리냐크인들은 매일 생존을 위한 투쟁에 모든 노동력을 동원해야 했을 것이다.

이후 약 수만 년 동안 문화와 예술은 눈부신 속도로 성장했다. 여기에는 여러 가지 해석이 있지만, 아마 중부 유럽의 겨울을 아는 사람은 그 이유를 충분히 짐작할 것이다. 당시 사람들은 추운 겨울을 피하기 위해 동굴생활을 하는 동안 지루함에 몸서리를 쳤던 듯하다. 공들여 만든 예술 작품은 짝짓기 상대를 차지하기 위한 경쟁에서 우위를 점하는 데 도움이 되었기 때문이라고 주장하는 고고학자들도 있다. 손재주가 뛰어난 예술가들은 짝짓기 상대를 차지할 기회가 더 많았다. 이것이 오리냐크인들이 독특한 창의력을 끌어낼 수 있는 이유였을지도 모른다. 석기시대 생활환경에 비춰보면 오리냐크인들은 탁월한 탐미주의자였다.

도망과 몰이사냥

인간에 가장 가까운 영장류 동물인 침팬지에 비해 인간은 나무를 잘 타지 못한다. 원숭이의 손과 발은 나무에 올라타기에 완벽한 구조다. 원숭이들은 나무 위에서 먹을 것, 잠잘 곳, 공격자들로부터 몸을 피할 곳을 찾는다. 원시 인류와 침팬지가 각자의 길을 걷기 시작한 이후, 인간의 나무 타기 실력은 점점 쇠퇴했다. 대신 우리 조상들은 새로운 능력을 얻었다. 나무를 잡기 좋은 구조의 긴 팔 대신 섬세한 손이 발달하면서 인간은 도구와 사냥 무기를 제작했다. 진화의 전환점이 된 사건은 직립보행이었던 셈이다.

진화에는 의지가 반영되지 않지만, 진화에 인간의 의지를 부여한다면 이것은 과감한 실험이었다. 두 발로 걷는 것은 원숭이처럼 네 발로 걷는 것에 비해 훨씬 더 많은 에너지가 필요했다. 또한 두 발 걷기는 달리기, 즉 빠른 움직임에 적합하지 않았다. 같은 거리를 걸을 때보다 더 많은 에너지가 소비되었기 때문이다. 지금으로부터 190만 년 전 인간은 다음 진화 단계로 넘어가, 인체 에너지를 효율적으로 소비할 수 있게 되었다. 온난기와 한랭기가 반복되는 빙하기는 아프리카의 풍경에 근본적인 변화를 일으켰다. 나무가 자라던 평지가 주로 풀이 성장하는 사바나로 바뀌었다. 인간이 기어오를 수 있는 나무도 많지 않은 대신, 머리를 드러낼 수 있는 초원이 많아 적절한 타이밍에 맹수를 포착할 수 있었다. 직립보행을 하다가 나중에 멸종한 다른 인간종과 달리, 호모 에렉투스는 사바나에서 우위를 점할 수 있었다. 반면 침팬지와 나무를 타던 원시 인류는 아마 이후에도 계속 정글지대에 살았을 것이다. 당시 아프리카 땅의 대부분을 차지했던 정글지대는 예나 지금이나 나무를 잘 타는 동물이 살기 좋은 환경이었기 때문이다.

직립보행 덕분에 호모 에렉투스는 완전히 새로운 사냥 전략을 터득할 수 있었다. 이렇게 되기까지 호모 에렉투스는 털 빠짐 현상 등 여러 차례의 돌연변이를 거쳐야 했다. 털이 줄어들면서 몸의 열이 분산된 덕분에 호모 에렉투스는 거의 무한정으로 달릴 수 있었다. 호모 에렉투스는 장거리 경주 세계 챔피언이 되었다. 이 때문에 광활한 사바나에서 호모 에렉투스는 쉽게 사냥감을 포착하고 죽일 수 있었을 것이다. 가젤도 빨리 달릴 수 있지만 다른 포유동물만큼 오래 달리지 못한다. 가젤은 일정 거리 이상을 뛰면 죽는다. 마찬가지로 말도 40킬로미터 이상을 달리면 죽는다. 원시인들은 말 그대로 무식하게 달릴 수 없을 때까지 사냥감을 쫓았다. 이렇게 정신없이 달리다 보면 동물은 지칠 대로 지쳐 있어, 돌 하나 손대지 않고 동물을 죽일 수 있었다. 원시인의 경주 능력은 자연재해 등이 발생하여 신속하게 도망쳐야 하는, 정반대의 상황에서도 유용했다.

인간의 지능 발달은 아마 직립보행의 직접적인 결과일 것이다. 수렵 생활을 했던 인간은 무의식적으로 에너지 공급량을 늘려야 했기 때문이다. 인간의 인체에 동물성 지방과 단백질이 공급되면서, 가장 순도 높은 에너지 소비자임에 틀림없는 기관의 특성이 나타났다. 현생 인류의 경우 뇌의 무게는 인간 체중의 2퍼센트도 안 되지만, 인간의 인체 에너지 중 4분의 1이 뇌에서 소비된다. 성능 좋은 뇌가 있었기 때문에 인간은 현재 모든 생물 중 가장 우월하고, 우수한 지능 덕분에 인간은 전 세계에 거주하며 달까지 날아갈 수 있었던 것이다. 침팬지의 뇌는 400그램도 안 되며, 인간의 3분의 1에 못 미친다. 사무실에서 고된 하루를 보내고 여가시간을 보낼 때 가장 많이 하는 활동이 달리기인 것도 이런 배경과 관련이 있을 것이다.

어두운 지평선에
내리는 독성비

현생 인류가 따뜻한 아프리카에서 추운 유럽으로 이주한 시기는 이동에 적합한 기후가 아니었다. 유럽은 추운 기후로 변하면서, 지금으로부터 2만 4000년 전에 시작되어 1만 8000년 전에 서서히 막을 내린 '마지막 최대 빙하기'로 접어들고 있었다. 이러한 대빙하기로 오랫동안 중부 유럽 지역은 인간이 살 수 없는 환경이었다. 지금으로부터 약 3만 9000년 전 유럽 대륙을 뒤흔들어 놓았던 재앙과 같은 사건이 일어나면서, 유럽의 기온은 점점 심하게 떨어졌다. 베수비오산 인근의 캄피 플레그레이에서 화산이 폭발하면서 어둠이 전 유럽을 뒤덮었다. 빙하기 기후인 상태라 기온은 더 내려갔다. 화산재가 동부 유럽에서 발칸반도를 지나 현재의 러시아 지역 저 끝까지 퍼졌다. 곳곳에 몇 미터 두께의 화산재 층이 형성되었다. 더 이상 햇빛이 뚫고 들어올 수 없는 지역이 많았기 때문에 평균 기온은 떨어졌다. 기상학자들은 평균 기온이 최대 4도 내려갔을 것으로 추측한다. 유럽 대부분의 지역에서 식생(植生)은 수십 년 동안 말라 죽어있는 상태였고, 화산재 때문에 식수는 독성으로 오염되어 있었다. 캄피 플레그레이 주변 지역(여기에는 나폴리도 포함되어 있다.)은 현재 세계에서 화산 폭발 위험이 가장 높은 지역이다. 많은 기상학자들이 다음 세기에 엄청난 화산 폭발이 일어날 것으로 예상한다.

지금으로부터 3만 9000년 전, 안 그래도 열악했던 유럽의 생활환경은 인간에게 치명적인 환경이 되었다. 화산 폭발은 아프리카에서 새 이주민들이 몰려오기 전에 이미 그 지역을 떠나, 주로 서부 유럽에 거주하던 네안데르탈인에게는 최후의 일격이었던 셈이다. 물론 다른 자연재해도 네안데르탈인의 멸종에 일조했을 것이다. 어쨌든 최후의 네안데르탈인은 지금으로부터 약 3만 9000년에서 약 3만 7000년 전 사이에 살았고, 현생 인류가 유럽의 주도권을 장악했다.

하지만 이런 엄청난 화산 폭발이 초래한 결과는 학문적으로 뜻밖의 행운을 안겨주었다. 화산재 속에서 지금까지 가장 오래된 것으로 알려진 인간이 발견되었기 때문이다. 여기에는 현재 유럽인의 유전적 흔적이 남아있었다. 유전자 정보가 해독된 덕분에 이제 유럽인들은 오리냐크인이 그들의 조상이라는 사실을 안다. 오리냐크인의 뼈는 러시아 서부의 코스텐키 인근 화산재 속에 묻혀 있었기 때문에 최상의 상태로 보존되어 있었다. 이 뼈가 발굴된 덕분에 2009년 나는 빙하기 현생 인류 최초의 mtDNA를 해독할 수 있었다. 소위 마르키나-고라인의 부장품은 그가 오리냐크 문화권 사람일 가능성을 암시하고 있었다. 마르키나-고라인은 화산재 속에 있었기 때문에 화산 폭발 후 그는 분명 살아있었을 것이다. 그렇지 않다면 화산재가 그를 뒤덮고 있어야 한다.[20]

이 시기 유럽은 유전자의 변혁기였다. 빙하기는 또 한 번 대자연의 위력을 보여주었다. 오리냐크인의 수는 더 줄어들었다. 오리냐크인의 개체군 감소는 유럽 지역에서 동물상(動物相, 특정 지역이나 수역에 살고 있는 모든 종류의 동물. 서식지에 따라 육상·고상·담수·연안·해양 따위로 나뉘며,

동물의 부류에 따라 곤충 동물상·연체동물상 따위로 나눈다.–옮긴이)이 급격히 감소한 것과 밀접한 관련이 있다. 지금으로부터 약 3만 6000년 전 유럽에는 동물종이 대량으로 멸종하는 특이한 현상이 있었다. 매머드뿐만 아니라 유럽 들소, 늑대, 동굴 곰이 대량으로 멸종했다. 하이에나에 이르기까지 모든 동물의 흔적이 사라졌다. 그 자리를 동유럽과 북부 아시아 지역의 동물들이 대신했다. 새로운 동물과 함께 새로운 사람들이 나타났다. 지금으로부터 약 3만 2000년 전 중부 유럽에서 오리냐크인의 최후를 알리는 증거가 발견되었다.

이제 그라베트 문화가 시작되었다. 오리냐크인처럼 새 이주민들은 몸집이 큰 짐승을 쫓는 수렵민이었다. 오리냐크인들보다 그라베트인들은 점점 추워지는 기후에 적응을 더 잘하는 듯했다. 그라베트인의 혈통은 정확하게 알려져 있지 않다.[21] 우리는 그라베트인이 동부 유럽 지역에서 이주해왔다는 사실만 알고 있을 뿐이다. 체코 남동부 지역 돌니 베스토니체의 3인 합장묘는 그라베트 문화기 유물 중 가장 유명하다. 돌니 베스토니체 3인 합장묘에 대해서 학자들은 1986년 처음 발견된 이후 지금까지도 감탄을 금치 못하고 있다. 3인 합장 양식이 후기 구석기시대에 드물게 나타나는 형태였기 때문만은 아니다. 이 무덤에는 아주 신비한 상징이 담겨 있었기 때문이었다. 3개의 두개골은 지금으로부터 약 2만 7000년 전 매머드의 뼈 아래에 묻혀 있었다. 많은 고고학자들은 이것이 로맨틱한 관계로 얽힌 3인의 인상을 준다고 보았다. 죽은 세 사람은 나란히 누워있었는데, 좌측에 매장된 사람의 양손이 중간에 매장된 사람의 바짓가랑이에 놓여있고, 가운데에 매장된 사람은 오른쪽에 누워있는 사람의 손을 만지고 있다. 죽은 사람들의 얼굴이 황토로 덮여있고 무덤, 특히 가운데에 있는 사람의 바짓가랑이에 장식용 부장품이 있는 것으로 보아 이 배치가 우연일 가능성은 거의 없다.

3인 합장묘에 관해 고고학자들은 거의 모든 것을 확실하게 밝혀냈다. 단 한 가지만 모호했다. 가운데에 누워있는 사람의 성별이었다. 이 사람은 뼈와 관련된 병을 앓고 있었던 듯한데 성별을 결정하는 것이 불가능했다. 반면 양옆에 누워있는 두 사람이 해부학적으로 남성이라는 사실은 확실히 알 수 있었다. 대부분의 전문가들이 두 사람의 두개골 상징과 위치로 보아 가운데에 있는 사람이 여성일 것이라고 생각했다. 2016년 세 사람의 DNA 염기 서열 분석 결과가 발표되고 이 해석은 완전히 뒤집혔다. 뼈와 관련된 병을 앓고 있었던 두개골, 즉 가운데에 누워있던 사람은 남성이었다. 그리 오래되지는 않았지만 세 사람이 삼각관계였을지 모른다는 주장도 있었다. mtDNA 분석 결과 좌우에 있는 두 남자는 형제관계이거나, 최소한 이복 혹은 이부형제인 것으로 밝혀졌다.

세 사람은 20세에 사망한 것으로 추측된다. 그사이 수차례 이루어진 DNA 분석 결과, 이들에게서 이 시기 서부 유럽의 프랑스에서 시작해 남부 유럽의 북이탈리아를 거쳐 서부 러시아로 확산된 사람들의 유전자가 발견되었다. 3인 합장묘는 그라베트인들이 예술적 기교와 상징을 표현하는 능력이 상당한 수준이었음을 입증한다. 한편 이 시기에는 또 다른 인상적인 고고학 유물이 있었다. 장신구와 동굴벽화가 바로 그것이다. 새로운 이주민들이 비너스상을 조각하는 전통을 계승했다. 수만 년 역사밖에 안 되는 그라베트인들이 유럽의 초기 정복자로 성공한 이유를 여기에서 찾을 수 있을 것이다. 물론 이들에게는 한때 인류가 맞서 싸워야 했던 적을 물리칠 기회는 주어지지 않았다. 그 적은 다름 아닌 빙하기였다.

동부 진출의
다리

마지막 최대 빙하기에 중부 유럽 지역의 모든 생명체가 사라졌고, 빙하는 6000년 동안 모든 것을 몰아냈다. 이전에 유럽 대륙에서 정착생활을 했던 사람들에게 무슨 일이 일어났을까? 유럽 최악의 혹한기 이후 유럽 대륙을 지배했던 유전자를 통해 간접적으로 추론할 수 있다.

우리는 그라베트인들이 영원히 사라졌다고 추측할 수밖에 없다. 그런데 현재 유럽인의 게놈 분석 결과 등 이 추측을 반박할 수 있는 증거도 없다. 그라베트인들보다 앞서 등장했던 오리냐크인들은 이베리아반도로 피난을 간 것으로 보인다. 여기에서 이들은 끝없는 추위를 피할 곳을 찾았다. 현재 이 지역에서 발굴된 마지막 최대 빙하기의 유전자 데이터는 없지만 이전 시대 데이터는 있다. 유전자 데이터 분석 결과, 현재 스페인과 포르투갈 지역에서 1만 8000년 전 살았던 사람들이 우리가 오리냐크인에게서 발견했던 바로 그 유전자를 갖고 있다는 사실이 밝혀졌다. 이들은 지금으로부터 약 3만 2000년 전 점점 매섭게 몰아치는 추위를 피해 중부 유럽에서 남서부 유럽으로 이동했다. 마지막 최대 빙하기에 피레네산맥이 빙하로 뒤덮이면서 오리냐크인들의 새로운 고향은 다른 유럽 지역과 격리되었다. 이런 이유로 이 격리지대로부터 한참 북쪽에 거주했던 개체군들 사이에서 유전자 교류는 일어나지 않았다. 남부로 가는 길도 막혀 피난처인 이베리아반도에 살던 사람들은 갇힌 신세가 되고 말았다. 이들은 지브롤터해협 너머 아프리카를 눈으로 보면서도 도달할 수 없었다. 지브롤터해협은 한때 조류가 아주 강했던 곳이다. 폭이 가장 좁은 곳이 현재의 해발고도 기준으로 14킬로미터밖에 안 되지만, 이들에게는 이 거리를 넘어갈 수 있는 기술이나 인체적 능력이 없었다.[22]

남서부 유럽에서 발굴된 오리냐크시대의 유전자들이 겨울나기에 성공했다 할지라도, 이 문화권에 속해 있는 모든 사람들이 한파를 피한 피난에 성공했다는 뜻은 아니었다. 중부 유럽의 기온이 급강하하면서 많은 사람들이 목숨을 잃었기 때문에 피난에 성공한 사람은 극소수였다. 하지만 그 역사는 지금도 계속되고 있고 이들의 유전자는 아직까지 유럽에 남아있다. 지금으로부터 약 1만 8000년 전, 대빙하기 말에 사람들은 이베리아반도에서 중부 유럽으로 돌아갔다. 유전자 분석과 고고학 유물 분석 결과에 의하면 중부 유럽에서 사람들이 다시 만났고 발칸 지역에서 다시 이주가 시작되었다. 이때 두 개체군의 유전자가 섞였다.

당시 발칸반도에 거주했던 사람들의 유전자에 대해서는 아직까지 알려진 사실이 많지 않다. 유전자 분석에 필요한 뼈가 부족하기 때문이다. 하지만 우리는 발칸반도 사람들이 유럽의 DNA에 기여한 것이 무엇인지 잘 안다. 얼마 전까지만 하더라도 이것은 커다란 수수께끼로 남아있었다. 헷갈리게도 남동부 출신 이주민들은 현재 아나톨리아에 거주하는 사람들에게서 나타나는 유전적 요소를 갖고 있었다. 남동부 출신 이주민들의 뿌리가 아나톨리아에 있었을 가능성이 있었던 것이다. 이들의 선조가 처음에는 발칸반도에 거주했다가 마지막 최대 빙하기 이후 중부 유럽으로 몰려들었다는 것이다. 그동안 이들이 아나톨리아에서 발칸반도로 이주했다는 사실을 입증할 수 있는 어떠한 고고학적 힌트도 없었다. 2018년 우리 연구소에서 수렵인과 채집민의 유전자 염기 서열을 분석한 후 실제로 어떤 일이 있었는지 설명할 수 있었다. 연구 결과에 의하면 아나톨리아인들이 유럽으로 자신들의 유전자를 가지고 온 것이 아니라, 발칸반도 거주자들이 대빙하기 이전에 동부로 확산되면서 그곳 개체군들과 유전자가 섞이면서 아나톨리아로 오게 된 것이었다. 유전자들이 발칸반도에서 아나톨리아를 넘어 아프리카로 물결처럼 쏟아진 것이다. 북아프리카 사람들처럼, 현재의 터키와 쿠르드족처럼 중부 유럽 사람들도 발칸반도 사람들의 이러한 유전적 요소를 나눠 갖고 있었다.

이후 3000년 동안 유럽에서는 유전자가 서로 다른 이베리아반도와 발칸반도의 개체군들이 혼합되면서 상대적으로 동질적인 그룹이 형성되었다. 이 시기 유럽과 아나톨리아의 유전자 결합을 처음으로 입증할 수 있었다. 수천 년 동안 상당히 발달한 기술 문명을 갖고 있던 푸른 눈과 검은 피부의 수렵민과 채집민이 유럽 대륙에 나타났다. 이 개체군은 유전적으로 서로 밀접한 관련이 있었다. 빙하가 녹으면서 얼음 장벽이 서서히 사라졌고 인간의 이동이 더 많아졌다. 사회 교류가 활발해졌고 유전자 풀 gene pool(어떤 생물집단 속에 있는 유전 정보의 총량을 말한다.―옮긴이)에서 강한 동화현상이 나타났다.

유럽은 차츰 따뜻해졌고 기온도 상승했다. 온화한 기후가 새 이주민들을 유럽 대륙으로 끌어들이기 시작했다. 또 한 차례의 대이동이 일어날 조짐이 꿈틀거리고 있었다. 이렇게 유럽 대륙은 유전자 역사의 활동기로 접어들었다.

3
이주민이 미래다

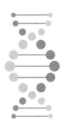

지구 온난화는 사람들을 북쪽으로 내몰고 있다.

과거에는 모든 사람들이 지금보다 더 건강했고,

자녀는 둘이면 충분했다.

슈바벤(독일 남서부)의 여자 농부는 아나톨리아 출신이었다.

밝은 피부색은 생존에 더 유리했다.

발칸루트는 실제로 존재했으며

수렵민은 다시 귀향길에 올랐다.

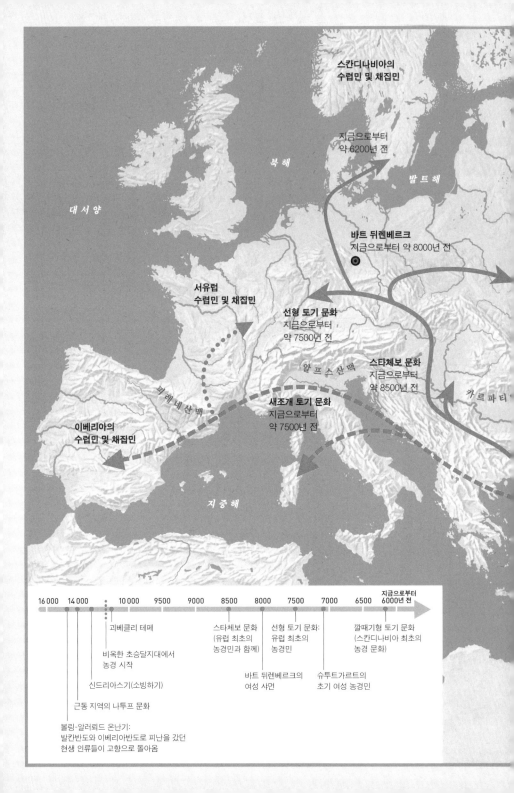

스칸디나비아의
수렵민 및 채집민

지금으로부터
약 6200년 전

북해

발트 해

대서양

바트 뒤렌베르크
지금으로부터 약 8000년 전
◉

서유럽
수렵민 및 채집민

선형 토기 문화
지금으로부터
약 7500년 전

알프스 산맥

스타체보 문화
지금으로부터
약 8500년 전

카르파티

피레네산맥

새조개 토기 문화
지금으로부터
약 7500년 전

이베리아의
수렵민 및 채집민

지중해

16 000	14 000		10 000	9500	9000	8500	8000	7500	7000	6500	지금으로부터 6000년 전

괴베클리 테페

스타체보 문화
(유럽 최초의
농경민과 함께)

선형 토기 문화:
유럽 최초의
농경민

깔때기형 토기 문화
(스칸디나비아 최초의
농경 문화)

비옥한 초승달지대에서
농경 시작

바트 뒤렌베르크의
여성 사먼

슈투트가르트의
초기 여성 농경민

신드리아스기(소빙하기)

근동 지역의 나투프 문화

볼링-알러뢰드 온난기:
발칸반도와 이베리아반도로 피난을 갔던
현생 인류들이 고향으로 돌아옴

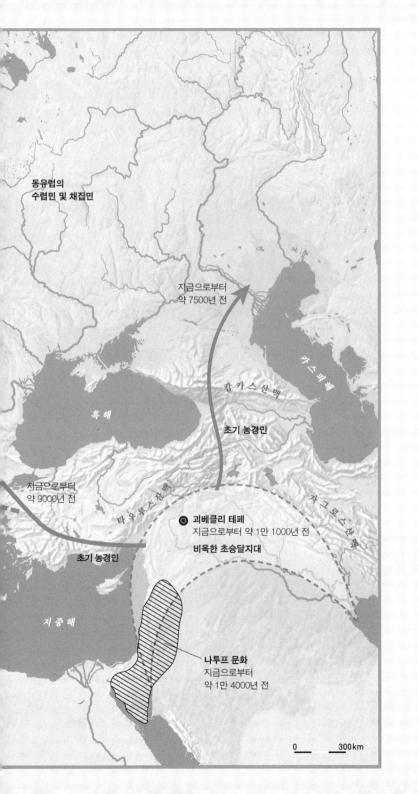

동유럽의
수렵민 및 채집민

지금으로부터
약 7500년 전

카스피해

캅카스산맥

흑해

초기 농경민

지금으로부터
약 9000년 전

타우루스산맥

자그로스산맥

괴베클리 테페
지금으로부터 약 1만 1000년 전

초기 농경민

비옥한 초승달지대

지중해

나투프 문화
지금으로부터
약 1만 4000년 전

0   300km

햇빛이
쏟아지는 땅

유럽 대륙 전역에서의 이주의 역사는 기후 변화에서 비롯되었다는 특징이 있다. 하지만 살 길을 찾아 이곳으로 온 모든 이들을 기다리고 있던 것은 혹독한 추위였다. 지금으로부터 약 240만 년 전, 빙하시대라 불리는 플라이스토세가 시작되었다. 이 시기에 현재의 이탈리아와 스페인에 이르기까지 북반구의 대부분은 농사를 짓기에 적합하지 않은 척박한 토양이었다. 수만 년 동안 간빙기가 반복적으로 나타났다. 빙기와 빙기 사이에 있는 기간을 의미하는 간빙기의 평균 기온은 현재의 평균 기온을 웃돌기도 했다. 하지만 가장 추운 시기에는 알프스산맥 북쪽에서 영구동토(일 년 내내 항상 얼어있는 땅-옮긴이)가 형성되기 시작했고, 북부 이베리아반도 연안에는 유빙(표류하는 해빙-옮긴이)이 쌓였다.

지금으로부터 최대 45만 년 전 유럽에는 이미 네안데르탈인이 살고 있었고 빙하기에는 현생 인류가 북쪽 지역으로 확산되었다. 이는 네안데르탈인과 현생 인류가 적응력이 뛰어났다는 사실을 입증한다. 기후가 아무리 미친 듯 날뛰며 변덕을 부려도 이들은 살아남았다. 이런 점으로 보아 빙하기는 인류 발전의 걸림돌이 아닌 촉진제였던 것이다. 우리의 조상들은 추위를 이겨내기 위해 동굴로 돌아갔고, 심지어 옷까지 지어 입었다. 유럽 사람들은 최소 4만 년 전 실이나 현으로 옷을 짜기 위해 바늘을 사용했다. 과거에 가죽과 모피를 보관했던 창고, 드물기는 하지만 직물 조직에도 바늘을 사용했던 흔적이 남아 있다. 인간이 아무리 적응력이 뛰어난 동물이라고 해도, 지금으로부터 2만 4000년 전 유럽을 덮친 혹한을 이겨낼 수 있는 정도는 아니었다. 고고학자들은 이 시기에 서부 및 중부 유럽에 살았던 사람이 최소 10만 명이었고 몇몇 지역에 몰려 살았을 것이라고 추측한다.

마지막 최대 빙하기가 끝나고 지금으로부터 1만 8000년 전, 중부 유럽의 기온이 다시 상승하면서 사람이 살 수 있는 환경이 되자 추위를 피해 남쪽으로 피난 갔던 사람들이 북쪽으로 돌아왔다. 이 모든 것이 온난기가 도래할 것을 알리는 신호였다. 과거 세 차례의 간빙기 동안 기온은 꾸준히 상승해왔고, 1만 5000년부터 기온은 급속도로 상승했다. 소위 '뵐링 알러뢰드 온난기Bølling-Allerød warm period'(최고 드리아스기(oldest dryas) 이후 발생한 따뜻한 기간—옮긴이)에 인류는 전 유럽으로 확산될 수 있었다. 물론 1만 2900년 전에 유럽과 북아시아 지역에서도 인간의 생활에서 느낄 수 있을 정도로 기후 변화를 겪었다. 이 시기에 평균 기온은 50년 내에 무려 12도나 하락했다. 본격적으로 한파가 인류를 덮치면서 짧았던 전성기는 끝나고 인구는 다시 급격히 감소했다. 이 짧은 빙하기를 '신드리아스기younger dryas'라고 한다. 신드리아스기로 접어들게 된 원인은 아직까지 밝혀지지 않았다. 이와 관련해 신드리아스기 이전에 있었던 지구 온난화로 북대서양의 얼음 장벽이 녹으면서 북아메리카의 거대한 빙하호가 바다로 흘러들어가, 멕시코 만류(멕시코만에서 발원하여 미국의 플로리다 해협을 지나 앤틸리즈 제도의 바깥쪽을 흘러온 앤틸 해류와 합쳐져서, 뉴펀들랜드섬 부근에서 대서양을 횡단하고 다시 영국 북부를 거쳐, 노르웨이의 서해안에 이르는 해류를 말한다.–옮긴이)가 막히면서 짧은 빙하기가 시작되었다는 설이 있다. 지금처럼 당시 해류는 유럽 북서부 지역을 따뜻하게 덥혀주었다. 그런데 해류의 '난방'이 1500년 동안 꺼진 것이다.

1만 1700년 전이 되어서야 유럽은 다시 한숨을 돌릴 수 있었다. 우리가 살고있는 시대인 홀로세의 온난기가 시작되면서 날씨는 점점 따뜻해졌다. 어쨌든 이후 그리고 현재를 살고있는 인류의 관점에서 빙하기는 끝난 것이다. 이론적으로 홀로세는 지난 240만 년 동안 일정한 리듬으로, 그러니까 빙하기가 잠시 중단되고 아직 간빙기가 끝나지 않은 상태에 나타난 것이나 다름없다. 이 이론에 의하면 이제 겨우 1만 2000년밖에 안 된 홀로세에는 서서히 기온이 하락하다가 다음 빙하기로 넘어갈 것이다. 하지만 현재 인간이 초래한 기후 변화로 인해 생존을 위협받는 상태에는 아무런 변화가 없을 것이다.

어쨌든 홀로세 초기는 인류에게 뜻밖의 행운을 안겨주었다. 진화론적 의미가 있는 사건, 즉 인류가 직립보행을 하면서 역사의 변혁이 시작되었다. 직립보행의 기원은 유럽이 아니라 근동 지방이었다. 이 지역은 북부 지역보다 날씨가 훨씬 따뜻했기 때문에 사람들은 기후의 혜택을 한껏 누릴 수 있었다. 드디어 신석기시대로 접어들었다. 수렵민과 채집민에서 농경민과 가축 사육자로, 유목민에서 정착민으로 생활에 변화가 일어났다.

과거와 현재의 기후 변화

지구 온난화는 인류의 이주를 유발한 요인이었다. 지난 1만 년간의 이주로 유럽 문명이 탄생했고, 이후 전 세계에 자신들만의 특성을 남겼다. 최근의 기후 변화로 이주 압박이 심해지면서 과거와 마찬가지로 남부에서 북부로 이주현상이 나타나고 있다. 물론 차이점이 있긴 하다. 수만 년 전 자연이 초래한 지구 온난화로 인류 확산 효과를 얻었다면 인간이 불을 지핀 현재의 지구 온난화는 인류를 '기후 피난'으로 몰고 있다. 현재의 지구 온난화는 지구 역사의 관점에서 중요하지 않은 사건일 수 있다. 하지만 글로벌 사회라는 측면에서 지구 온난화는 인류가 극복해야 할 초유의 사태다.

지구 온난화의 원인은 홀로세라는 지질시대와 관련이 있다. 홀로세에 전 세계 인구는 꾸준히 증가했고, 최근 산출한 결과에 의하면 2050년 전 세계 인구는 100억 명을 돌파할 것이라고 한다. 인구 증가는 온실가스 배출뿐만 아니라 '메가 메트로폴리탄' 형성도 촉진한다. 메가 메트로폴리탄은 인프라 구축을 위해 주로 해안 지역에 위치하며 동남아시아 태평양 연안 일대에 밀집해 있다. 이 지역은 해수면 상승으로 수천만 명이 고향을 잃게 될 가능성이 있다. 아프리카 지역도 이와 비슷한 상황이다. 아프리카의 인구는 2050년 현재의 2배로 증가하여 약 20억 명에 이를 것이라고 한다. 아프리카 지역에서는 잦은 가뭄으로 삶의 터전을 빼앗기는 사람들이 점점 많아지고 있다. 남반구에 비해 육지가 훨씬 많은 북반구 지역으로 이주해야 한다는 압력을 이미 실감할 수 있을 정도다. 게다가 이주 압박이 감소할 조짐도 전혀 보이지 않는다. 지구 온난화 때문에 유라시아 북부와 캐나다 지역에서 더 많은 사람을 수용해야 할 것이다. 영구동토가 녹으면서 농사를 지을 수 있는 땅이 많아지고 더 많은 사람에게 식량을 제공할 수 있게 될 것이다. 반면 영구동토 해빙 과정에서 방출되는 메탄가스가 지구의 온도를 더욱 상승시킬 것이다.

기후 변화로 인간이 거주할 수 있는 땅이 늘어났다는 측면에서 지구 온난화로 우리가 얻을 수 있는 것도 있다. 하지만 이주가 어떠한 정치적 배척과 갈등을 초래할지 예측할 수는 없다. 더 정확하게 말해 사람들은 이런 면은 생각하고 싶어 하지 않는다. 홀로세가 끝나고 빙하기에 돌입한다는, 또 다른 시나리오에서도 마찬가지다. 과거 간빙기의 기후 데이터에 의하면 현재의 기후 변화로 알프스 북부 지역 땅이 빠른 속도로 농사를 지을 수 없는 땅으로 변해, 유럽인들은 식량을 자급자족할 수 없어 남부 지역으로 이동할 수밖에 없을 것을 암시한다. 현재 약 7억 5,000명의 유럽인과 이웃한 아프리카 지역 사람들 사이에 갈등이 없으리라는 건 상상하기 어렵다. 수천 년이 지나야 이런 일이 벌어질 것이다. 물론 아직 홀로세는 끝나지 않았다. 또 다른 이론에 의하면 인간이 초래한 지구 온난화로 빙하기가 돌아왔다는 것이다. 많은 지질학자와 기상학자들이 현재 우리가 속한 지질시대를 플라이스토세나 홀로세가 아니라, 인간의 시대란 의미로 인류세라 부르고 있다.

야생에서의
단순한 생활

지금으로부터 1만 1700년 전, 유럽의 날씨가 따뜻해진 후에도 유럽 대륙에는 여전히 수렵민과 채집민이 있었다. 수렵과 채집은 역사의 한 시기를 특징짓는 행위가 아니었다. 이것은 인간의 본성이다. 인간은 직립보행을 하는 방법을 개발했고, 수렵에 보조 도구를 사용했으며, 갈수록 우수한 성능을 발휘하는 두뇌를 가진 덕분에 몸집이 큰 짐승에 대한 신체적 열등감을 상쇄시킬 수 있었다. 이후 인간은 수백만 년 이상 자신의 생존 전략을 극대화시켰다. 인간은 자신에게 주어진 능력을 활용했고, 시간이 흐를수록 계속 진화하여, 점점 더 나은 존재로 발전하고 자신이 가진 전문 지식을 후손에게 전달할 수 있었다. 현재 수렵민과 채집민 개체군은 매우 적고 머지않아 존재하지 않는 시대가 올 것이다. 이와는 별개로 이러한 지식은 우리가 살고 있는 이 시대에는 이미 사라졌다. 대부분의 유럽인은 2주 동안 문명의 이기(利器) 없이 야생에 내던져진다면 버티지 못하고 죽음을 맞이할 것이다. 문명화된 인간의 잠재의식 속에는 사냥 본능이 있지만, 현대인은 맨손으로 닭을 잡아야 하는 상황에서는 움찔하며 거부한다.

석기시대 사람들은 나무로 된 창과 작살로 사냥을 했다. 그리고 투창기를 거쳐, 활과 화살이 사냥 도구로 사용되었다. 재료를 다룰 때 석기시대 사람들은 모든 면에서 자신들의 실력을 유감없이 발휘했다. 이들은 돌로 도구를 제작했고, 이 돌을 이용해 커다란 나무를 쓰러트릴 수 있었을 뿐만 아니라, 날카로운 칼과 치명적인 화살촉도 제작했다. 현생 인류가 유럽에 나타난 이후 장신구는 점점 화려하고 세부 장식이 많아졌다. 조가비, 깃털, 짐승의 이빨, 모피, 작은 가지뿔뿐만 아니라 염료도 사용되었다.

석기시대의 삶과 죽음에 대해 특히 인상적인 이미지를 느낄 수 있는 유적지가 독일 작센안할트의 바트 뒤렌베르크 분묘지다. 그사이 활발한 연구가 진행된 이 무덤에는 지금으로부터 8000년 전에 살았던 25세 여성이 매장되어 있었다. 그녀는 자신의 무릎에 아기를 앉히고 앉아있는 자세를 취하고 있다. 아기는 아마 그녀와 함께 죽은 듯하다. 죽은 사람 옆에는 동물 소재의 부장품이 가득 채워져 있고, 사슴의 가지뿔도 있다. 이 여인의 무덤에서 붉은색 염료와 일종의 원시시대 붓이 함께 발견되었다. 고고학자들은 이것을 립스틱의 초기 형태일 것이라고 추측한다. 생전에 화려하게 치장을 하고 다녔던 것으로 보이는 이 여인은 '바트 뒤렌베르크의 샤먼'이라 불리게 되었다. 지금으로부터 약 1만 1700년 전부터 중석기시대로 접어들었다. 이 여인의 무덤은 중석기시대의 다른 무덤 유적지와 마찬가지로 중부 유럽의 복잡한 수렵민-채집민 문화를 입증하는 자료다. 아마 당시 사람들은 심미적 가치를 중시하고 종교 관념을 품고 있었던 듯하다. 그렇지 않다면 죽은 사람과 부장품을 함께 묻을 이유가 없을 것이다. 또한 무덤에서 음식도 발견되었다. 아마 사람들이 죽은 사람을 위해 먹을 것을 챙겨준 듯하다. 이 사람들은 사후의 삶이 존재한다고 믿었던 듯하다.

날씨가 점점 따뜻해지는 유럽에서 식량은 부족하지 않았다. 식단은 고기 위주로 짜여있었고, 숲이나 초원에 널려있는 것이 고기였다. 하지만 당시 사람들은 덩이줄기, 조류의 알, 버섯, 볏과 식물, 뿌리 혹은 잎도 먹었다. 겨울나기를 하려면 가을에 먹을 것을 미리 저장해 두어야 했기 때문이다. 현재의 수렵민-채집민 개체군은 생존을 위한 식량을 준비하는 데 매일 평균 2시간에서 4시간을 소비한다고 알려져 있다. 초기 유럽인들은 아주 단순한 생활을 했고, 몸에 지니고 있는 것만 자신들의 소유물로 여겼다. 자신들이 임시로 사용했던 집은 물론이고 쉽게 제작할 수 있는 도구들도 그냥 남겨 두고 떠났다. 집과 도구는 필요할 때 새로 만들어 사용하면 되는 것이었기 때문이다. 도처에 돌과 나무가 깔려있었다. 수렵민과 채집민은 방랑생활을 했지만, 계절마다 베이스캠프를 옮겼다. 이들은 걸어서 두 시간 정도인 구역에서 사냥과 채집을 하며 식량을 마련했다. 하지만 이들은 이 구역에서 식량을 구하지 못하면 식량 섭취 범위를 넓혔고, 더 적게 먹거나 더 멀리 나가 음식을 찾았다.

고대 수렵민과 채집민의 두개골을 보면 깜짝 놀라게 된다. 완벽에 가까운 유난히 새하얀 치아 때문이다. 당시 사람들은 꿀과 같은 충치를 유발하는 단 음식은 거의 섭취하지 않았다. 이들은 타액과 섞이면 당으로 분해되는 빵이라는 음식은 알지도 못했다. 반면 앞니는 심하게 손상되어 있었다. 석기시대 사람들은 앞니를 제3의 손으로 사용했던 듯하다. 이를테면 동물의 가죽을 벗겨낼 때, 한 손과 입으로는 가죽을 꽉 물고 있고 다른 한 손으로는 가죽을 잡아 뜯어 냈을 것이다. 그 과정에서 치아가 손상되고 후유증이 발생해 사망하는 수렵민과 채집민이 많았을 것으로 보인다. '바트 뒤렌베르크의 샤먼'의 사망 원인은 급성 잇몸 염증이었을 것으로 추측된다. 반면 당시 사람들은 감염병은 거의 앓지 않았을 것이다. 개체군들이 멀리 떨어져 사는 경우 감염병이 확산될 확률은 희박하기 때문이다.

인간의 유전자는 수백만 년 전부터 당시 생활방식에 적응되어 있었다. 그래서 중석기시대 사람들은 최상의 건강상태를 유지할 수 있었다. 현대인의 직·간접적 사망 원인인 심혈관질환, 뇌졸중, 당뇨병은 중석기시대 사람들에게는 상상도 못할 병들이었다. 고기와 야채 섭취량을 제한하자는 '원시인 다이어트' 열풍에도 나름의 합당한 이유가 있다. 하지만 원시인 다이어트 식단에는 곤충이 너무 적고, 현재 우리가 섭취하는 고기와 야채는 농사를 지어 얻은 것들이다. 원시인 다이어트를 하는 사람들 중 야생 채소, 뿌리, 사냥한 짐승을 섭취하는 이들은 극소수다. 이것은 진짜 '수렵민-채집민 다이어트'라고 할 수 없다.

자연 피임,
원시시대 의식

　　중석기시대 사람들은 아이를 적게 낳았다. 동물의 우유도 곡물
죽도 없었기 때문에 아이들은 6세까지 엄마 젖을 먹고 자랐다. 이 시기
에 여성들은 호르몬 메커니즘으로 말미암아 임신을 할 수 없었다. 게
다가 둘째를 가졌을 때 첫째 아이는 부모의 보살핌 없이 살 수 있을 만
큼의 건강상태를 유지해야 했다. 이 정도 체력을 갖출 수 있는 나이가
대략 6세에서 7세 사이였다. 당시 여성은 네 번 이상 임신하기 어려웠
고, 성년이 된 자녀들은 한 세대당 평균 2명이었다. 그래서 인구는 안
정적이었고 급증하는 일도 없었다. 인구가 적은 유럽에서는 식량을
차지하기 위한 경쟁도 없었고 수렵민과 채집민 그룹 간의 갈등도 드
물었다. 당시에는 모든 것이 풍족했다.

　　물론 예외도 있었다. 이때에는 경쟁이 치열했다. 특히 온난기
로 넘어가는 과도기에 중부 및 북부 유럽에 점점 더 많은 사람들이 거
주하면서, 수렵민보다 채집민의 수가 더 많아졌다. 특히 기각류가 많
고 몇 달에 한 번 고래가 나타나는 해안 인근 지역에서 이런 현상이
나타났다. 식물이 풍부한 자연환경 덕분에 이들은 땀 흘려 일하지 않
아도 채식으로 식탁을 채울 수 있었다. 장과류, 버섯류, 뿌리 등은 주
변에서 쉽게 찾을 수 있었다. 누구나 열망하는 지상 낙원으로 다른 지
역의 거주자들이 몰려들기 시작했다. 이 지역 정착민들은 새 이주민
들과 그럭저럭 잘 지냈다. 수렵민과 채집민은 우리가 알고 있는 가장

평화로운 사회를 유지하며 살았던 듯하다. 하지만 폭력사태가 한 번 터지면 이들은 걷잡을 수 없이 폭력적으로 변했다. 이 지상 낙원에서 발견된 뼈에는 석기시대 전사들이 엄청난 힘으로 두개골을 내려친 흔적이 남아있다. 스웨덴 중부의 모탈라에는 그곳 주민들이 적을 창으로 찌르고 자신들의 주거지에서 멀리 떨어진 늪에 처박았으며, 심지어 두개골로 다른 두개골들을 때려 부수기도 했다. 이 상징이 무엇을 의미하는지 아직 알려져 있지는 않다. 하지만 나중에 이들의 눈에 유럽 대륙이 포착되었을 때처럼 여기에서는 자원을 차지하기 위한 조직적인 대규모 경쟁과 같은 공통점은 발견되지 않았다.

인류의 가장 오랜 친구

수렵민과 채집민이 일으킨 혁신 가운데 하나가, 지금도 많은 사람들의 삶 속에 남아있다. 다름 아닌 개다. 개는 수렵민에게는 절대적으로 필요한 동물이고, 많은 사람들이 가족 구성원으로 여기는 동물이다. 지금으로부터 약 2만 년에서 1만 5000년 전 늑대가 개로 가축화되었다. 이 시기에 개의 가축화가 다른 대륙에서도 이루어졌는지 아니면, 빙하기에 유럽에서 최초로 있었던 일인지는 아직도 논란이 많다. 독일에서 개와 관련된 가장 오래된 유물은 본의 인근에 위치한 오버카셀의 2인 합장묘에서 발굴되었다. 지금으로부터 약 1만 4000년 전의 것으로 추측되는 이 무덤에는 50세 남성과 비슷한 나이의 여성이 함께 매장되어 있었다. 무덤 부장품에 개의 이빨 흔적도 있었던 것으로 보아, 개는 두 사람에게 중요한 의미를 갖는 존재였던 것으로 짐작된다.

요즘 개를 키우는 사람들이 하는 말처럼 개가 남자 주인과 여자 주인 중 어느 쪽을 더 닮았는지 추측만 해볼 수 있을 뿐이다. 유전적으로 이 개는 수만 년 전에는 인간과 더 가까웠다. 인간과 마찬가지로 개는 탄수화물을 잘 소화시키기 때문이다. 현재의 개는 특히 쌀과 감자를 잘 소화시킬 수 있는 효소인 아밀라아제를 생성할 수 있는 유전자 복제본을 더 많이 가지고 있다. 탄수화물이 함유된 음식이 체내에 흡수되었을 때 인간에게서도 똑같은 돌연변이가 발생했다. 아밀라아제 유전자 복제본이 예나 지금이나 2개뿐인 침팬지, 네안데르탈인, 데니소바인과 달리, 인간은 현재 10~20개의 아밀라아제 유전자 복제본을 가지고 있다. 이 점에서 인간의 반려동물인 개와 유사하다. 개와 인간의 평행돌연변이parallel mutation(종을 달리하는 동물들 간에 나타나는, 표현형이 매우 유사한 돌연변이 – 옮긴이)는 개는 인간의 충직한 반려자일 뿐만 아니라, 남은 음식을 처리해주는 최고의 존재라는 의미다.

유전공학의
선구자

빙하기가 끝난 후 중부 유럽은 사람이 살기 좋은 기후가 유지되었다. 근동 지방도 이상적인 날씨였다. 강수량이 더 많아지고 따뜻한 날씨가 이어지면서 지금으로부터 약 1만 5000년 전에 비옥하지 않은 스텝지대가 형성되기 시작했다. 그중에는 현재 우리가 먹는 곡물의 초기 형태인, 알갱이가 큰 야생 곡물도 있었다. 식물의 성장은 채집민에게 직접적인 이득을 가져다주었던 반면, 사냥할 수 있는 야생 짐승이 많아졌기 때문에 수렵민에게 간접적인 이득을 가져다주었다. 초원을 배회하는 가젤은 당시 사람들에게는 가장 중요한 육류 공급원이었다. 당시 아나톨리아와 보스포루스 해협 동부 전 지역에는 수렵민의 방랑 본능이 마비될 정도로 야생동물이 많았다. 식량을 뒤로 빼돌리고도 남을 만큼 풍족했다.

요르단 계곡과 레바논, 터키 동남부, 시리아와 이라크 북부, 이란 서부의 자그로스산맥까지 펼쳐진 비옥한 초승달지대는 식물상(植物相, 특정 지역에 생육하고 있는 식물의 모든 종류―옮긴이)과 동물상뿐만 아니라 인구도 증가했다. 이 지역의 수렵민과 채집민은 현재의 이스라엘과 요르단 지역에 정착하여, 지금으로부터 1만 4000년 전 이곳에 나투프 문화가 탄생했다. 수렵민과 채집민은 일정한 장소에 살았고 야생 곡물을 채집해 맷돌로 갈아서 먹었다. 이들에게 유목생활의 중요성이 사라졌다는 증거는 아나톨리아 남동부 지역에서 찾을 수 있었다. 이곳에는 지금으로부터 1만 2000년 전 정착생활을 하던 수렵민과 채집민들이 동물 모티프로 장식해 만든 거대한 돌 구조물이 있다. 이것이 바로 괴베클리 테페Göbekli Tepe(배꼽 모양의 언덕이란 뜻―옮긴이)다.

지금으로부터 1만 3000년 전 북부 지역과 마찬가지로 근동 지역에도 갑작스런 한파가 찾아왔는데, 이것은 비가 적게 내린 것과 관련이 있었다. 기후 변화로 식량 공급이 급격히 감소하면서 인간에게 고난이 찾아왔다. 필요는 발명의 어머니라는 말이 맞는 듯하다. 인간은 유전공학이 내릴 축복을 이미 예감하고 있었는지 모른다. 주의 깊은 관찰자의 눈에는 이 시대에 곡물 품종에 대한 유전적 다양성이 어떻게 이용되었는지 보일 것이다. 지금으로부터 약 1만 500년 전, 즉 한랭기가 끝났을 무렵 비옥한 초승달 지역의 거주지에는 오늘날 밀의 초기 형태인 엠머밀emmer wheat 외에도, 오늘날 보리의 이전 형태인 야생 보리가 있었다. 야생 곡물은 자연상태에서는 잘 자라지 않기 때문에 인간의 손으로 재배해야 했다.

야생 곡물은 자생한다는 장점이 있었으나 낱알에 이삭이 들어 있지 않았다. 이것은 인간의 입장에서는 달갑지 않은 특성이었다. 수확 중 낱알이 많이 없어지기 때문에 조심스럽게 모아야 했다. 그런데 돌연변이가 생긴 식물의 경우는 달랐다. 채집민이 이 낱알의 씨를 뿌리면 더 많은 종자가 생기고 새로운 품종을 생산할 수 있었다. 우리 연구소에서 독일과 이스라엘 연구원들과 공동으로 사해의 동굴에서 발견된 건조한 보리 낱알의 게놈을 재구성했다. 그 결과 오늘날 근동 지방에서 재배되고 있는 보리는 6000년 전 이 지역 사람들이 재배했던 품종과 유전적으로 거의 일치한다는 사실이 입증되었다.

1만 년 전 비옥한 초승달지대 사람들은 가축을 기르기 시작한 듯하다. 이 시대의 주거지에서 최초로 가축화된 염소와 양의 흔적이 발견되었으며, 나중에는 소의 흔적도 찾을 수 있었다. 이 시대 사람들은 식용보다는 우유를 얻기 위한 목적으로 가축을 길렀다. 아마 수렵민과 채집민이 정착생활을 하면서 고기 소비량이 줄어들고, 농경시대에 접어들면서 급격히 감소한 듯하다. 더 많은 고기를 얻기 위한 사냥은 불가능했다. 농사를 지으려면 시간이 많이 필요했기 때문이다. 오늘날 상황에 비유하면 정규 근무시간 외에도 초과 근무를 밥 먹듯 해야 할 정도였다. 대신 고기 수요는 그 지역에 아직 거주하고 있던 수렵민과 채집민과의 거래로 충당했다. 초기 농경민 주거지에서 발견된 수렵민-채집민 두개골에는 수렵민과 채집민 개체군이 평화롭게 공존하며 거래했던 흔적이 남아있다.

지하실의
시체

인류가 돌연 농경을 시작하게 된 신석기 혁명을 근동 지방 사람들에 국한시켜 설명할 수는 없다. 이 지역 사람들은 농경 전략을 수천 년 동안 서서히 발전시켜왔기 때문이다. 처음에 농경은 대대로 이어져 내려온 생활양식을 보완하는 수단이었다. 그런데 이 실험이 시간이 갈수록 빛을 발하기 시작했다. 소위 농경시대인 후기 신석기시대의 전형적인 특성으로 대형 주거지, 경작지, 축산업을 꼽을 수 있다. 이러한 초기 형태의 농경은 작은 무리로 다니는 전통적인 수렵민과 채집민과는 아직 관련이 없었다. 나중에 유럽이 그러했듯이 이민자들이 신기술을 들여오지 않은 지역에서 농경은 서서히 발달했다.

이것은 우리 연구소의 DNA 분석 결과를 통해서도 확인할 수 있었다. 아나톨리아의 수렵민과 채집민은 유전적으로 후기 농경민과 달랐다. 이들은 같은 개체군에 속해 있었지만 이주민들은 아니었다. 여기서 눈여겨볼 부분은 비옥한 초승달지대 농경민들 사이에서도 유전적 차이가 발견되었다는 것이다. 이는 점진적으로 나타난 차이가 아니었다. 두 개체군은 현재의 유럽인과 동아시아인만큼이나 유전적으로 거리가 있었다. 하지만 거의 동질적으로 발달한 문화권 내에서 이러한 유전적 차이가 나타나는 이유는 아직 밝혀지지 않았다. 두 개체군의 조상들은 빙하기에 아나톨리아산맥의 장벽에 가로막혀 헤어졌을 가능성도 있다.

아나톨리아의 수렵민과 채집민, 후기 농경민에게서 나타나는 유전적 일관성이 유럽에서는 나타나지 않는다. 실제로 이 지역에서 수백 년 만에 농경 문화가 정착되었다는 점으로 보아, 신석기 혁명의 영향력이 상당히 컸다는 사실을 알 수 있다. 농경 문화가 확산되기까지 수백 년 이상 걸렸다는 사실은 고고학적으로 입증된 사실이다. 아직 한 가지 질문에 대한 답은 찾지 못한 상태다. 첫 번째 설은 중부 유럽 사람들이 농경을 경작 기법의 하나로 수용한 뒤, 이웃인 아나톨리아에서 수용하고, 동부에서 서부로 서서히 전파되었다는 것이다. 두 번째 설은 아나톨리아인들이 동부에서 서부로 퍼지면서 신기술도 함께 가져왔다는 것이다. 농경 문화가 아나톨리아에서 유입되었다는 설이 입증되었다. 생각보다 더 명확했다. 이것은 지금으로부터 8000년에서 5000년 전 유럽에 살았던 수백 명의 유럽인들의 게놈 분석을 대대적으로 실시할 수 있었던 덕분이다. 슈바벤 지방에서 발견된 고대 여자 농부의 뼈 분석 결과도 이 질문의 답을 찾는 데 도움이 되었다.

튀빙겐대학교 연구소 지하실에 유골이 저장되어 있었다. 이 유골은 7000년 전 슈투트가르트 지역에 살았던 한 여성의 것이었다. 2014년 게놈 분석 결과, 그녀의 유전적 조상이 아나톨리아인이라는 사실을 확인할 수 있었다. 그녀의 유전자 정보는 우리가 유럽에서 신석기시대가 시작되기 이전 현재의 스웨덴과 룩셈부르크 지역에서 살았던 수렵민과 채집민의 뼈에서 확인한 정보와 일치하지 않았다. 슈바벤의 여자 농부가 우리에게 아나톨리아인의 이주 사실을 최초로 입증할 수 있었던 DNA를 제공한 셈이다. 아나톨리아인들은 에게해와 아드리아해가 둘러싸고 있는 남부의 발칸반도 지역에서, 북부의 도나우강 통로에서 유럽 전 지역, 영국 제도에서 현재의 우크라이나 지역에 이르기까지 거주했다. 유럽의 수렵민과 채집민이 밀려난 것인지, 아니면 새로운 이주민들이 이들보다 훨씬 우세했는지 정확한 사실은 알 수 없다. 어쨌든 아나톨리아인들의 이주 이후 유럽 전체 인구에서 수렵민과 채집민의 유전자 비중이 줄어든 것은 사실이었다. 야생에서 수렵과 채집생활을 하던 이들은 농경에 부적합한 지역에서 후퇴했다. 하지만 이들은 언젠가 제자리로 돌아올 것이다. 그렇게 되기까지 아직 2000년은 더 남았지만 말이다.

고기 대신 얻게 된
하얀 피부

신석기 혁명과 함께 유럽에서는 유전적으로 다른 두 개체군 간의 충돌이 발생했다. 이는 눈으로도 확인할 수 있었다. 정착생활을 하던 유럽인들은 아나톨리아 출신 이주민들보다 피부가 훨씬 어두웠기 때문이다. 더 따뜻한 남쪽 출신 사람들이 더 추운 북쪽 지역 사람들보다 밝은 피부를 가질 수 있었다는 것이 처음에는 이해되지 않을 것이다. 이와 관련해 우리가 일상의 지식에 속고 있는 것은 아니다. 실제로 햇빛에 많이 노출될수록 피부는 더 검게 된다. 적도 아래 중앙아프리카 지역 사람들은 가장 어두운 피부를 갖고 있는 반면, 북쪽 지역 사람들은 가장 밝은 피부를 갖고 있다. 이러한 차이에 담긴 진화론적 의미도 쉽게 설명할 수 있다. 피부에 색소가 강하게 나타날수록 암을 유발하는 자외선이 더 적게 침투되기 때문이다.

실제로 우리가 자외선 차단이 피부 건강에 얼마나 중요한지 알 수 있는 사례가 있다. 유럽인 조상을 가진 오스트레일리아인은 피부가 환경에 적응하지 못한 개체군을 관찰할 수 있는 대표적인 사례다. 오스트레일리아로 이주한 사람들은 대개 영국인 혈통과 아주 밝은 피부를 가진 사람들이며, 이주 역사는 불과 몇백 년밖에 되지 않는다. 오스트레일리아는 세계에서 피부암 발생률이 가장 높은 지역으로, 오스트레일리아인의 3분의 1이 평생에 한 번은 피부암을 앓는다. 진화생물학적 관점에서 밝은 피부를 가진 사람들은 적도 지역에서 살면 안 된다. 이들의 피부 유전자가 환경에 적응하려면 수천 년의 시간이 더 필요하다. 적도와 동일한 위도에 사는 아메리카 원주민과 아메리카 대륙 남부 지역 사람들은 지금으로부터 1만 5000년 전 아메리카 대륙으로 함께 이주했다. 둘은 동일한 개체군이지만 적도 인근의 아메리카 원주민들이 아메리카 남부 지역 사람들보다 피부가 어둡다. 1만 년 후 밝은 피부를 가진 오스트레일리아 사람들은, 이들보다 훨씬 전에 오스트레일리아 대륙에서 정착생활을 하던 애버리지니 aborigine(유럽인에 의해 식민지로 개척되기 이전 오스트레일리아에 거주하던 원주민-옮긴이)처럼 어두운 피부를 갖게 될 것이다. 더 이상 유럽 출신 이민자가 없고 자외선 차단 지수가 50인 선크림이 없는 조건에서만 가능한 일이긴 하지만 말이다.

적도 인근 지역에서는 어두운 피부가 질병으로부터 보호받을 수 있는 반면, 중위도 및 극지방은 정반대다. 강한 색소는 햇빛 수용을 막기 때문에 오히려 피부에 역효과를 낸다. 인간의 인체는 자외선을 통해 비타민 D를 생성하기 때문에 햇빛은 유해하면서도 생존을 위해 반드시 필요하다. 햇빛의 강도가 높을 경우에는 피부가 어두워도 문제가 없지만, 햇빛이 부족할 때는 그렇지 않다. 그래서 몇몇 나라에는 아이들에게 우유와 같은 식품이나 간유(肝油)를 먹여 비타민 D를 보충하게 한다. 독일 로버트 코흐 연구소는 어두운 피부를 가진 사람들은 비타민 D 결핍 가능성이 높다며, 비타민 D 공급 개선을 권하고 있다.

하지만 이런 모든 사실이 8000년 전 중부 유럽인들이 남부 출신 이주민들보다 어두운 피부를 가지고 있었다는 사실을 설명해주지는 못한다. 이 수수께끼의 답은 근동 지방 농민들의 식단에서 찾을 수 있었다. 이들의 뼈에 대해 방사성 동위원소 분석을 실시한 결과, 육류 소비량이 급격히 감소했다는 사실을 확인할 수 있었다. 수렵민이나 채집민과 달리 이들은 육류나 어류에서 섭취하는 비타민 D가 거의 없었고, 거의 채식을 하며 유제품으로 부족한 영양분을 보충했다. 초기 농경민의 피부색은 선택압력(주어진 맞섬 유전자의 실제적인 표현형을 결정하는 힘-옮긴이)의 지배를 받고 있었다. 이들은 더 밝은 피부를 가질 때만 생존에 필요한 비타민 D를 풍부하게 생성할 수 있었다. 이를 위해 피부를 더 밝게 만드는 돌연변이가 여러 차례 필요했다. 이러한 돌연변이를 거쳐 더 밝은 피부색을 갖게 된 아나톨리아인들은 더 건강하고 오래 살았으며 자녀도 더 많이 가질 수 있었다. 아나톨리아인들의 피부색은 농경 문화와 육류가 적은 식생활의 정착을 통해 나타났다. 이러한 진화론적 발전은 유럽 전역에서 오랜 기간 지속되었다. 위도가 북쪽인 지역의 사람일수록 피부색이 더 밝았다. 반면 수렵민과 채집민은 이러한 선택압력을 받지 않았다. 이들은 육류와 어류를 풍부하게 섭취했기 때문에 비타민 D를 공급받기 위해 더 밝은 피부를 갖지 않아도 된 것이다.

현재 북유럽인의 피부색이 밝은 것은 유전자에 돌연변이가 발생한 결과다. 이것은 극단적인 형태로 돌연변이가 나타난 경우이며, 북유럽인에게는 피부에 저장되어 있는 인체 고유의 색소인 멜라닌 성분이 매우 적다. 이러한 돌연변이는 현재 영국과 아일랜드에서 자주 발생한다. 일반적으로 머리카락이 붉은색인 사람들의 피부는 갈색으로 그을리지 않고 화상을 입는다. 그래서 영국인 혈통을 가진 오스트레일리아 사람들의 피부암 발생률이 유난히 높은 것이다. 멜라닌 색소가 적게 생성되도록 하는 돌연변이는 추위와 통증 감각의 변화와도 관련이 있다. 오랫동안 학자들은 네안데르탈인이 추위에 대한 저항력이 높다는 것에서 이러한 유전자 변화의 원인을 찾았다. 물론 이것은 유전학적으로 입증된 사실은 아니다. 아직까지 네안데르탈인의 게놈에서 이와 관련된 '멜라노코르틴 수용체melanocortin receptor'의 돌연변이는 발견되지 않았다.

유럽의 수렵민과 채집민은 피부가 어두울 뿐 아니라 푸른 눈을 가졌다. 피부색과 달리 유럽에는 아나톨리아인이 이주한 이후에도 푸른 눈을 가진 사람들이 있었다. 그 이유는 아직까지 밝혀지지 않았다. 눈동자의 색이 밝은 것은 전부 홍채에 색소를 더 적게 공급하는 돌연변이와 관련이 있다. 검은 눈동자는 빛에 덜 민감한 반면, 밝은 눈동자가 딱히 눈에 띄는 장점을 갖고 있는 것은 아니므로 이 돌연변이는 유용하다고 볼 수 없다. 아프리카에서 푸른 눈동자는 거의 찾아보기 어렵다. 햇빛이 강하기 때문에 이 돌연변이는 음성 선택(세포에 유전자가 도입되었을 때 그 형질이 발현됨으로써 사멸되는 선택조건-옮긴이)되었기 때문이다. 단순한 우연으로 치부할 수도 없고, 유럽에 밝은 눈동자를 가진 사람이 더 많이 퍼진 이유를 정확하게 설명할 수도 없다. 가장 타당성 있는 주장은 푸른 눈동자를 가진 사람들에게는 성관계를 맺을 기회가 더 많았다는 것이다. 푸른 눈동자가 단순히 미의 상징으로 여겨졌을 수 있다는 것이다. 게놈 염기 서열 분석 결과에 의하면 아나톨리아 농민의 이주 후 푸른 눈동자를 가진 사람이 감소했다가, 이후 다시 증가한 것으로 확인되었다.

하지만 푸른 눈동자를 가진 사람들이 미국의 영화배우 테렌스 힐처럼 새파란 눈동자를 가진 것은 아니다. 색소가 더 적은 경우도 있고, 회청색에서 녹색까지 스펙트럼이 다양하다. 그리고 녹색 눈동자는 갈색과 푸른색 색소가 혼합된 것이다. 이러한 돌연변이를 통해 아주 다양한 눈동자의 색이 발현될 수 있다. 피부색의 경우 밝고 어두운 색 사이에서 무한정으로 다양한 스펙트럼의 색을 만들어낼 수 있다. 우리는 중부 유럽의 수렵민과 채집민의 유전자에서 더 밝은 피부와 관련 있는 근동 지방 농민의 유전자를 찾지 못했다. 하지만 이러한 발견의 영향력을 결코 과대 평가해서는 안 될 것이다. 최근 몇 년 동안 이런 일이 반복적으로 발생했다. 이를테면 원조 영국인의 DNA 염기 서열이 해독되었을 때 영국인들이 서아프리카인들처럼 검은 피부를 가지고 있었다는 주장이다. 좋은 기삿거리를 놓칠 리 없는 언론에서는 충분한 검증을 거치지 않은 이런 주장들을 일반화하는 일이 많았다. 실제로 우리는 그 옛날 수렵민과 채집민의 피부가 얼마나 어두웠는지 모른다. 피부색의 유전은 매우 복잡하고 돌연변이로만 설명할 수 없기 때문이다. 초기 유럽인들이 현재의 중앙 아프리카인들처럼 검은 피부를 가졌었는지, 아랍 문화권 사람들과 비슷한 색의 피부를 갖고 있었는지는 확실치 않다. 현재의 유럽인보다 과거의 유럽인들이 더 검은 피부를 가졌는지, 밝은 피부색과 관련해 아직 우리에게 알려지지 않은 돌연변이가 존재할지 모른다는 사실만은 확실하다.

인류의 역사를 돌아보면 인류는 어두운 피부에 먼저 적응하기 시작했다는 사실을 알 수 있다. 우리와 유연관계가 가장 가까운 침팬지의 검은 털 아래 피부는 밝은색이다. 인간의 몸에서 털이 빠지기 시작했을 때 아무것도 걸치지 않은 몸을 햇빛으로부터 보호하기 위해 피부가 어두워진 듯하다. 이런 이유로 피부색을 가지고 진화론적 서열을 결정하는 행위는 정말 바보 같은 짓이다. 어떻게 보면 밝은 피부를 가진 사람들이 침팬지와 유전적 연관성에 대해 항의해야 될 상황 아닌가!

변함없는
발칸루트

유럽에 최초로 아나톨리아 이주민들이 신석기 문화를 전파시킨 지역 가운데 하나가 발칸반도였다. 이 지역에서 정착생활을 하던 초기 농민들은 스타체보 문화의 기초를 다졌고, 도나우강을 따라 남부의 헝가리, 세르비아 지역을 거쳐 서부의 루마니아로 세력을 넓혀 갔다. 이들은 주변에서 흔히 구할 수 있는 황토, 나무, 짚과 같은 재료를 사용해 악천후에 약한 단순한 형태의 집을 선보이며 새로운 주거 구조를 정착시켰다. 집은 쉽게 주저앉았기 때문에 그 위에 계속 쌓는 형태로 보수해야 했다. 수천 년이 지나자 작은 구릉이 형성되었다. 아랍어로 언덕이란 의미의 '텔' 주거지 유적은 현재 근동 지방과 남동부 유럽 지역에 남아있다. 이러한 고고학적 공통점이 수천 년간 발칸 반도가 근동 지방과 유럽 문화의 가교 역할을 해왔다는 점을 부각시키고 있다. 발칸 지역 거주자들이 빙하기에 아나톨리아 지역으로 자신들의 DNA를 전해주었다면 이러한 유전자는 수천 년 후 신석기 문화와 함께 중부 유럽으로 되돌아왔다. 발칸루트를 통해 일어나는 이러한 상호작용이 유럽과 아나톨리아 거주자들을 지금까지 유전적으로 이어주고 있다.

농경과 가축 사육에 관한 지식 외에도 아나톨리아인들은 유럽에 토기 제조법을 전수했다. 신석기시대 사람들은 점토와 불로 대량의 주발, 병, 저장용기를 제작했다. 새로 이사한 집에서 그릇 없이 식사를 준비하고 기품 있게 식사하려고 애써 본 적이 있는 사람이라면 당시 사람들에게 토기가 얼마나 중요한 역할을 했는지 알 수 있을 것이다. 수천 년 후 전 유럽에 새로운 원료가 전파되었고, 고고학자들은 토기 제조 방식에 따라 토기 문화의 이름을 붙였다. 띠 형태의 장식이 특징인 선형 토기 문화는 수백 년 만에 현재의 프랑스, 독일, 폴란드, 오스트리아, 헝가리 등 중부 유럽에 전파되었고, 나중에는 우크라이나 지역까지 퍼졌다. 지중해와 현재의 이탈리아 전역인 아드리아 해안 지역에는 주로 조개껍데기로 장식된 새조개 토기 문화가 발달했다.

수백 년 전부터 전 유럽 지역에서 발굴된 이 시대의 토기 공예품 수는 어마어마하다. 토기는 신석기시대의 근본적인 문화 변혁의 증거다. 선형 토기 문화와 마찬가지로 새조개 토기 문화도 아나톨리아인들의 이주를 계기로 전파되었으나, 발칸반도에서는 두 가지 흐름으로 나뉘었다. 현재의 아일랜드인과 영국인처럼 두 문화권 사람들은 유전적으로 차이가 있었다. 지금으로부터 8000년 전 경제적으로 우월했던 농경민의 승리는 이 시기 DNA 이동을 통해 입증할 수 있다. 물론 이들이 모든 면에서 승리했다고 볼 수는 없다. 7500년 전 중부 유럽의 수렵민 유전자가 거의 발견되지 않았기 때문에, 현재의 개체군에서는 초기 농경민의 DNA가 더 강하게 나타난 것이다. 원시시대의 수렵민과 채집민은 아나톨리아인이 유럽 대륙에 등장하면서 사라진 것이 아니다. 이들은 잠시 자신들의 자리를 비켜줬을 뿐이다. 전 유럽에 농경 문화가 정착될 때까지 2000년 동안 수렵민과 농경민은 공존했다.

4

평행사회

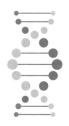

아나톨리아인들은 온종일 뼈 빠지게 일을 했다.

수렵민들은 피난처를 찾아 떠났고

이주민들은 폭력사태를 몰고 왔다.

사르디니아인들은 가장 오래된 농경민족이었다.

이주민들에게 배울 것은 이기는 법이었다.

위생상태는 더 버티기 어려울 정도로 심각해졌다.

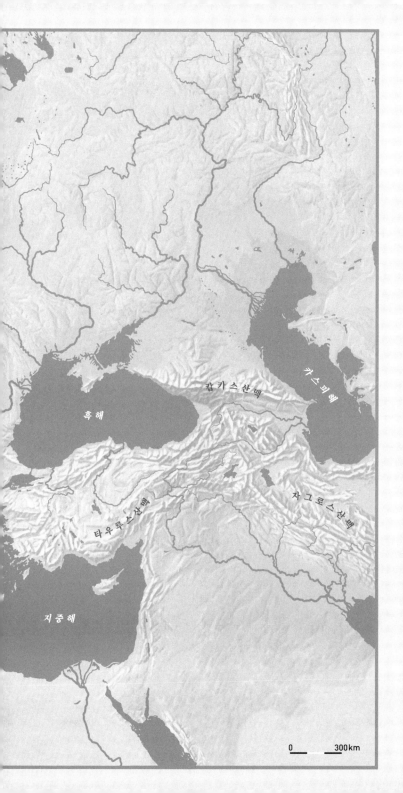

흑해

카스피해

캅카스산맥

타우루스산맥

자그로스산맥

지중해

0   300km

피난길에 오른
수렵민

농경민의 이주가 시작된 이후 유전자 이동은 지역에서 정착생활을 하는 수렵민과 채집민에 비해 월등하게 많이 나타났다. 어쨌든 이후 수백 년 동안 유럽에서는 아나톨리아 DNA가 우위를 차지했다. 이 시기에 새로 이주한 농경민이 수적 우위를 점하면서, 자신들의 생활방식에 맞춰 자녀들을 더 많이 낳기 시작했다. 이후 수렵민과 채집민의 유전자가 다시 확산된 점으로 보아 이 지역에서 정착생활을 하고 있던 수렵민과 채집민은 완전히 밀려나지는 않았던 듯하다. 물론 처음에 이들은 새로 나타난 이주민들에게 자신들의 터전을 내주어야 했다. 남은 땅은 목초지와 경작지 비중이 적은 중산 산지나 날씨가 추운 북부 유럽으로, 농경민이 아무것도 얻을 것이 없는 지역이었다. 피할 장소는 충분했다. 어쨌든 신석기시대 초반부터 유럽 땅에는 농사를 짓는 데 이상적인 조건이 많이 주어지지 않았던 셈이다.

정착민과 새 이주민은 나름의 방식으로 화해를 유지하며 살았던 듯하다. 수렵민과 채집민이 이 부분을 양보하면 농경민이 다른 부분을 양보하는 식으로 말이다. 정착민과 새 이주민은 서로 알고 있었지만 소극적인 교류를 유지하던 '평행사회'에서 살았다. 이러한 교류 과정 중 생성된 것이 현재 노르트라인베스트팔렌 지방에 있는 블래터 동굴이다. 이 지역에서 발굴된 뼈의 DNA를 분석한 결과에 의하면 신석기시대가 시작된 지 한참 후인 지금으로부터 약 5000년에서 6000년 전, 수렵민과 채집민뿐만 아니라 농경민도 죽은 사람들을 동굴에 매장하기 시작했다. 두 개체군은 이웃관계에 있으면서 공동으로 묘지를 사용하기로 합의했을 가능성이 높다. 이 지역에서 발굴된 뼈에 대해 방사성 동위원소 분석을 실시한 결과, 두 집단은 동일한 환경조건에서 살았지만 자신들의 고유한 식습관을 유지하고 있었던 것으로 밝혀졌다. 수렵민과 채집민은 어류와 육류, 벌레와 곤충을 주식으로 삼았던 반면 농경민은 채식을 했다. 농경민은 소, 양, 염소의 가축화에 성공했지만, 짐승의 우유만 짜서 먹었을 뿐 도살해서 고기를 먹는 경우는 드물었다. 이러한 식생활 문화의 차이는 두 집단이 서로 식사 초대를 하며 지내기에 최적의 조건은 아니었다. 그럼에도 두 집단의 구성원들이 간혹 식사를 함께하기도 했던 것으로 보이며, 실제로 이들 사이에서 태어난 공통 후손의 유물들도 발견되었다. 그런데 수렵민 남성들의 생식 능력은 현저히 떨어졌다. 공통 후손의 뼈에서 농경민의 mtDNA는 발견되지 않았으나, 수렵민과 채집민의 mtDNA는 발견되었다. mtDNA는 모계 유전이기 때문에 농경민 여성과 수렵민 남성이 아니라, 채집민 여성과 농경민 남성이 서로 성관계를 맺었던 듯하다. 이것은 현재 아프리카 지역에서 가까운 이웃관계를 유지하며 살고 있는 수렵민-채집민 개체군 관찰 결과와도 일치한다. 이곳에서도 농경민 여성과 수렵민 남성이 성관계를 갖는 경우는 적고, 반대로 수렵민 여성과 농경민 남성이 성관계를 맺는 경우가 많았다.

스트레스와
건강을 해치는 식생활

저녁에 고기 파티를 즐기는 수렵민과 채집민은 채식 위주의 농경민들로부터 새로운 생활방식을 조금씩 맛보며 공감하기 시작했다. 하지만 농경 문화가 전 유럽으로 확산되기까지는 2000년이 걸렸다. 놀라운 사실이지만 농경 문화는 외적으로만 최고의 성장 기회를 제공했던 셈이다. 물론 수렵민과 채집민이 새로운 생활 모델을 불신했던 이유, 경솔하게 농경 문화를 받아들이지 못했던 이유가 있었다. 농경민들은 자녀를 더 많이 갖는 대신 치러야 할 대가가 있었다. 이들은 저녁에 여가를 즐길 여유가 없었다.

식품 저장고를 채우기 위해 농경민들은 대개 종일 노동을 했지만, 이렇게 뼈 빠지게 일해서 얻을 수 있는 식량의 양은 한정되어 있었다. 일정량의 곡식과 야채, 우유 한 통 혹은 치즈 한 덩어리 정도였다. 수렵민과 채집민의 노동도 즐겁기만 한 것은 아니었다. 다른 점이 있다면 농경민에 비해 노동 속도가 훨씬 빨랐다는 것이다. 새로 나타난 농경민들은 흉작에 대한 걱정에서 벗어날 날이 없었던 반면, 수렵민들은 어려운 상황에서도 끈질기게 자연에 맞서 원하는 것을 얻는 법을 알고 있었다. 농경민들의 소화기관도 육류를 섭취하는 구조에 적응되어 있었다. 슈퍼마켓 진열대에 글루텐과 락토스가 없는 식료품이 많은 것을 보면 알 수 있지 않은가! 아직까지도 곡물 경작과 낙농업의 발명을 원망스럽게 여기는 사람들이 많다. 초기 농경민의 뼈에서는 미네랄 결핍의 징후가 많이 나타난다. 이들은 힘센 수렵민들에게 아주 병약해보였을 가능성이 높다.

농경생활에 부정적인 측면만 있는 것은 아니었다. 물론 노동은 인체에 부담을 주었고, 이들이 섭취하던 음식도 소화가 잘 되는 편이 아니었으며, 건강에 가장 좋은 생활방식을 가지고 있었던 것도 아니었다. 이런 문제를 해결하기 위해 신석기인들은 대가족 제도를 발명해, 장기적으로 후손들의 생존 가능성과 총 개체군을 증가시켰던 것이다. 큰 욕심 없이 주어진 삶에 만족하며 살아가는 수집민과 채집민을 보며 농경민은 이상하다고 생각했을 것이다. 반대의 경우도 마찬가지였을 것이다. 하지만 농경 문화의 특성인 고된 노동을 대체할 방법은 쉽게 찾을 수 없었다. 농경민들은 더 많은 자녀를 낳아 더 많은 양식을 수확하기 시작하면서 이미 햄스터의 쳇바퀴에 두 다리를 걸치고 있었다. 인류는 쳇바퀴 돌아가는 듯한 삶에서 벗어날 수 없었고, 현재 도서관을 가득 메운, 스트레스 받는 노동자의 삶을 위한 상담지침서를 읽으며 고달픈 인생과 씨름하는 신세가 되었다. 양식을 더 많이 얻으려면 자녀를 더 많이 낳아야 할 뿐만 아니라, 자녀가 많을수록 양식이 더 많이 필요했기 때문이다. 이것은 더 많이 경작하고 수확해야 한다는 의미였다. 당시 이미 적게 일해 생활수준이 떨어지는 것보다는, 노동량을 2배로 늘려 생활수준을 유지해야 한다는 사고가 퍼져있었다. 물질적 잣대로 평가하면 수렵민과 채집민에 비해 농경민의 생활수준이 훨씬 높았다. 농경민은 경작지를 소유하고 있었고, 집에 거주했으며 가축을 길렀다. 수렵민과 채집민은 자기 자식들의 생명을 내놓으면서 가시적인 성과를 낼 수 있었다. 하지만 몇 세대가 지나고 경작생활이 불가능해지자 이들은 다시 수렵생활로 돌아갔을 것이다. 이런 기술은 어렸을 때부터 배워야 하는 것이기 때문이었다. 대부분의 공동체 구성원들에게 열등해 보였던 수렵민과 채집민을 받아들이는 것은 농경민 공동체에서 추방당하길 자초하는 행위나 다름없었을 것이다.

블래터 동굴 인근 지역에 두 개체군이 거주하는 경우는 아마 드물었던 듯하다. 농경민은 농사 짓기에 조건이 적합한 곳에 살았다. 산맥, 숲, 혹은 급경사 지역은 이들에게 적합하지 않았다. 농경민들에게는 좋은 토양, 몇 년 후에도 농사를 지을 수 있는 땅이 필요했다. 그래서 농경민들은 빙하시대의 퇴적물이 남아있는 황토지대에 거주했다. 신석기시대에 번성했던 지역 가운데 하나가, 지금도 유럽에서 가장 비옥한 흑토지대로 손꼽히는 마그데부르크 평원이다. 흙이 우수한 다른 지역에서와 마찬가지로 이곳에서도 수렵민, 채집민은 아주 빠른 속도로 영향력을 잃었다. 최초의 농경민들에게 유럽은 마음대

로 사용하며 살코기를 빨리 확보할 수 있는 공간이었다. 개척자시대
는 그리 오래 가지 않았다. 최적의 입지를 찾아 점점 더 많은 사람들
이 몰려들었기 때문이다. 유럽은 정복당했고 정착민들은 외부의 침
입을 차단했다.

좁은 공간에서 심화되는
폭력적 성향

최초의 신석기 거주지는 외부의 침입으로부터 보호받지 못하
는 구조였던 반면, 이후 세대들은 방어시설을 만들어 외부인들로부터
자신의 소유물을 지켰다. 분배 투쟁은 일찍이 시작되었던 듯하다. 농
경시대 초반부터 중부 유럽 곳곳에서 무력분쟁이 있었다는 사실을 암
시하는 집단묘가 있었다. 하일브론의 탈하임에서 발견된 어느 무덤
에서 약 7000년 전의 것으로 추정되는 30명 이상의 유골이 발굴되었
다. 이들은 아마 반대 세력들에게 돌도끼나 묵직한 물건으로 맞아 죽
었던 듯하다. 같은 시기 오스트리아의 아스파른 안 데어 차야에서는
200여 명의 사람을 처형했다. 즉 도주자들을 죽였다. 대부분의 경우
부족한 농경지 면적을 차지하기 위한 싸움이었던 듯하다. 하지만 이
러한 대량학살에서 생명을 보호받을 수 있는 사람은 아무도 없었다.
무덤에서는 전쟁에 나갈 수 있는 연령이 된 남성은 물론이고 어린이,
청소년, 노인, 여성의 유골까지 발굴되었다. 신석기시대 초기에 사람

들은 노동과 사냥에 사용하는 연장을 살인 도구로 사용했다. 활과 화살이 사용되었고, 탈하임뿐만 아니라 아스파른에서도 나무를 가공하는 데 사용하는 도구인 손도끼와 자귀(도끼나 톱으로 잘라낸 원목을 가공하는 데 사용하는 연장—옮긴이)로 희생자의 유골을 때려 부순 흔적이 있다. 몇백 년 후에 이미 예술적 장식이 있고 살인에 사용한 것이 확실한, 완벽한 형태의 무기가 농경민 무덤의 부장품에서 발견되었다. 신석기시대가 시작됨과 동시에 무력분쟁은 문명화의 구성요소로 자리 잡혔다. 물론 당시에는 군인이나 조직화된 군대가 없었지만 말이다.

이런 분쟁에서는 농민들끼리 싸웠다. 하지만 농경민 거주지의 방어시설이 발굴된 것으로 보아 농경민과 수렵민, 채집민 사이에도 갈등이 존재했을 것이다. 아마 수렵민과 채집민은 목초지를 자유로운 공간으로 이해했을 것으로 짐작된다. 하지만 이들이 전쟁 도구를 사용해 농경민에게 대항했을지는 의문이다. 수렵민과 채집민이 유목생활을 하면서도 땅을 차지하기 위해 목숨을 걸고 싸웠던 이유는 무엇일까? 잠재적인 적의 수가 압도적으로 많았기 때문에 자신들이 우위를 차지할 기회를 잃을지 모른다는 사실을 이미 깨닫고 있었던 듯하다. 두 집단의 인원수가 동일한 상황에서는 별다른 문제가 발생하지 않았을 것이다. 정착민은 새로운 이주민들과 직접적으로 부딪히지 않는 이상 웬만하면 참고 봐줬던 것 같다. 두 집단이 분쟁 없이 살았던 것은 아니지만, 끝도 없는 전쟁 상태에 있었던 것도 아니다. 이보다는 농경민 집단의 압도적인 우세와 상호 불신관계로 표현하는 편이 정확할 것이다.

스웨덴판
트랙터

　물론 두 집단 간 세력관계가 중부 유럽의 기름진 땅에서 있었던 것과 같지는 않았다. 스칸디나비아 남부와 조금 더 남부로 내려가면 있는 북해와 발트해 해안 지방의 울창한 숲지대는 농경민에게 그다지 쓸모가 없는 땅이었다. 반면 그 지역에서 정착생활을 하던 수렵민과 채집민은 멕시코 만류의 영향으로 기각류와 고래가 떼로 몰려드는 풍요로운 어장의 혜택을 누리며 살았다. 수렵민과 채집민은 농경민이 끝까지 고집했던 농경 문화를 굳이 모범으로 삼을 이유가 없었던 것이다. 전조 징후는 달랐지만 스칸디나비아에도 평행사회가 존재했다. 유럽의 다른 지역처럼 스칸디나비아에서도 처음에는 두 집단이 공존하다가 나중에 피가 섞였다. 스칸디나비아는 다른 유럽 지역에 비해 수렵민과 채집민의 비중이 압도적으로 높았다. 그래서 다른 유럽 지역에 비해 북부 지역에는 수렵민과 채집민의 DNA가 더 많이 존재한다. 신석기 문화가 시작된 지 한참 후인 지금으로부터 약 6200년 전, 수렵민과 채집민, 농경민 문화가 혼합되어 중부 유럽 지역에 탄생한 것이 바로 깔때기형 토기 문화다. 깔때기형 토기 문화는 전형적인 토기가 마치 깔때기처럼 아래 부분이 뾰족한 모양을 하고 있다고 해서 붙여진 이름이다.

　스칸디나비아에서 정착생활을 하던 수렵민과 채집민은 새로운 이주민들에게 밀려난 것이 아니었다. 이들은 낯선 이주민들에게 특별히 거부감을 보이지 않았고, 오히려 새로 유입된 기술을 수용하는 개방적인 태도를 보였다. 혁신에 대한 의지는 이후 수백 년 동안 깔때기형 토기 문화를 신석기 문화 중 가장 성공한 문화로 만들어준 원동력이었다. 초기 스칸디나비아인들은 바퀴의 원리를 깨우쳤던 듯하다. 바퀴는 황소의 견인력을 운송과 경작에 활용할 수 있도록 새로운 가능성을 열어주었다. 슐레스비히 홀슈타인의 플린트벡에는 지금까지 알려진 바퀴의 흔적 중 가장 오래된 것이 있다. 지금으로부터 5400년 전의 것으로 추정되는 이 흔적은 거석 구조물에서 발견되었다. 당시 스칸디나비아인들이 유럽에 선물했던 가장 큰 발명품 가운데 하나가 원시 형태의 트랙터였다. 이것은 두 마리의 황소가 쟁기를 끌게 되어 있는 장치로, 이 장치가 지나간 자리에는 고랑이 깊이 패어 있었다. 고고학 유물은 발견되지 않았지만, 지금도 약 20센티미터 높이의 지층으로 덮여있는 스칸디나비아의 점토질 토양에는 이 시기에 형성된 흔적이 남아있다.

황소는 두 마리가 한 쌍이 되어 수레를 끌도록 길들여졌고, 넓은 면적의 경작지에서 쟁기를 끄는 것뿐만 아니라 농사에 다양한 용도로 활용되었다. 스칸디나비아의 울창한 숲의 나무는 인간 혼자의 힘으로는 칼로 베는 정도였지만, 황소와 인간의 힘이 합쳐지면 나무를 뿌리째 뽑아낼 수 있었다. 인간이 견인력을 사용하면서 인간의 삶에 변화가 일어났다. 경작지를 개간할 때 나무는 더 이상 걸림돌이 아니었다. 특히 빙하시대에 북부 유럽의 빙하에 남아있는 표석도 제거할 수 있었다. 몇몇 고고학자들은 이 발견은 이 시기 전 유럽에서 발생한 석조 구조물, 이를테면 돌무덤이라는 이름으로 더 많이 알려진 거석 구조물을 발명하는 계기가 되었다고 주장한다. 학자들은 새롭게 형성된 경작지의 돌들이 어딘가에 틀림없이 있을 것이라 추측한다.

아나톨리아의 농경민들이 북부로 몰려들면서, 지금으로부터 약 6200년 전의 깔때기형 토기 문화는 반대 방향으로 이동하고 있었다. 이것은 개선된 기술뿐만 아니라 오래전부터 알려져 있던 DNA가 남부로 이동하게 된 계기였다. 지금으로부터 약 5400년 전 동부의 스칸디나비아인들은 백러시아(지금의 벨라루스), 토양이 비옥한 현재 독일의 작센안할트 지역으로 밀고 들어왔다. 이곳에서 정착생활을 하던 농경민들은 계속 땅을 빼앗기고 있었다. 여러 차례의 공격을 받은 후 깔때기형 토기 문화가 번성했던 지역이 현재 독일의 할레를 포함한 잘츠뮌더 문화권으로 축소되면서, 지금으로부터 약 5000년 전 무렵 토기 문화는 사라졌다.

일반적으로 북부 지역으로부터 문화가 확산된 시기는 중부 유럽 문화의 몰락과 관련 있다. 자연적으로 쇠퇴한 깔때기형 토기 문화가 이 지역에 밀고 들어왔기 때문인지, 아니면 이 지역이 무참하게 정복당했기 때문인지, 몰락의 원인은 명확하지 않다. 지금으로부터 약 5000년부터 5500년에 해당하는 시기다. 이 시기 대부분의 중부 유럽 지역에는 몰락의 흔적은 없고, 공예품과 주거지 흔적만 남아있다. 이것은 이 지역 거주자들에게 죽은 사람을 화장하는 풍습이 있었다는 뜻일 수도 있다. 이 풍습은 북부 지역에서 유입된 것은 아니었다. 화장은 이후 유럽에 대이주의 물결을 몰고 온 재앙의 증거이기도 했다.

사르디니아의
유전자 화석

특히 북부 및 중부 유럽인의 DNA에는 지금까지 깔때기형 토기 문화의 흔적이 남아왔다. 리투아니아, 즉 동부의 깔때기형 토기 문화에서 나타나는 아나톨리아 농경민의 유전적 요소와 거의 같은 비중으로 스칸디나비아인에게서는 수렵민과 채집민의 유전적 요소로 나타났고, 더 우세할 때도 있었다. 처음 아나톨리아 농경민의 이주가 시작되고 스칸디나비아인의 이동이 나타나지 않은 남부 유럽에서는 아나톨리아 농경민의 유전적 요소가 우세했다. 현재의 남부 프랑스인들과 북부 스페인인들에게는 수렵민과 채집민의 DNA가 거의 나타나지 않고, 토스카나 지방 사람들에게서는 이보다 훨씬 적게 나타난다. 최초의 농경민, 현재의 사르디니아인들에게서 유전자의 흔적이 가장 뚜렷하게 나타난다. 이들의 유전자는 거의 섞이지 않은 상태다. 사르디니아인들은 '유전자 화석'인 셈이다. 아나톨리아와 중동 지방에는 신석기 문화 이후 변화가 거의 나타나지 않은 개체군이 없었다는 점에서 이는 매우 독특한 현상이다. 사르디니아에는 이 시기 이전에도 수렵민과 채집민이 아예 없거나 거의 살지 않았던 것으로 보인다. 이런 이유로 나중에 이보다 더 큰 규모의 이동은 없었던 듯하다.

사르디니아의 신석기 거주지는 8000년 전 사람들이 배, 즉 아주 훌륭한 뗏목을 만들 수 있었다는 사실을 입증한다. 이것은 사르디니아인들이 가족과 함께 완벽한 신석기시대 장비를 섬으로 들여왔다는 뜻이다. 여기에는 운송 수단으로 이용하기 위한 두 마리의 소도 포함되어 있었다. 로마 인근의 브라차노호에서 고고학적으로 가장 오래된 배가 발견되었다. 이 배는 지금으로부터 약 7700년 전에 만들어졌다. 이 시기에는 사르디니아뿐만 아니라 이웃해 있는 코르시카섬에도 사람들이 거주했다. 배를 타고 다닐 수 있었던 덕분에 약 6200년 전 농경민은 현재의 영국에 도달했다. 몇 가지 예외가 있긴 하지만, 꾸준히 인구가 증가했던 발트해 연안과 북부 스칸디나비아 지역의 농사에 적합하지 않은 숲지대에는 기원전 5000년 전 수렵민과 채집민이 살았다. 일부는 지금까지도 이 생활을 유지하고 있다. 농경은 해협 저편의 국가가 이 땅을 정복하면서 유럽 전역으로 확산되었다.

전염병의
시대가 열리다

신석기시대에는 인간의 생활공간만 좁아진 것이 아니었다. 가축들도 농경에서 중요한 요소로 자리 잡게 되었다. 이제 사람들은 집을 짓고 살기 시작했다. 여기에는 여러 가지 이유가 있었다. 당시 유럽은 늑대뿐만 아니라 인간 사냥꾼들도 득실거렸다. 이들은 무기력한 양들을 쓰다듬어주기만 하는 존재가 아니었다. 다른 농부들이 자신들의 양에게 접근하지 못하도록 보호해주어야 했다. 뿐만 아니라 양은 겨울에 추위를 막아줄 수 있는 소중한 존재였다.

당시에는 아직 위생 개념이 존재하지 않았다. 고기 납품업자들이 취급하는 고기의 양이 많아질수록 기생충으로 인한 질환은 심각해졌다. 물론 일반 주거지의 저장 식품, 특히 곡물과 유제품에도 쥐를 통해 벼룩과 이 같은 기생충이 옮겨졌다. 각종 박테리아와 바이러스가 주거지에서 쉽게 번식했고, 동물을 통해 인간에게 옮겨지는 질병이 점점 늘어났다. 수렵민과 채집민은 정기적으로 주거지를 바꿨던 반면, 농경민은 인간과 동물의 배설물과 접촉하며 살았기 때문에 전염병에 걸릴 확률이 높았다. 인간이 인간에게 옮기는 전염병은 사생활을 존중받을 수 없는 좁은 공간에서 함께 살면서 발생한 것이었다. 신석기시대에 인간은 식물과 동물에게 예속되어 있었고, 전염병이라는 새로운 적을 만났다. 전염병에 희생되는 사람의 수는 점점 늘어났다.

5

젊은 남성들의
홀로서기

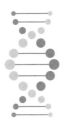

인디언들은 모두 어디로 사라졌는가?

서쪽은 분열했고, 동쪽에서 새로운 사람들이 나타났다.

이들은 강했고 마력(馬力)도 갖고 있었다.

우유를 더 많이 마셔라!

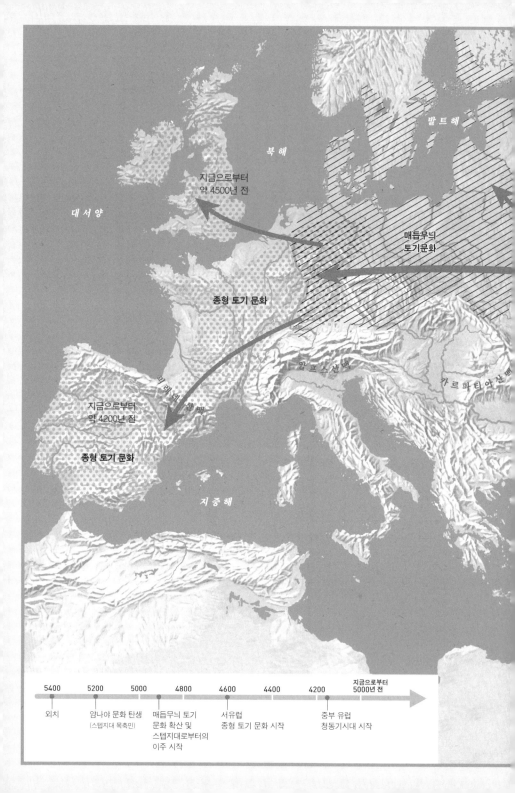

북 해

발 트 해

대 서 양

지금으로부터
약 4500년 전

매듭무늬
토기문화

종형 토기 문화

알 프 스 산 맥

카 르 파 티 아 산 맥

피 레 네 산 맥

지금으로부터
약 4200년 전

종형 토기 문화

지 중 해

5400	5200	5000	4800	4600	4400	4200	지금으로부터 5000년 전
외치	얌나야 문화 탄생 (스텝지대 목축민)		매듭무늬 토기 문화 확산 및 스텝지대로부터의 이주 시작	서유럽 종형 토기 문화 시작		중부 유럽 청동기시대 시작	

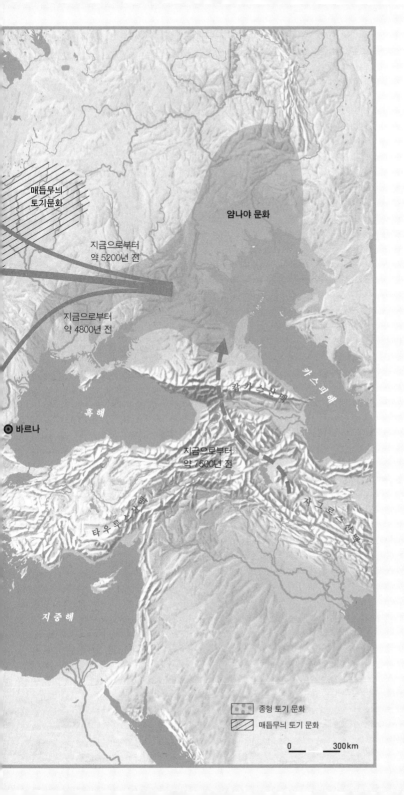

매듭무늬
토기문화

얌나야 문화

지금으로부터
약 5200년 전

지금으로부터
약 4800년 전

카스피해

검은산맥

흑해

●바르나

지금으로부터
약 7500년 전

자그로스산맥

타우루스산맥

지중해

종형 토기 문화

매듭무늬 토기 문화

0 ___ 300km

카우보이와
인디언

신석기시대 유럽을 특징짓는 유전적 요소는 두 가지였다. 하나는 이 지역에 오랫동안 살았던 수렵민과 채집민의 DNA였고, 다른 하나는 아나톨리아 출신 농경민의 DNA였다. 지금도 유럽인은 두 가지 DNA를 다 가지고 있다. 그런데 세 번째 유전적 기둥이 또 있다. 이 유전적 요소는 현재 유럽의 북부와 동부에서 강하게 나타나고 다른 대륙에서도 뚜렷하게 확인할 수 있다. 이 유전적 요소가 언제 어디에서 유래했는지 설명하자면 시간이 좀 걸린다. 이것은 옛날에도 지금도 유럽인에게서 나타날 뿐만 아니라, 우리가 가장 상상하기 어려운 개체군에서 훨씬 더 강하게 나타나기 때문이다. 유럽인의 직계 조상이 절대 될 수 없는 아메리카 인디언이 그 주인공이다. 유럽인과 아메리카 인디언의 유전적 연관성을 설명하려면 먼 길을 돌아가야 한다. 지금으로부터 약 5000년 전 신석기 혁명 이후 유럽에는 새 시대가 열렸다. 유럽에 폭발적인 이주 물결이 일어났다는 것이다. 유럽인과 아메리카 인디언의 유전적 연관성은 바로 이 현상을 이해하는 열쇠다. 유럽은 한 차례의 이주 물결을 겪은 후 현재 유럽인의 유전적 특성이 나타났다.

2012년 현재 살아있는 사람들의 DNA를 분석한 결과, 유럽인은 동부 및 남동부 아시아인보다 북아메리카나 남아메리카 원주민과 더 가까운 것으로 밝혀졌다. 이것은 기존의 고고학 지식과는 일치하지 않는다. 빙하기 말기에 해당하는 1만 5000년 전, 아메리카는 당시 육지였던 베링 해협과 알래스카 사이에 있었다. 만일 유럽인이 그보다 먼저 아프리카에서 아시아로, 아시아에서 다시 아메리카로 퍼져나갔다면 유럽인은 원주민보다 동아시아인과 유전적으로 더 가까워야 한다. 처음에 유럽인은 아시아인에 의해 분열되었기 때문이다. 유전자 검사 결과는 정반대였다.

이러한 모순을 해결하기 위해 새로운 이론이 등장했다. 이 이론에 의하면 아메리카 대륙에는 동아시아 수렵민과 채집민만 살았던 것이 아니라, 북유럽에서 시베리아 일대 출신의 사람들까지 살았다는 것이다. 이 이론은 이들이 동아시아인과 관계를 맺어 유전자가 섞인 후 알래스카에서 미국으로 이주했다고 가정하고 있다. 그렇다면 유럽인과 아메리카 원주민의 유전적 유연관계는 이렇게 설명할 수 있을 것이다. 그런데 이 이론은 그렇게 단순하게 다룰 수 없다. 당시 기후와 지리적 장애 요인을 따져보면 시베리아 동부와 유럽의 수렵민, 채집민이 규칙적으로 성관계를 맺어 단일 개체군이 탄생해, 현재의 인디언과 유럽인에게서 유전적으로 교차되는 부분이 있다는 이론은 성립할 수 없다.

이 이론은 그리 오래 가지 못했다. 2014년 슈바벤의 아나톨리아 혈통인 여자 농부의 게놈을 분석하고, 이 게놈과 이보다 앞선 시대 유럽에서 살았던 사람의 게놈을 비교했을 때, 우리는 후기 농경민과 유럽의 수렵민, 채집민이 어떠한 유전적 요소를 가지고 있는지 알 수 있었다. 그런데 이 두 요소는 현재 아메리카 원주민의 후손에게서는 나타나지 않는다. 유럽의 수렵민과 채집민이 아메리카로 이주할 수 없는 상황이었기 때문에, 처음에 우리가 추측했던 유전적 연관성은 무너졌다. 현재 유럽인과 아메리카 원주민의 유전적 뿌리에 공통점이 있다는 결정적인 증거는 소위 '말타의 소년'에게서 찾을 수 있었다. 말타의 소년은 지금으로부터 2만 4000년 전 몽골 북부에 위치한 바이칼 지역에 살았다. 그의 게놈에는 유럽인과 아메리카 원주민의 관계를 설명할 수 있는 완벽한 연결 고리가 있었다. 현재 두 개체군이 공유하고 있는 유전자가 있었던 것이다. 말타의 소년에게서 발견된 게놈은 이웃관계에 있는 동아시아인의 유전자와 섞였고 지금으로부터 약 1만 5000년 전 시베리아 동부와 알래스카의 지협(地峽, 2개의 육지를 연결하는 좁고 잘록한 땅―옮긴이)에 도달했을 것으로 추정된다. 그리고 어찌어찌해 언젠가 다시 유럽으로 돌아왔을 것이다. 두 대륙의 개체군 간 유연관계는 이렇게 설명될 수 있다. 8000년 전 유럽으로 이주한 농경민에게도, 이전부터 유럽에 살고 있던 수렵민이나 채집민에게도, 말타의 소년이 가지고 있던 게놈을 발견할 수 없다면 정확하게 무슨 일이 있었던 것일까? 그럼에도 우리는 거의 모든 유럽인에게서 이것을 찾을 수 있고, 그 비중이 무려 50퍼센트나 되는 것일까?

이것을 밝혀내기까지 많은 노력이 필요했다. 2015년 국제 협력 연구를 통해, 지금으로부터 8000년 전에서 3000년 전 사이 주로 미텔엘베-잘레 지역에 살았던 69명의 게놈을 분석했다. 우리는 언제 제3의 유전적 요소가 유럽으로 유입되었는지 밝혀내길 바라는 마음으로, 이 방식을 이용해 이 긴 시기를 구성하는 여러 시대에 대해 각각 유전적 횡단면을 작성하고 바로 연구에 착수했다. 먼저 우리는 말타의 소년의 DNA가 5000년 전까지 유럽에서는 아무런 역할도 하지 않았다는 사실을 확인할 수 있었다. 지금으로부터 5300년 전에 살았던 외치Ötzi의 게놈에서도 말타의 소년의 유전자가 발견되지 않았다. 그런데 지금으로부터 4800년 전 초기 유럽인의 뼈에서 갑자기 이 유전자가 발견되었다. 그것도 소량이 아니라, 한 번에 대량으로 나타났다. 이 시기에 농경민, 수렵민과 채집민의 유전적 요소는 거의 사라졌다.

그러니까 말타의 소년의 유전자를 가지고 있는 사람들이 중부 유럽으로 대거 이주했고 100년, 즉 5세대도 채 되지 않아 이 지방의 유전적 구조가 완전히 뒤바뀐 것이었다. 현재 이와 유사한 효과가 일어나려면 세계 인구보다 더 많은 100억 명의 사람이 유럽으로 이주해야 한다. 아니면 독일에 10억 명의 이민자가 들어오면 된다. 유전자 분석 결과 이 사람들의 DNA는 폰투스 스텝지대에서 온 것이었다. 폰투스 스텝지대는 러시아 남부의 흑해와 카스피해 북부에 위치한다.

유럽과 아메리카 원주민 유전자에서는 동유럽과 시베리아의 유전자가 높은 비중을 차지하는 듯하다. 이 지역에는 소위 북부 유럽인의 조상이 살았는데, 말타의 소년도 이 계통에 속한다. 동유럽에서 바이칼 지역까지 뻗어 있는 7,000킬로미터가 북부 유라시아인의 생활공간이었다. 이 두 지역을 연결한 곳이 거대한 카자흐 스텝지대이고, 카자흐 스텝지대는 카스피해와 흑해의 평원으로 연결된다. 아마 약 2만 년 전쯤 동부 지역으로 북부 유라시아인의 조상들이 퍼지면서 동아시아인들과 섞인 듯하다. 이곳에서 태어난 주민들이 1만 5000년 전 아메리카를 개척했다. 그래서 현재 아메리카 원주민의 유전자에는 동아시아와 북부 유럽인 조상의 유전자가 동일한 비중으로 섞여 있다. 반면 북부 유럽인의 유전자를 구성하는 요소는 약 4800년 전에 나타났다. 그것도 대량으로 말이다. 지금으로부터 약 500년 전 유럽인들이 아메리카 대륙을 발견했을 때 이 완성된 원이 그려졌다. 왜냐하면 아메리카 땅을 밟은 이주민들은 유전적 관점에서 아주 오랜 친척이었기 때문이다.

유럽인의 네 가지
유전적 요소

8000년 전 아나톨리아 농경민들이 이주했다. 이후 지금으로부터 4800년 전 나타났던 변혁은 훨씬 큰 규모의 이주 물결을 예고하고 있었다. 오랜 세월을 버텨온 유럽인들의 DNA가 다시 그 의미를 찾기 시작했을 때, 신석기시대에 그러했듯 극단적 혁명 이후에는 정상화 과정이 이어진다. 특히 스텝지대의 이주민들이 마지막으로 등장한 곳에서는 현재의 개체군 중 소위 스텝의 유전적 요소가 가장 적다. 물론 측정 가능한 수준이기는 하다. 동부로부터의 이주 물결과 함께 유럽인의 '유전자 혼합'이 나타났고, 이것은 지금까지 이어지고 있다.

정확하게 따지자면 스텝 DNA는 두 부분으로 구성된다. 폰투스 스텝 DNA는 북부 유라시아 조상뿐만 아니라, 신석기 문화가 시작되었고 서부와 동부의 유전적 특성이 다른 비옥한 초승달지대의 동쪽 지역, 즉 현재 이란 지역의 이주민에서 유래한다. 지금으로부터 4800년 전 유럽에서, 예전에 비옥한 초승달지대에서 이웃으로 지내던 2개의 유전적 요소가 맞붙었다. 현재의 유럽인은 유럽과 아시아 출신 수렵민과 채집민의 후손일 뿐만 아니라, 그 비중이 비옥한 초승달지대 서부와 동부 거주자의 60퍼센트에 달한다.

동부 지역의 대량 이주 물꼬가 트인 계기는 지금으로부터 5600년 전 폰투스 스텝지대에 발생했던 얌나야 문화였다. 얌나야 문화 사람들은 다양한 토기뿐만 아니라 검과 단도를 제작했다. 이 시대에 이미 청동으로 제작되는 것들이 많았다. 이들은 목축업자로 대성공했다. 이들은 엄청난 소떼 무리를 몰고 스텝지대를 활보하고 다녔으며 풀이 초토화되도록 그 자리에 머물렀다. 이 지역의 유목생활은 방목에 가장 가까운 형태였다. 스텝지대의 토양은 비옥하지 않았지만, 지평선까지 가는 길은 몇 날 며칠을 걸어야 하는 거리였다. 스텝지대 곳곳에는 대형 봉분이 있었다. 이것을 통해 얌나야시대임을 알 수 있다. 대형 봉분은 사자 숭배뿐만 아니라, 끝없이 펼쳐진 풍경 속에서 방향을 알리는 역할도 했다. 대부분의 고고학적 유물은 쿠르간kurgan 이라 불리는 무덤에서 출토되었다. 물론 여기에서 최신 유전자 데이 터도 얻을 수 있다. 쿠르간은 대개 묘실 하나에 흙무덤이 덮여있는 형 태로 구성되어 있다. 소형 쿠르간은 2미터 정도이고, 대형 쿠르간 중 에는 높이가 20미터 가까이 되는 것도 있다. 묘실에서는 인간의 유골 외에 부장품도 있다. 죽은 사람을 수레 혹은 가재도구와 함께 매장하 는 경우도 많다. 우리가 연구했던 묘실에는 운전자가 수레 위에 앉아 있었다. 그는 24개가 넘는 뼈로 구성되어 있었고, 네안데르탈인 혹은 현대의 로데오 경주자와 비슷했다. 목동으로서 그의 삶은 쉽지 않았 던 듯하다.

청동기시대에서 석기시대로 돌아가다

우리 같은 고고유전학자들에게 새로운 DNA 분석 결과는 간혹 의미 론적 논쟁으로 번지기도 한다. 지금으로부터 4800년 전 얌나야 문화 권 사람들이 유럽으로 이주한 것은 틀림없는 사실이다. 현재 통용되 고 있는 고고학시대 산출법을 적용하면 얌나야 문화권 사람들은 동유 럽에서 서유럽으로 이동했을 뿐만 아니라, 우리가 원래 알고 있는 것 보다 더 과거에 살았다는 사실을 알 수 있다. 얌나야 문화권 사람들은 그 시대에 이미 청동을 다룰 줄 알았기 때문에 동유럽 고고학자들은 얌나야 문화를 청동기시대로 분류한다. 반면 서유럽, 어쨌든 독일의 문헌에서는 지금으로부터 4200년 전 청동기시대가 시작되었다고 간주한다. 그러니까 스텝지대 이주민들은 지금으로부터 4800년 전에 시작된 청동기 문화권을 떠나면서, 석기시대, 소위 후기 신석기 문화로 돌아간 셈이다. 하지만 신석기시대에 미텔엘베-잘레 지역과 현재 폴란드 지역에서 동기(銅器)와 청동(靑銅) 예술품이 드문드문 사용되었기 때문에 이 문제는 간단하지 않다. 폰투스 스텝지대 사람들이 서유럽에 청동 가공법을 전파했다는 점으로 보아, 나는 서유럽에서도 청동기시대가 지금으로부터 4800년 전에 시작되었다고 보는 것이 옳다고 생각한다. 하지만 그전에 '동기시대' 혹은 후기 신석기시대가 있었다.

150년 전의
블랙홀

4800년 전 얌나야 문화권 사람들이 막강한 힘을 갖고 유럽으로 이동했다. 하지만 이것이 최초의 이동은 아니었다. 흑해 서부 해안에는 대이동 훨씬 이전에 이들이 스텝지대 거주자들과 산발적인 접촉을 하면서 동유럽으로 이동했다는 유전적 증거가 있다. 우리는 이 사실을 후기 신석기시대에 현재의 불가리아 바르나 지역에 살았던 사람들의 DNA 분석을 통해 알 수 있었다. 바르나는 이 시대에 문화가 가장 번영한 지역 가운데 하나였다. 실제로 이 지역에서 6200년 훨씬 전에 부장품으로 사용되었던 금속 공예품이 발굴되었다. 이것은 이집트 파라오시대의 흔한 금속 공예품보다 훨씬 앞선 시대의 것이다. 대부분의 유럽인들처럼 바르나 문화권 사람들은 유전적으로 아나톨리아 이주민의 후손이었다. 물론 이를 입증할 수 있는 한 개체가 알려져 있다. 이 개체는 지금으로부터 6200년 전 이 지역에 살았고 스텝지대 DNA를 지니고 있었다. 아마 이 시기에 바르나 사람들은 스텝지대 사람들과 산발적으로 접촉하며 지냈던 듯하다. 바르나 사람들의 문화는 유럽 최초의 컬래버레이션 문화로 꼽힌다. 현재 불가리아 지역의 주거지는 기원전 4000년 말 아나톨리아 DNA처럼 자취를 감췄다가, 이후 다시 나타난 것으로 보인다. 그리고 얼마 지나지 않아 전 유럽에는 동일한 역사가 되풀이 되었다.

하지만 이것이 동부 출신 이주민들이 어느 날 갑자기 유럽으로 쳐들어와 이 지역 거주자들을 모조리 몰아냈다는 뜻은 아니다. 오히려 이들은 사람이 살지 않는 일부 지역으로 이주했을 가능성이 높다. 중부 유럽 지역에서는 지금으로부터 5500년에서 5000년 전의 유골이 거의 발견되지 않았다는 사실을 떠올리면 된다. 많지도 않은 이 시기의 DNA 표본에서 신석기시대 아나톨리아 유전자가 발견되었다. 지금으로부터 5000년에서 4800년 전 중부 유럽인의 DNA 중 현재 연구에 사용할 수 있는 표본은 없다. 마치 모든 물체들이 블랙홀로 빨려 들어가버린 것처럼 말이다. 아마 스텝지대 출신 이주민들은 4800년 훨씬 이전에 인구가 적은 지역으로 이동한 것으로 보인다.

이런 돌발 이주 사태의 정확한 원인은 밝혀지지 않았고 추측만

하고 있을 뿐이다. 현재의 세계 인구를 기준으로 계산했을 때 이와 유사한 유전적 변혁이 일어나려면 100억 명의 이주민이 유럽으로 유입되어야 한다. 이 정도 규모가 되지 않는 한 심각한 파괴는 일어날 수 없다. 나는 여러 정황상 소수의 생존자만 남긴 대유행병과 많은 관련이 있을 것이라고 생각한다. 염기 서열 분석 결과에 의하면 지금까지 가장 오래된 페스트 게놈도 이 시대의 것이었다. 스텝지대 얌나야 문화권 사람들의 유골에 묻혀 있던 페스트 게놈은 스텝 DNA와 같은 경로로 유럽으로 확산되었다. 스텝지대의 목동들이 새로운 목초지를 개척하려고 할 때, 스텝지대로 이주한 유목민과 그 지역에서 정착생활을 하고 있던 농경민 사이에 물리적 갈등이 발생했을 것이다. 하지만 이 시나리오도 동부 유럽인들의 갑작스런 이주 사태 이전 중부 유럽 인구가 이미 급격히 감소한 상태라고 가정하고 있다. 그렇지 않다면 5000년 전 어느 시기에 집단 무덤이나 전쟁터 등에서 발굴된 시신 중 신석기시대 DNA의 흔적이 있어야 한다. 하지만 실제로 이런 흔적은 존재하지 않았다.

이 시기에 대한 고고학적 증거도 거의 없다. 이러한 전통의 공백이 생긴 것은 이주민들의 생활양식 때문일 수도 있다. 특히 동유럽과 스텝지대의 자연경관은 유사한 부분이 많다는 것을 짐작할 수 있는 증거들이다. 이주민들이 여러 세대 동안 우선적으로 유목생활을 유지하려고 노력했다면 후세의 고고학자들이 발굴할 건축물도 세우지 않았을 것이다. 이 150년 암흑기의 건축물은 봉분이 유일한데 얌나야시대의 봉분도 매우 유사한 건축 양식을 보인다. 독일 중부 지역에 가까워질수록 이런 형태의 무덤은 점점 줄어들고 서쪽으로 가면 아예 없다. 목축민들이 구릉이 많은 중부 유럽 지역으로 진출할수록 봉분을 만들 이유가 없어졌을 것이다. 이런 지형은 가축 떼를 몰고 다니기에 적합하지 않았기 때문이다. 또한 산지가 많은 지형에서 봉분을 만들어도 평지 스텝지대처럼 장대한 광경이 연출되지 않는다. 건축 시간이 오래 걸리는 건 말할 필요도 없는 일이다.

우리는 DNA 분석 결과를 통해 이주민들이 100년 만에 미텔엘베-잘레 지역으로 진출했고, 200년 후 영국까지 진출했다는 결론을 도출할 수 있었다. 이주의 파급력은 약해지기는커녕 점점 심해졌다. 당시 영국만큼 유전자의 단절이 심하게 나타난 곳은 없었다. 현재 독일 지역에는 유전자 구조의 70퍼센트가 변형되었던 반면, 영국은 그 비율이 최소 90퍼센트였다. 스텝지대 이주민들은 스톤헨지(영국 월트서주 솔즈베리평원에 있는 고대의 거석 기념물-옮긴이)를 건축한 영국의 정착민들을 몰아냈다. 하지만 이들은 이러한 숭배지들을 계속 이용했고 심지어 규모를 확장시키기도 했다. 유럽 대륙 가장 끝에 위치한 이베리아반도에는 500년 후에야 유전자에 스텝요소를 갖고 있는 새 이주민들이 나타났다. 이곳은 유럽의 다른 지역에 비해 영향을 훨씬 적게 받았다. 스페인이 피레네산맥이라는 장벽의 혜택을 입었다는 사실은 빙하기부터 관찰할 수 있는 사실이다. 지형적 조건이 준 스페인의 특수한 역할은 유럽의 유전자 역사에서 계속 이어졌다. 현재의 스페인 사람들은 사르디니아인, 그리스인, 알바니아인과 함께 스텝 유전자를 가장 적게 갖고 있는 유럽인이다.

일반적으로 스텝 유전자는 현재 유럽 북부 지역에서 우세하고, 농경민 DNA는 스페인에서 프랑스 남부와 이탈리아를 거쳐 발칸 남부 지역까지 압도적으로 많다. 스텝지대 거주자들이 평지를 선호한 경우, 현재의 폴란드와 독일을 거쳐 프랑스 북부와 영국 방향으로 가는 길이 서부 유럽으로 가는 최단 경로였다. 지금으로부터 약 4200년 전 반대 방향의 이동이 나타났다. 스텝 유전자는 서부로 이동하지 않고, 농경민 DNA를 축적시켜 동부로 이동했다. 그래서 현재 저 먼 러시아 중부와 심지어 알타이산맥 사람들이 서부 유럽인과 동일한 아나톨리아 유전자 요소를 갖고 있는 것이다.

나치의 역사 기술이
초래한 후유증

스텝 유전자는 이전의 그 어떤 이주보다 빠른 속도로 확산되었다. 혁명적인 이동 도구도 있었다. 바로 말(馬)이었다. 스텝지대 사람들은 말 덕분에 이동 속도만 높일 수 있었던 것이 아니다. 이들은 누구보다 기술을 효율적으로 사용하는 탁월한 전사가 되었다. 이들은 말 이외에도 신종 활과 화살 기술을 도입했기 때문에, 기존의 장궁(長弓) 대신 단궁(短弓)을 사용했다. 단궁은 발사력이 훨씬 좋았고 조작이 쉬워 말을 타면서 쏠 수 있었다. 속도가 빠른 말과 휴대용 화기인 활과 화살, 당시 이보다 더 치명적인 조합은 없었을 것이다. 중부 유럽에 비해 평균 머리 하나만큼 더 크고 호전적으로 보이는 이주민들은 전투 도끼로 무장하고 있었다. 수많은 고고학 유적지에서 이 지역의 정착 농경민과 새 이주민의 무력 갈등의 역사를 전하고 있다. 특히 중부 유럽 지역 부장품 목록에 도끼가 있었던 것으로 보아, 이주 초기에 도끼가 중요한 역할을 했던 듯하다. 반면 서부와 남부에서는 활과 화살이 주요 무기로 사용되었던 듯하다. 19세기에 이미 독일어권 지역뿐만 아니라 스칸디나비아와 영국에서도 '전투 도끼 문화'라는 표현이 정착되었다. 이 표현은 나중에 나치들이 자신들의 선전 문구에 교묘하게 삽입시켜, 독일 전사의 우월성을 의미하는 사례로 악용하였다. 제2차 세계대전 이후에는 충분히 공감할만한 근거에서 다른 개념들이 등장했다.

이제 전투 도끼 문화 대신 매듭무늬 토기 문화라는 표현이 사용된다. 매듭무늬 토기 문화는 당시 토기에 표현되는 전형적인 매듭 유형을 기준으로 붙인 이름이다. 이와 동시에 유럽 대륙 서부에서는 종형 토기 문화가 발달했다. 종형 토기는 주로 영국, 프랑스, 이베리아반도, 그리고 독일 중부 및 남부 지역에서까지 발굴되었다. 전통 고고학 학설에 의하면 종형 토기는 현재의 포르투갈에서 북부 지역을 거쳐 영국까지 확산되었고, 이와 동시에 매듭무늬 토기 문화가 독립적으로 발달했다. 하지만 새로 실시한 유전자 검사 결과와 이 이론은 일치하지 않았다. 2018년 우리 연구소가 참여한 대규모 연구에서 스텝 유전자 전후 시대에 두 문화권의 유골에서 채취한 400개 게놈의 염기 서열이 분석되었다. 이 분석 결과에 의하면 종형 토기 문화는 오랜 정착민이 스텝 DNA를 가지고 있는 사람들에게 완전히 밀려 났을 무렵 영국에서 나타났다. 부장품에서 확인할 수 있듯이 종형 토기 문화는 같은 시기에 이베리아반도에서 확산되었다. 하지만 눈여겨볼만한 이주현상은 없었다. 종형 토기는 이주민들과 함께 영국으로 전파되었고, 이외 지역에서는 인간에서 인간을 통해 하나의 문화로 확산되었다.

고고학 문외한들에게는 어느 시기의 사람들이 어떤 모양의 토기를 사용했는지 상관없을지 모른다. 이는 어떤 이론도 두 번 다시 정치적으로 악용되는 일이 발생해서는 안 된다는 고고학의 자존심이 걸린 문제다. 19세기 고고학자들과 이후 친나치 성향의 학자들은 단일 문화권에는 한 민족, 소위 공통 DNA만 편입시킬 수 있다고 주장했다. 이후 우월한 문화적 기교는 유전적 우월성을 암시한다는 사상으로 이어졌고, 바로 이 사상에서 '전투 도끼 문화'의 후손들이 통치권을 갖는다는 주장이 유래했다. 제2차 세계대전 이후 독일어권 고고학의 소위 '문화-언어-민족이론'은 정치적으로 악용되어 악명 높았다. 문화는 이주, 정복, 억압이 아니라, 개체군 간 문화 교류를 통해 전파된다는 이론이 퍼진 것이다. 또한 지금으로부터 8000년 전에서 5000년 전 사이에 유럽의 문화 변혁을 일으켰다는 대이주 관련 이론도 논란의 여지가 많다. 그런데 스텝지대의 유전자가 더 많이 유입되었다는 신석기 혁명의 유전자 데이터는 분명 이 방향으로 흘러가고 있다. 바로 이 점 때문에 고고학자들의 머리가 아픈 것이다. 하지만 종형 토기 문화가 이베리아반도에서 시작해 영국으로 전파되었다는 분석 결과는 흑백 논쟁이 시대에 뒤쳐진 것임을 말해준다. 문화 변혁은 종종 이주와 관련이 있지만, 이주 없이도 일어나는 현상이기 때문이다.

더 이상 야생종이 아닌, 프르제발스키 말

스텝지대 거주자와 함께 말도 유럽으로 많이 이동했다. 어쨌든 이 시기의 동물 유골 중 말의 유골이 월등히 많다. 말은 광활한 스텝지대에서 엄청난 거리를 돌아다니며 가축 떼를 감시하는 데 이상적인 이동 수단이었다. 유목민은 바퀴와 수레와 더불어, 당시에 가장 빠른 이동 수단인 말까지 사용했다. 마력은 서양의 기술 혁신을 이끌며 인류사에서 중대한 역할을 했다.

지금까지 발견된 생물 DNA 중 가장 오래된 것도 말의 DNA다. 알래스카의 영구동토에 묻혀 있던 이 말은 지금으로부터 75만 년 전에 죽었다. 유라시아 대륙에도 가장 오래된 야생종 말들이 살았다. 이 말들은 지금으로부터 5700년 전 발생한 보타이 문화권 사람들에 의해 카자흐 스텝지대에서 가축화된 것으로 추측된다. 후기 얌나야 문화에서 '가축화된 말'(이하 '말'이라 칭한다.)은 일상생활에서 꼭 필요한 존재였다. 오랫동안 학계에서는 얌나야시대의 말들은 스텝지대에서 유럽으로 유입되어, 유럽의 야생종 말들을 몰아낸 것이라고 추측했다. 이 이론에 의하면 현재 유럽의 말은 보타이말의 후손인 반면, 유럽의 오래된 야생종 말들은 소위 프르제발스키 말의 유전자를 갖고 있다. 이런 이유로 20세기 초반 이후 프르제발스키 말 보존을 위해 광범위한 야생동물보호조치가 취해졌다. 20세기 초반 이후 거의 멸종 상태였던 프르제발스키 말은 현재 수천 마리에 달한다.

하지만 다양한 유형의 말에 대해 유전자 비교를 한 결과, 혈통 이론은 맞지 않는 것으로 밝혀졌다. 현재 유럽 말의 조상은 보타이말이 아니라 프르제발스키 말이다. 또한 유전자 분석 결과 프르제발스키 말이 아니라 가축화되었다가 다시 야생화된 보타이말이 스페인 말의 혈통인 아메리카의 무스탕과 유사하다는 사실이 밝혀졌다. 스텝지대 이주민들은 자신들이 많이 다뤄봤고 불과 수백 년 만에 가축화에 성공한 유럽의 야생마를 더 애용했던 듯하다. 유럽 중부 혹은 동부의 말이 같은 혈통의 말인지 아직까지 밝혀지지 않고 있다. 현재 우리가 타고 다니는 말이 이들의 후손이라는 사실만은 확실하다. 하지만 인간이 마지막 야생종이라는 프르제발스키 말에 대해 야생동물보호조치를 취한 순간, 유럽에서는 야생마가 사라진 것이나 다름없다.

남성에게 우세한 유전자

스텝지대에서 이주민이 유입되고 처음 100년 동안 유전자 이동은 이 집단의 수적 우세뿐만 아니라 성비를 통해 입증되었다. 이것은 청동기시대 유럽 거주자들의 mtDNA 분석을 통해서도 알 수 있다. 스텝지대에서 많은 여성들이 이주한 다음 유전자 이동이 촉진되었다면 mtDNA는 모계 유전이기 때문에 스텝지대 자손 세대의 mtDNA에서 스텝요소가 우세했어야 한다. 하지만 실제로는 그렇지 않았다. 대신 부계 유전인 게놈의 일부, 즉 Y염색체 이동현상이 강하게 나타났다. 지금까지 청동기시대 Y염색체의 80~90퍼센트는 유럽에서 나타나지 않고, 스텝지대에서 나타났다. 둘 다 같은 방향으로 해석할 수 있다. 스텝지대 남성들이 중부 유럽으로 이주한 후 그곳의 정착민 여성들과 결혼해 자녀를 낳았다는 것이다. 유전자 분석 결과 스텝지대 이주민의 80퍼센트가 남성이었다는 사실이 밝혀졌다.

　　이런저런 경험을 하면서 그 지역에서 정착생활을 하던 지배 세력들과 스텝지대에서 온 기수들과의 경쟁이 점점 커지고 잦아졌다. 이것은 정착 세력들에게는 달갑지 않은 일이었다. 경쟁은 싸움과 폭력 행위로 번졌다. 당시 세간의 주목을 받았던 사건 중 하나가《범행 장소 오일라우Tatort Eulau》에 등장하는 돌발 사건이다. 현재의 작센안할트 지역에서 지금으로부터 약 4500년 전 발생한 이 사건의 내용은 대략 이렇다. 중부 유럽에 새 이주민들이 이미 정착을 한 후, 여성들이 다른 집단의 남성들을 유혹했고, 당시 8명의 아이, 3명의 여성, 2명의 남성이 오일라우에서 심장에 화살을 맞아 처형당했다고 한다. 이 사건의 목표물은 매듭무늬 토기 문화 주거지, 즉 스텝지대 출신 이민자들이었다. 희생자에게서 발견된 화살촉은 이 지역에 오래 살고 있던 신석기 문화권 사람들의 것이었다. 실제로 이 책을 위해 독일 연방 범죄수사국의 프로파일러가 범행 장소를 감식했다. 감식 결과에 의하면 오일라우 살인 사건은 뛰어난 사수만이 저지를 수 있는 범행이었다고 한다.

범인이 여성과 아이를 살해한 이유에 대해서는 추측만 있을 뿐이다. 살해당한 여성들은 매듭무늬 토기 문화 거주지에 살면서 아이를 낳았다고 하는데, 실제로 DNA 분석 결과 스텝지대 DNA가 발견되지 않았다. 이 여성들은 매듭무늬 토기 문화 이외 지역 출신인 것으로 보인다. 한편 보복성 살인이라는 추측도 있다. 여성들이 자신이 속해 있는 집단을 떠났거나, 남성들이 여성들을 납치했다는 것이다. 실제로 여성들의 mtDNA만 분석할 수 있었기 때문에 이 추측이 사실이라고 단정지을 수 없다. 실제로 이 여성들이 스텝 유전자를 가지고 있었는지와 희생자들의 정확한 유연관계는 게놈 전체에 대한 분석을 통해서만 알 수 있다.

스텝지대 출신 유럽 이주민의 Y염색체는 지금까지 유럽에서 가장 우세하다. 따라서 이 지역 인구의 상당수가 스텝지대 조상을 가졌다고 해석할 수 있다. 서유럽과 동유럽에 유전적 경계가 사라진 셈이다. 대부분의 유럽 남성은 스텝지대에서 유래한 Y염색체를 가지고 있지만, 서유럽과 동유럽에 각각의 아형(亞型)이 있다. 서유럽 남성의 약 70퍼센트는 하플로그룹 R1bHaplogroup R1b를 가지고 있는 반면, 동유럽 남성의 50퍼센트는 R1a 유형 중 하나를 가지고 있다. 하플로그룹에는 mtDNA와 Y염색체의 혈통에 관한 정보가 축약되어 있지만, 이 분석 결과를 과대평가해서는 안 될 것이다. 물론 고고학 연구 결과와 일치하는 부분도 있다. 매듭무늬 토기 문화가 정착된 지역에서는 R1a가 우세한 반면, 종형 토기 문화 지역에서는 R1b가 특히 많이 나타난다는 사실이다. 우연일지 모르지만 언급해둘 것이 하나 더 있다. 독일에서도 R1a와 R1b 남성이 다수인 지역의 경계가 있다는 사실이다.

우유의
변천사

스텝지대 유목민들의 이주는 유럽인의 유전자에 가장 큰 변화를 일으킨 사건이었다고 해도, 지금으로부터 약 3000년 전 아나톨리아 농경민의 이주로 인한 문화 변혁이 끼친 영향만큼은 아니었다. 당시에는 농경민 대 수렵민과 채집민의 만남이었다. 이번에는 농경민 대 농경민의 만남이었다. 지금으로부터 150년 전 유럽의 많은 지역에서 고고학적 틈이 벌어졌다. 물론 이어지는 시대에도 이전 시대와 아주 유사한 주거 구조가 다시 나타났다는 사실도 확인되었다. 새 정착민들은 기존의 정착민들처럼 마을에 살면서 원형 공간에서 일을 했다. 청동 가공 능력 외에 동유럽에서 이주한 유목민과 서유럽에서 정착생활을 하던 농경민에게는 큰 차이점이 있었다. 동유럽 유목민은 열심히 소를 키웠다. 일반적으로 서유럽에서 정착생활을 하던 농경민은 소를 두 마리 이상 키우지 못한 반면, 새로 이주한 동유럽 유목민들은 소떼를 몰고 다녔다. 비옥한 토양의 서유럽은 유목민들에게 완전히 새로운 가능성을 제시했다. 예전에 유목민들은 가축들이 풀을 다 뜯어 먹으면 가축들을 몰고 다른 지역으로 이동해야 했지만 이제 그럴 필요가 없었다. 이들은 한 장소에 정착해 대량으로 가축을 사육했다. 유럽의 농경에 극적인 변화가 일어나면서 이는 식생활로 이어졌다. 이러한 변화는 유럽인의 유전자에도 나타났다.

오늘날의 소들은 하루에 평균 50리터의 우유를 생산한다. 하지만 8000년 전 소들은 요즘 소처럼 우유 생산 능력이 뛰어나지 못했다. 신석기시대 소 한 마리의 하루 최대 우유 생산량은 2리터였을 것으로 추정된다. 물론 인간은 유전적 극대화, 소위 사육을 통해 그 옛날 이미 소의 우유 생산량을 늘려 놓았고, 중세시대에 소 한 마리의 하루 평균 우유 생산량이 15~20리터에 달했다. 5000년 전 소 한 마리가 생산했던 우유 2리터 중 주인의 뱃속으로 들어가는 양은 극히 일부였다. 나머지는 송아지들이 마셨다. 그 덕분에 우유는 끊이지 않고 계속 흘러 나왔다. 남은 양을 농경민 가족이 나눠 마신다고 해도 1인당 한 컵도 채 되지 않았다. 당시 유럽인들의 체질상 더 많은 양의 우유를 소화시킬 수 없었기 때문이었다.

지금도 우유를 소화시키지 못하는 사람들이 많다. 이것을 유당불내증이라고 한다. 사람들은 유당불내증lactose intolerance(유당(젖당)을 소화하는 데 필요한 효소인 유당분해효소가 부족해서 유당을 적절하게 소화시킬 수 없는 상태를 말한다.-옮긴이)을 알레르기나 질병이라고 생각하지만, 사실 이것은 성체가 된 포유동물의 유전적 '원시상태'를 일컫는 표현이다. 쉽게 말해 포유동물의 신체는 아이들만 우유를 소화시킬 수 있도록 설정되어 있다는 것이다. 아이들의 경우 유당분해효소의 도움으로 유당이 분해된 후에 소장에서 흡수된다. 반면 성년이 되면 유당분해효소 생산이 중단된다. 당이 에너지로 변환될 수 없기 때문에 우유는 고유한 특성인 풍부한 영양분을 잃어버린다. 대신 직장에서 박테리아가 유당을 분해하면서 가스를 생성시킨다. 우유를 마셨을 때 설사를 하고 배에 가스가 차는 것은 이런 메커니즘 때문이다. 유당불내증이 건강에 해로운 것은 아니다. 단지 아주 불편하고 간혹 통증이 동반될 뿐이다. 진화의 측면에서 이러한 유전적 프로그래밍은 매우 합리적이다. 그렇지 않았더라면 식량이 부족했던 그 옛날에 대체 영양원을 찾겠다며, 아이와 아버지가 서로 모유를 차지하겠다고 경쟁을 했을 것이다. 물론 지금은 이러한 생물학적 보호장치가 그다지 큰 의미는 없다.

이제 유당불내증인 사람들도 마음 놓고 우유를 마실 수 있다. 약국에 가면 큰 팩으로 된 유당분해효소를 살 수 있기 때문이다. 특히 북부 유럽과 중부 유럽에서 대부분의 성인들은 알약으로 된 유당분해효소를 먹지 않아도 된다. 이것은 특히 유당분해효소 생산을 중단시키는 돌연변이 유전자와 관련이 있다. 이러한 유전적 변화가 생긴 사람들은 아동기를 지나도 체내에서 유당분해효소가 생산된다. 유럽에서 우유 섭취량이 늘어나면서 이 돌연변이가 확산되었다. 그때까지 이런 변화는 필요 없었다. 이제 유당불내증인 사람들도 큰 불편함 없이 하루에 우유 한 잔을 마실 수 있다. 물론 이들은 영양가 높은 유당은 소화시키지 못하고 단백질과 지방만 흡수하지만 말이다. 하지만 우유가 더 많이 공급되었을 때 진화의 측면에서 유당불내증의 이

점이 있었다. 이것은 중부 유럽에 스텝 지역 출신 목동들이 이주하면서 나타났던 현상인 것으로 보인다. 유당불내증은 이주민들로 말미암아 생긴 것이 아니라, 촉촉한 목초지에서 소를 키우면서 유럽의 우유 소비량을 증가시켰던 목동의 전문성과 관련이 있었다. 어쨌든 우리가 알기로는 얌나야 문화권 사람들은 성년이 되어도 유당불내증으로 고생하는 사람이 없었다.

이 돌연변이는 중부 유럽에 낙농업이 발달하면서 전무후무한 속도로 급속히 확산되었다. 피부색 돌연변이도 이처럼 빨리 확산되지 않았다. 이 돌연변이는 지금까지 북부 유럽 지역에 가장 많이 퍼져 있다. 북유럽인의 최대 20퍼센트가 유당불내증을 갖고 있다. 유럽 남부로 내려갈수록 이 수치는 감소해, 발칸과 이베리아반도에서는 그 비율이 가장 낮다. 전 세계에서 유당 내성이 가장 낮은 지역은 사하라 이남, 동남아시아, 남아메리카다. 물론 아프리카와 남아시아에도 유당 분해효소 유전자 돌연변이가 나타난 개체군들이 있다. 하지만 이 돌연변이는 유럽의 변형 유전자와는 별개로 발생한 것이다. 유전자가 낙농업에 적응하는 현상이 전 세계 곳곳에서 동시에 일어난 듯하다.

발칸 지역에서 유당불내증이 있는 사람의 수가 가장 적다는 사실은 특히 놀랍다. 지금으로부터 8000년 전 유럽 최초의 농민들은 소와 함께 정착생활을 시작했다. 이것은 아마 유당불내증 유전자에 돌연변이를 일으키기에 좋은 조건이었고 지금도 발칸 지역 사람들이 유제품을 즐기는 것과 관련이 있을 것이다. 물, 소금을 혼합해 만든 아이란은 전 세계에 퍼져 있고, 이 지역 요구르트는 많은 사람들의 사랑을 받고 있으며, 양젖 치즈는 인기 수출 상품이다. 이런 모든 유제품들이 수천 년 전부터 식탁을 장식하고 있다. 유당불내증이 있는 사람들이 다수인 이탈리아의 식단도 이와 유사하다. 왜 그럴까? 요구르트와 이런 종류의 치즈들은 발효시킨 것이기 때문이다. 제품 생산 과정 중에 박테리아가 유당분해효소를 분해시켜 놓았다. 반면 기온이 높은 남부 유럽에서는 우유를 박테리아에 먼저 발효시킨 후 섭취했다. 북부 유럽은 완전히 달랐다. 이 지역에서는 우유의 신선도가 더 오래 유지되었기 때문에 유당분해효소는 인체에서 분해되어야 했다.

대량사육의
시작

농업의 발달과 더불어 흥미로운 부작용이 발생했다. 그중 유당불내증은 다른 것과는 성격이 달랐다. 유전자 데이터에 의하면 유당분해효소 돌연변이 유전자를 가진 사람들은 돌연변이 유전자가 없는 사람들보다 자녀가 많았다. 유당불내증인 가족 구성원이 한 명 혹은 그 이상인 가정에는 또 다른 영양 공급원이 있었다. 바로 이것 덕분에 이들의 건강 상태가 향상되어 자녀의 수도 많아졌던 것이다. 특히 북부 지역에서는 유당불내증이 오히려 장점으로 작용했다는 사실이 입증되었다. 이 지역은 남부에 비해 토양이 비옥하지 않았지만 목초지로 적합했다. 풍부한 영양의 우유가 에너지 제공원이라는 사실을 깨

닫자 사람들은 다른 식료품을 통해 섭취하지 못했던 영양분을 우유를 통해 섭취했다. 켈트족과 게르만족이 아무 까닭 없이 로마인을 '우유 마시는 사람'으로 여겼던 것이 아니다.

낙농업은 스텝지대에서 유목민들이 이주한 이후 수백 년 동안 꾸준히 중요한 의미를 가졌을 것이다. 농경민은 경작 기술을 발달시켜 더 많은 사람들을 먹일 수 있었고 인구도 늘어났다. 유럽의 인구는 계속 증가했다. 종형 토기 문화와 매듭무늬 토기 문화가 번성했다. 두 문화는 매장 의식, 무기, 물론 토기 제작 방식에서 뚜렷한 차이를 보였지만, 시간이 지나면서 점점 가깝게 변해갔다. 그러면서 두 문화권 사람들은 서로 소통하고 상거래를 시작했다. 지금까지와는 달리 말, 바퀴, 수레 덕분에 원거리 물자 수송도 가능했다. 새로운 시대가 눈앞에 있었다. 지금으로부터 4200년 전 청동기시대가 본격적으로 시작되었다. 다양한 지역의 사람들이 별다른 어려움 없이 소통할 수 있었던 것도 유리하게 작용했다. 아마 스텝지대 출신 이주민들이 유럽에 새로운 언어를 들여왔기 때문인 듯하다. 이제 유럽은 한 가지 언어로 소통할 수 있게 되었다.

6

유럽,
하나의 언어를 찾다

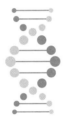

죽은 자는 말이 없다.

영국인들은 슬라브어를 할 줄 모른다.

언어도 돌연변이를 한다. 그 답은 이란에서 찾을 수 있다.

이제 언어는 통치의 도구가 되었다.

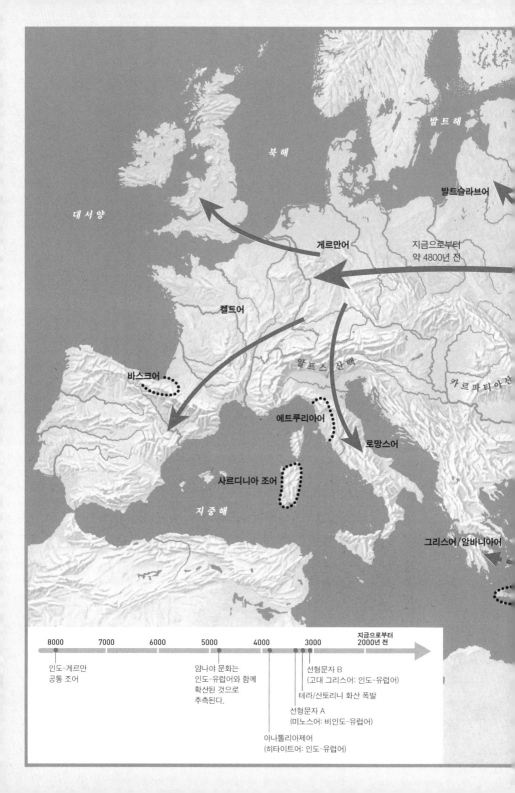

발트 해

북 해

발트슬라브어

대 서 양

게르만어

지금으로부터
약 4800년 전

켈트어

알프스 산맥

카르파티아

바스크어

에트루리아어

로망스어

사르디니아 조어

지 중 해

그리스어/알바니아어

8000	7000	6000	5000	4000	3000	지금으로부터 2000년 전

인도-게르만
공통 조어

얌나야 문화는
인도-유럽어와 함께
확산된 것으로
추측된다.

선형문자 B
(고대 그리스어: 인도-유럽어)

테라/산토리니 화산 폭발

선형문자 A
(미노스어: 비인도-유럽어)

아나톨리아제어
(히타이트어: 인도-유럽어)

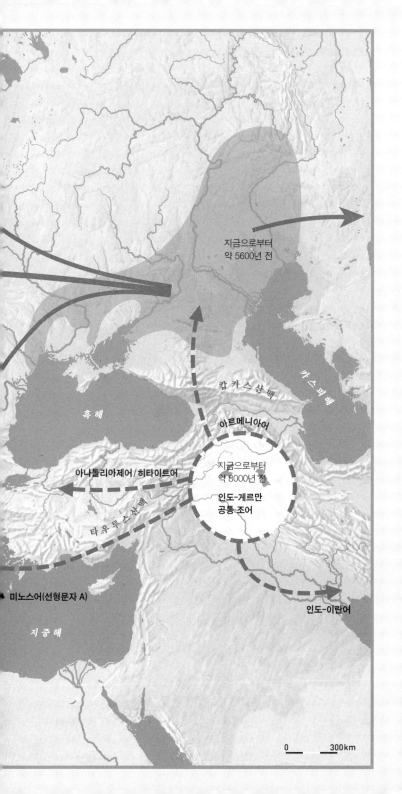

지금으로부터
약 5600년 전

캅카스 산맥

카스피 해

흑 해

아르메니아어

아나톨리아제어/히타이트어

지금으로부터
약 8000년 전

인도-게르만
공통 조어

타우루스 산맥

미노스어(선형문자 A)

인도-이란어

지 중 해

0   300km

말 없는
뼈

현재 전 세계에는 6,500여 개의 언어가 존재한다. 언어학자들은 이 언어들의 구문과 어휘를 철저히 연구했다. 언어의 기원에 관한 거의 모든 지식은 오랜 문자유산을 바탕으로 하고, 현재 70억 명이 넘는 사람들이 이러한 문화유산을 사용하고 있다. 인간은 지구상의 생물 중 유일하게 고유의 복잡한 방식으로 소통을 한다. 인간의 언어 능력에 관한 모든 정보가 유전자에 담겨 있다고 해도 우리는 뼈만 보고 그 주인이 어떤 언어로 소통했는지 알 수 없다. 이제 우리는 언어 계통도 덕분에 현재 유럽과 아시아에서 사용하는 언어가 언제 어떻게 확산되었는지 명확하게 설명할 수 있다. 이 분석 결과는 스텝지대 유목민의 이주로 유럽에 새로운 어족이 도입되었고, 현재 유럽 대륙에서 사용되고 있는 거의 모든 언어는 이 어족에 속해 있다는 것을 암시한다. 하지만 스텝지대는 간이역 역할을 했을 뿐이다. 오늘날 유럽 언어의 뿌리는 아르메니아, 아제르바이잔, 터키 동부, 이란 북서부 지역에서 찾을 수 있을 듯하다.

현재 아이슬란드와 그리스, 포르투갈과 러시아 사이에서 들을 수 있는 거의 모든 언어의 뿌리는 하나다. 이것은 학교에서 배운 지식이지만 일상의 모든 경험에 적용하기에는 무리가 있다. 예를 들어 바이에른이나 작센에 가면 고유의 언어를 사용하는 지역이 있다. 이 마을 사람들은 독일어권의 모든 방언은 말할 것도 없고 다른 마을에서 사용하는 언어도 이해하지 못한다. 그런데 팔츠 방언과 저지독일어(북부 및 서북부 독일에서 쓰는 독일어의 방언), 심지어 아이슬란드어와 힌디어도 인도-유럽어족에 속한다. 바스크어, 헝가리어, 핀란드어, 에스토니아어, 유럽 북동부 지역의 소수 언어를 제외하고, 인도와 이란에서 유럽 본토와 아이슬란드까지 이어지는 하나의 벨트에서 같은 언어에 뿌리를 둔 문법 구조와 수많은 단어가 발견된다. 여기에서 좀 더 과거로 거슬러 올라가면 인도-유럽어족에 속하는 모든 언어의 뿌리, 즉 공통조어(共通祖語, 친족관계에 있는 여러 언어들이 갈라져 나온 것으로 추정되는 언어-옮긴이)를 만나게 된다. 이것이 바로 인도-유럽 조어(오늘날 인도-유럽어족에 속하는 여러 언어들이 갈라져 나왔다고 여겨지는 언어-옮긴이)다.

물론 인도-유럽 조어는 이론을 바탕으로 한 가설이다. 우리는 인도-유럽 조어가 정확하게 어떠했는지 절대 알 수 없을 것이다. 죽은 자는 말이 없고, 언어학자들은 문자 기록에만 의존해 연구하기 때문이다. 게다가 이러한 기록은 인도-유럽어가 세분화되고 상당한 시간이 흐른 후에 남겨진 것들이다. 인도-유럽어는 '단서가 되는 언어'

에 대한 근거일 뿐 그 이상도 그 이하도 아니다. 인도-유럽어의 기원과 확산에 관해서는 이론만 존재할 뿐이다. 이 부분에 있어서 고고유전학도 다르지 않다. 물론 언어학 이론에서는 전문적 통찰력으로 이러한 상관관계를 훨씬 더 명확하게 밝힐 수 있을 테지만 말이다.

인도-유럽어가 유럽으로 어떻게 전파되었는지 설명하는 대표적 두 이론이 있다. 두 이론은 수십 년 동안 서로 대립관계에 있었다. 한 이론에서는 지금으로부터 8000년 전 신석기 혁명과 함께 인도-유럽어가 유럽으로 전파되었다고 주장한다. 다른 이론에서는 지금으로부터 5000년 전, 스텝 지역 유목민이 유럽으로 이주했을 때라고 주장한다. 하지만 이 두 이론은 역사적인 두 차례의 대이동이 유전학적으로 입증되기 훨씬 이전에 발표되었다는 사실에 유념하길 바란다. 스텝 가설은 이주를 전제로 하기 때문에 이주에 관해 많은 논쟁을 벌여왔던 독일어권 고고학자들 사이에서는 인정을 받지 못했다. 그래서 독일어권 학자들은 신석기 혁명 가설을 옹호했다. 신석기 혁명 가설에 의하면 농경 및 문화 혁명과 함께 인도-유럽어가 유라시아 서부 지역에 퍼졌다고 한다. 하지만 이 이론은 이주가 아니라 언어가 다른 문화 기술처럼 인간으로부터 인간에게 전달된다는 가설을 전제로 할 때만 통한다.

지난 수십 년 동안 인도-유럽어의 기원을 밝힐 수 있는 새로운 사실들이 발견되었지만, 이 논쟁이 끝나려면 아직 멀었다. 지금으로부터 8000년 전과 5000년 전 대이동이 있었고, 그 결과 유럽의 많은 정착민들이 밀려났다는 사실은 분명하다. 두 차례의 대이동이 인도-유럽어가 유럽에 도입된 계기였는지 아직 확실하게 밝혀진 것은 없다. 그럼에도 나는 스텝지대 유목민의 이주 후 유럽이 인도-유럽어족의 구성원이 되었다는 가설을 가장 유력한 후보로 간주하고 모델을 정립했다.

산토리니
화산 폭발

인도-유럽어의 발생을 이해하려면 옛 그리스인, 아니 아주 먼 옛날의 그리스인을 살펴봐야 한다. 지난 수백 년 동안 언어학자들은 열심히 인도-유럽어의 친족관계를 밝혀냈을 뿐만 아니라, 세계에서 가장 오래된 것으로 알려진 문자 기록을 해독하는 데 성공했다. 그 결과 지금으로부터 3200년 전 아나톨리아에 살았던 히타이트인들의 문자(설형문자-옮긴이)가 인도-유럽어 중 가장 오래된 문자 언어라는 사실이 밝혀졌다. 유럽 대륙에서 사용하는 인도-유럽어 중 가장 오래된 문자 언어도 이미 수백 년 전 알려져 있었다. 이것이 바로 고대 및 현대 그리스어의 이전 형태인 미케네어였다. 미케네 문화권 사람들은 미케네어로 말하고 선형문자 B라는 문자로 기록을 했다.[23] 3600년 전 미케네인들은 유럽 최초의 고도 문명으로 손꼽히는 문명의 기초를 세웠다. 그리스 본토에 살았던 미케네인들은 그리스인들의 조상이었다. 물론 미케네인들 외에도 그리스인들에게는 또 다른 조상들이 있었다. 크레타에서는 이보다 더 이른 시기에 고도의 문명인 미노아 문명(크레타 문명-옮긴이)이 발달했다. 미노아인들은 다른 언어를 사용했는데, 학자들은 이들이 사용했던 문자를 선형문자 A라고 명명했다. 미노아 문명과 미케네 문명이 문화적·지리적으로 가까웠기 때문에 선형문자 A와 선형문자 B는 표기방식은 물론이고 문자도 유사했다. 이상한 점은 지금까지 선형문자 B만 해독되었고, 선형문자 A는 해독에 실패했다는 것이다. 선형문자 B는 그리스 고어(古語)이고 인도-유럽어라는 사실이 알려져 있다. 반면 선형문자 A는 인도-유럽어가 아니라 재구성한 언어일 가능성이 있다. 아마 이런 이유로 선형문자 A가 지금까지 해독되지 못하고 있는 듯하다.

서로 이웃해 있고 긴밀한 소통을 해왔던 두 문명에서도 다른 문자를 사용한다. 이러한 근본적인 차이는 무엇을 의미하는 것일까? 이 질문의 답을 찾기 위해 우리는 최근 몇 년 동안, 그리스의 섬과 에게해의 고도 문명시대에 살았던 사람들의 DNA를 분석했다. 먼저 미노아인뿐만 아니라 미케네인도 신석기시대 아나톨리아에서 이주해온 농경민의 후손들로, 두 개체군의 유연관계가 가깝다는 사실이 확인되었다. 그런데 눈에 띄는 유전적 차이가 있었다. 그리스 본토의 미케네인들의 DNA에 스텝요소가 있었던 반면, 미노아인들에게는 없었다. 이웃한 두 문명에서 서로 다른 언어를 사용하고 있는 이유는 이주와 관련이 있을 것이다. 따라서 미케네인들은 스텝지대에서 온 이주민들의 후손이기 때문에 인도-유럽어를 사용했다고 추측할 수 있다. 현재 크레타에서도 그리스어를 사용하고 선형문자 A 언어는 사라진 지 오래다. 이것은 산토리니 화산 폭발과 관련 있는 것으로 보인다. 지금으로부터 3600년 전 산토리니 화산 폭발로 미노아 문명은 몰락하고 미케네인들이 미노아 문명을 이어받았다.

하지만 인도-유럽어로 대체된 언어가 미노아어뿐만은 아니었다. 또 다른 문자 언어인 에트루리아어는 로마 제국의 승리로 현재의 북이탈리아 지역에서 영원히 사라졌다. 이외에도 과거에 사용되었다가 지금은 사라진 두 언어가 또 있다. 하나는 사르디니아섬에서 사용하던 사르디니아 조어다. 이 지역에서는 마을, 강, 산의 명칭 대부분이 인도-유럽어에 어원을 두지 않고 있다. 다른 하나는 현재 스페인 북부와 프랑스 남부에서 사용되는 바스크어다. 스칸디나비아, 발트 3국, 러시아 북부, 헝가리에서 비인도-유럽어가 사용되고 있다. 역사 기록에서 확인할 수 있듯이 피노-우그리아어는 북아시아에서 유럽 대륙으로 인도-유럽어가 도입되어 정착된 후, 기원전 2세기 무렵 스칸디나비아를 거쳐, 1세기에는 현재의 헝가리 지역까지 전파된 것으로 보인다.

영국에서는 사용 흔적이 없는 슬라브어

인도-유럽어가 유럽 대륙을 휩쓸기 전 유럽 사람들은 어떤 언어를 사용했을까? 이 질문의 답을 찾으려면 사르디니아 조어와 유럽에서 유일하게 100퍼센트에 가까운 아나톨리아 농경민의 후손으로 이루어진 개체군인 사르디니아인을 살펴보는 것이 좋다. 사르디니아인의 유전자에서는 수렵민-채집민 요소를 거의 찾아볼 수 없다. 이것은 사르디니아섬에 아나톨리아 농경민이 이주하기 전에는 아무도 살지 않았거나 사람이 거의 살지 않았다는 명백한 증거다. 지금으로부터 2000년 전 사르디니아섬에서 사용했던 사르디니아 조어보다 더 오래된 언어가 있었고, 8000년 전 아나톨리아에서 농경민들이 유럽으로 이주할 때 이 언어도 함께 전파되었을 가능성이 높다. 하지만 이 사실로부터 신석기시대 유럽에서 사용되었던 모든 언어들이 8000년 전 유럽으로 전파된 것인지, 아니면 채집민과 수렵민의 언어가 유지된 것인지는 추론이 불가하다. 하지만 아나톨리아인이 수렵민-채집민과 의사소통을 목적으로 언어를 사용했을 것, 즉 자신들의 관점에서 더 열등한 문화의 언어를 받아들인 것이라고 생각하기는 어렵다. 모든 역사 및 동시대의 경험에 비춰보아도 이 시나리오는 맞지 않는다. 이런 사실과 상관없이 평행사회에서 수렵민과 채집민은 고유의 언어를 사용했을 것이다.

그래서 간혹 유럽 수렵민과 채집민시대의 흔적이 발견된다. 하지만 유전자 데이터는 이 주장을 뒷받침해주지 못한다. 실제로 바스크인은 중부 유럽인보다 수렵민-채집민 DNA를 더 많이 가지고 있었으나, 이들의 DNA에서는 농경민과 스텝요소가 두드러지게 나타났다. 마찬가지로 초기 바스크 농민의 유전자 분석 결과에서도 아나톨리아 유전자 비중이 매우 높았다. 심지어 현재 이 지역 거주자들보다 그 비중이 높았다. 이 모든 사실을 종합해보면 바스크어, 사르디니아조어, 미노아어, 에트루리아어가 실제로 신석기 혁명에서 비롯된 이주 행렬로 유럽에 전파되었다는 뜻이다. 하지만 과거에 유럽인들이 얼마나 많은 언어를 사용했는지 후손들에게는 영원히 풀리지 않는 비밀로 남을 것이다.

이것은 아나톨리아 농경민이 원래 유럽에 인도-유럽어를 전파시켰다는 것을 반증하는 증거일까? 정말 그런 의미라면 이것이야말로 비논리적이다. 5000년 전 아나톨리아인의 이주 외에 다른 이주 사건이 있었더라면 이후 서부 유럽에 어떤 언어가 들어왔는지 정확하게 답할 수 있을 것이다. 많은 학자들이 인도-유럽어의 기원은 아나톨리아인들이 사용하던 언어라고 주장하고 있지만, 인도-유럽어족의 분파인 슬라브어일 가능성도 있다. 이 시나리오에 의하면 8000년 전 인도-유럽어는 아나톨리아에서 서쪽 방향인 유럽뿐만 아니라 북쪽 방향인 폰투스 스텝지대로 전파되었다. 그리고 신석기시대에 유럽에서 인도-유럽어의 분파가 형성되는 동안, 스텝지대에서는 슬라브어가 형성되어 5000년 전 유럽으로 전파되었다. 하지만 이것은 현재 영국에서 스텝지대 이주민들이 정착민의 90퍼센트를 밀어냈다는 주장과 모순된다. 현재 영어에서 슬라브어의 영향을 전혀 찾아볼 수 없기 때문이다.

조금 더 자세히 설명하면 언어의 발전 과정 중 우회, 상호작용, 지연은 충분히 일어날 수 있다. 어떤 언어가 A에서 B, C에서 D로 되는 일은 매우 드물기 때문이다. 언어를 이동시킨 사람들의 유전자에 나타나 있듯이, 언어에는 다양한 요소들이 반영되어 있다. 물론 우리는 이것을 기본 가설로 따를 것이고, 우리 이론에서 스텝지대는 기존 모델과는 다른 방식, 인도-유럽어가 전파되는 과정의 간이역으로 묘사될 것이다.

언어는
수학이다

다양한 해석 방안에 대한 찬반 여부를 두고 다년간의 연구와 수많은 논의를 거친 끝에 나는 예나 연구소 동료들과 함께 '교잡이론'을 탄생시킬 수 있었다. 이 모델을 위해 우리는 석기 및 청동기시대 유럽의 이주 물결과 관련해 최근 몇 년간 수집한 유전자 데이터를 사용했고, 이것과 언어의 과거를 살펴볼 수 있는 방식을 연계시켰다. 동시에 이것은 유전학에서 검증된 프로세스로 옮겨졌다. 언어와 유전자에 동일한 원칙이 적용되기 때문이다. 이 데이터에서는 비교적 일정하게 변이가 나타났다. 유전학자는 두 개체의 DNA 분석 결과를 바탕으로 마지막 공통 조상이 살았던 시점을 확인했다. 그리고 언어학자는 공통의 어원을 두 가지 변형으로 나타내기 위해 가까운 친족관계에 있는 단어, 이를테면 독일어의 'Leiter'와 영어의 'ladder'(둘 다 '사다리'라는 의미─옮긴이)를 관찰했다. 우리는 인도-유럽어의 수천 개 단어를 기준으로 산출한 변이율을 토대로 언제 어떤 언어가 분화되었는지 계통도를 작성했다. 언어 계통도는 인간의 개체군을 나타낸 계통도와 크게 다르지 않다. 예를 들어 독일어와 이탈리아어보다 독일어, 덴마크어, 영어의 공통 조어는 훨씬 늦게 나타났다.

이 프로세스를 정교화하는 작업은 예나 연구소의 동료 러셀 그레이가 맡았다. 러셀은 최초의 인도-유럽어 문서에서 시작해 더 먼 과거로 거슬러 올라가는 언어 계통도를 작성하는 데 성공했다. 이를 위해 그는 가장 오래된 것으로 알려진 인도-유럽어, 미케네어, 히타이트어, 고대 그리스어의 차이점을 분석했고, 이 방식으로 인도-유럽어가 분화된 이후 얼마나 자주 변이를 겪었는지 확인할 수 있었다. 그 결과 인도-유럽어의 마지막 공통 조어는 8000년 전에 존재했던 것으로 밝혀졌다.

이 수치는 2003년 이후부터 처리되어 인도-유럽어가 아나톨리아 농경민과 함께 서쪽으로 이동했다는 사실을 확실히 말해주고 있었다. 물론 최근 몇 년간 유전자 데이터에 의하면 이 주장도 더 이상 맞지 않는다. 인도-유럽어는 유럽뿐만 아니라 인도, 아프가니스탄, 파키스탄에서도 사용되었기 때문이다. 농경 문화는 지금으로부터 8000년 전 비옥한 초승달지대에서 서부와 동부로 확산되었다. 이 시기에 인도-유럽어의 뿌리가 없었다면 비옥한 초승달지대의 서부와 동부 사람들은 틀림없이 동일한 언어 혹은 가까운 친족관계의 언어를 사용했고, 두 방향의 언어가 동시에 외부로 전파된 것이다. 얼마 전까지 이 이론에 대해 의심을 품을 이유가 없었다. 결국 당시 현재의 이스라엘과 이란 사이인 비옥한 초승달지대에 단일 문화권이 형성된 것이다.

하지만 유전자 데이터는 비옥한 초승달지대 동부 및 서부 거주자들이 현재의 유럽인과 중국인의 차이처럼 근본적으로 다른 개체군이라는 사실을 말해주고 있다. 인도-유럽어는 지금으로부터 8000년이 아니라 최소 1만 1000년 전에 탄생한 것이 틀림없다. 그렇다면 인도-유럽어가 아나톨리아 제어의 변형된 형태라는 아나톨리아 이론은 모순이다. 스텝 가설 지지자들도 유사한 문제 때문에 고민하고 있다. 이 모델에 의하면 8000년 전에 모든 인도-유럽어의 공통 조어가 탄생했다는 사실은 모순이다. 스텝 가설에서는 흑해와 카스피해 사이 지역에 발생했던 소위 마이코프 문화(기원전 4000년에서 3000년 사이 현 러시아 남부 및 코카서스 북부 지방에서 발생했던 초기 청동기 문화-옮긴이)가 인도-유럽 조어의 전달자였다고 가정한다. 하지만 이 문화는 6000년도 채 되지 않았다.

이란에서
뿌리를 찾다

그럼에도 인도-유럽어는 5000년 전 스텝지대에서 유럽으로 전파되었을 가능성이 높다. 현재 인도-유럽어를 사용하는 지역에서는 스텝 DNA 비중이 상당히 높기 때문이다. 좀 더 정확하게 표현해 신석기시대에 현재의 이란에서 폰투스 스텝지대로 이동한 스텝요소가 강하게 나타난다. 이것은 현재의 이란, 파키스탄은 물론이고 아프가니스탄, 유럽도 마찬가지다. 전 세계 인구의 6분의 1이 살고 있는 인도 아대륙(亞大陸) 북부 사람들도 스텝요소를 지니고 있으며 그 비중은 DNA의 3분의 1이다. 반면 남부로 내려가면 그 비중이 훨씬 떨어진다. 이것은 언어 분포와 완벽하게 일치한다. 인도 남부에서는 드라비다어가 우세한데, 드라비다어는 인도-유럽어족에 속하지 않는다. 반면 인도 북부에는 인도-유럽어의 분파 언어가 널리 퍼져 있다. 그리고 이 지역에는 8000년 전 인도-유럽어의 공통 조어와 5000년 전 스텝 민족의 유럽 이주와의 연관성을 찾을 수 있는 열쇠가 있다.

비옥한 초승달지대 동부에서 시작된 농경 문화 확산은 이란의 신석기시대라고도 불린다. 이러한 확산현상은 아나톨리아 농경 문화의 확산과 동시에 일어났지만 별개로 이루어졌다. 당시 현재의 이란 지역 동부 방향에서는 인도 북부까지, 북부 방향에서는 코카서스까지 사람들이 몰려들었다. 약 8000년 전 이란의 신석기인들은 특히 현재의 파키스탄, 아프가니스탄, 인도 북부 지역 사람들의 조상, 바로 얌나야 문화의 조상이 되었다. 그래서 인도-유럽어는 모든 지역으로 퍼졌을 가능성이 높다. 그리고 인도-유럽어는 5000년 전 얌나야 문화권 사람들과 함께 유럽으로 이동했던 것이다. 아나톨리아 가설 지지자들이 주장하듯이 인도-유럽어는 비옥한 초승달 지역에서 그 뿌리를 찾을 수 있었지만, 그 위치는 서부 혹은 중부 아나톨리아가 아니라 이란 북부였다. 스텝 가설 지지자들도 인도-유럽어가 스텝지대에서 유럽으로 전파되었다고 추측했을 것이다. 다만 스텝지대에서 인도-유럽어가 발생했다고 보지 않았을 뿐이다.

우리 모델의 인도-유럽어 역사에서 아나톨리아는 상당히 중요한 역할을 한다. 아마 8000년 전 신석기시대의 언어가 유럽으로 전파된 듯하다. 유전자 데이터가 입증하듯이 6000년 전 이란의 신석기인들이 아나톨리아로 퍼졌을 때 아나톨리아에서는 아나톨리아 농경민의 언어가 밀려났다. 아나톨리아 농경민들이 사용했던 언어가 유럽을 지배한 반면, 아나톨리아에서는 인도-유럽어를 이미 받아들였다. 현재 터키는 소수만 인도-유럽어를 사용하는 지역 가운데 하나다. 터키어의 제어(諸語) 가운데 하나인 튀르크어는 터키, 아제르바이잔, 우즈베키스탄, 알타이 지역까지 퍼져 있다. 11세기 튀르크 전사들이 아나톨리아를 정복하기 시작했을 때 인도-유럽어 역사의 끝이 다가오고 있었다. 하지만 현재 터키에서 인도-유럽어, 특히 쿠르드어와 자자어를 사용하는 인구는 20퍼센트에 달한다.

통치 도구로서의
언어

스텝지대 유목민의 이주 후 유럽 북부와 중부에서는 게르만어파가 발달했다. 영어와 독일어 이외에도, 남아프리카의 식민화와 함께 탄생해 현재까지 사용되고 있는 아프리칸스어도 게르만어파에 속한다. 한편 속라틴어라고도 할 수 있는 이탤릭어파(인도-유럽어족에 속한 어파로 라틴어가 주류)에서 현재의 모든 로망스어가 파생되었다. 또한 영국 제도의 소수 지역과 브르타뉴 지역에서 사용하고 있고 종형 토기 문화시대에 서유럽 많은 지역에서 사용되었던 발트슬라브어족과 켈트어족은 로마 제국에서 북서부 지역까지 진출했다. 한편 알바니아어파와 아르메니아어파도 특별한 역할을 했다. 두 언어는 인도-유럽어파에서 유일하게 분파된 하위 언어가 없는 하위군 언어다. 헬라어파 언어 중에는 현재 그리스어만 살아남았다. 중동 지역에는 인도-유럽어파에서 가장 큰 분파인 인도-이란어파가 있다.

현재 인도-유럽어족에 속하는 언어는 전 세계 30억 인구가 사용하고 있는 가장 중요한 언어다. 인도-유럽어는 유럽이 오스트레일리아, 남아시아와 아프리카의 일부, 아메리카 대륙을 식민화하면서 널리 퍼졌다. 지금도 남아시아와 아프리카 일부 지역에서는 유럽 언어를 제2언어로 사용하고 있다. 인도-유럽어족에 속하는 힌디어는 말할 것도 없고 인도에서 사용하는 영어를 이해하려 노력해본 사람이라면 언어가 얼마나 빠른 속도로 발전하는지 바로 알아차릴 수 있을 것이다. 프랑스, 프랑스령 해외 영토, 아프리카에서 사용하는 프랑스어도 다르다. 스페인어도 마찬가지다.

언어가 정적이었더라면 라틴어만으로 오늘날 남부 유럽 곳곳을 인터레일을 타고 다니며 투어를 할 수 있을 것이다. 아니 인도-유럽 조어로도 투어를 할 수 있었을 것이다. 대신 아이를 키우는 부모들은 아이들이 자라면서 하는 대화를 따라가지 못해 좌절감을 맛볼 것이다. 하지만 현재의 언어는 예전처럼 빠른 속도로 변하지 않는다. 이미 오래전에 표준어 체계가 마련되었기 때문이다. 예를 들어 스페인어는 500년 전부터 문자 언어가 확립되어 안정적인 언어로 자리 잡았다. 독일에서는 루터의 성경 번역을 계기로 표준어가 발달하기 시작해, 19세기《두덴사전》을 토대로 맞춤법 체계가 확립되었다. 현재 유럽에서 사용하고 있는 표준어들은 인도-유럽 공통 조어와는 상당히 거리가 멀다. 영어의 우세현상으로 말미암아 오래전 분화되었던 언어들이 다시 동화되어 가는 추세다.

5000년 전 유럽의 언어 풍경에 큰 변화를 가져온 계기는 이주였다. 로마인들은 대서양과 흑해 사이에서 로망스어를 전파시켰지만 크게 확산시키지는 못했다. 스텝지대 유목민의 대이주는 유럽인의 언어에 있어서 유전자만큼이나 큰 변화를 가져온 사건이었다. 당시 현재 우리가 살고 있는 집의 토대가 마련되었다. 이제 이주가 아니라, 기원전 3세기 이후 발생해 유럽 역사를 지배한 대제국이 세력 확장을 하기 시작했다. 드디어 청동기시대가 찾아왔다.

7

가부장제와
수직적 서열 구조의 등장

유럽은 석기시대로 도약한다.

아버지는 모든 것을 유산으로 남기고,

딸들은 정착촌을 떠난다.

가장 타락하지 않은 형태의 소비사회.

결국 아무 권리도 주어지지 않는 공간만 남는다.

청동기시대의 주석 매장지

청동기시대의 구리 매장지

발 트 해

북 해

대 서 양

톨렌제탈 ●

네브라 하늘 원반 ●

우네치체 문화 ◆

아우구스부르크 ●

알 프 스 산 맥

카 르 파 티

피 레 네 산 맥

지 중 해

| 5000 | 4800 | 4600 | 4400 | 4200 | 4000 | 3800 | 3600 | 3400 | 지금으로부터 3200년 전 |

우네치체 문화

아카드 대제국

네브라
하늘 원반

톨렌제탈
전투

스텝지대에서 이주

청동기시대 중부 유럽 지역에서
활발한 천연자원 거래 시작

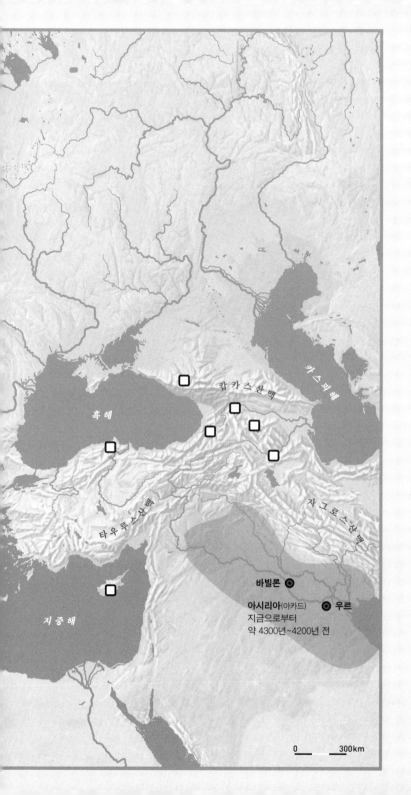

흑해

카스피해

캅카스산맥

타우루스산맥

자그로스산맥

지중해

바빌론 ◉

아시리아(아카드)
지금으로부터
약 4300년~4200년 전

◉ 우르

0 ___ 300km

청동기와
인류의 진보

스텝지대 유목민의 이주가 가져온 유전자의 변화는 아마 유럽 대륙 역사상 최대 규모일 것이다. 이보다 더 놀라운 사실은 처음에는 문화 혁명이 일어나지 않는 듯했다는 것이다. 고고학 유물에는 150년의 틈이 있다. 그래서 이 시기에 어떤 일이 일어났는지를 두고 온갖 추측이 난무한다. 이 시기를 지나자 세상은 예전처럼 돌아갔다. 스텝지대 유목민들은 정착생활을 하는 농경민이 되었다. 이들은 이 지역에서 기존의 정착 농경민과 아주 유사한 생활방식을 따랐고, 주거 형태도 유사했다. 그리고 4200년 전 중부 유럽에 청동기시대와 함께 문화 변혁이 일어나기 시작하면서 유럽 대륙에 새 시대가 열렸다. 신석기 혁명 때와 다른 점은 사람들의 이주 행렬이 먼저 나타나지 않고, 지난 600년 동안 매듭무늬 토기 문화와 종형 토기 문화를 만든 사람들에 의해 새로운 시대로 접어들었다는 것이다. 유전적으로 모든 것은 예전과 다름이 없었으나, 문화적으로는 모든 것이 파괴된 상태였다.

한편 석기시대와 청동기시대 사이의 과도기를 동기시대라고 한다. 이 시기에 사람들은 광물 채취를 시작했고, 유럽에서는 발칸 지역에서 최초로 땅에서 부드러운 붉은색 원료를 채취했다. 이러한 진보는 이전처럼 농경과 도기와 같은 방향으로 흘러갔다. 도기 제조 기술은 구리 가공의 선행조건이었다. 원료인 구리를 고온 처리하는 데 도기로 된 화덕이 필요했다. 구리 채취와 가공은 교량 역할을 하는 기술에 불과했다. 구리로 장신구와 가벼운 무기의 제작이 가능했다. 물론 재료 성형은 대장장이의 몫이었다. 사람들은 주석과 구리의 합금인 청동을 만들었다. 주석은 물질의 형태를 유지시키는 역할을 했다. 이러한 합금 기술은 지금으로부터 5000년 전 근동 지방에서 처음 전파되었다. 새로운 금속의 등장으로 인류 발전의 탄탄대로가 열렸다. 무기, 도구, 농기계를 제작할 수 있는 완전히 새로운 가능성이 주어졌기 때문이다. 인간에게 청동은 단순히 새로운 원료가 아니었다. 이것은 인간이 지금까지 알지 못했던 생산의 영역으로 첫 발을 내디뎠다는 의미였다.

구리의 발견과 청동 개발은 중대한 사건이었다. 물론 이것만이 최초의 고도 문명으로 향하는 선행조건은 아니었다. 중부 유럽과 북부 유럽 일부 지역에서는 수렵민과 채집민이 숲속을 활보하고 다니는 동안, 기원전 4000년에 이미 근동 지방과 지중해 지역에 고도 문명의 기틀이 마련되어 있었기 때문이다. 유프라테스강과 티그리스강에는 우르와 바빌론 등의 도시가 탄생했고, 이집트에서는 파라오 제국이 번성했으며, 아나톨리아에서는 처음에는 히타이트인들이, 나중에는 미노아인들과 미케네인들이 유럽 최초의 고도 문명의 기초를 세웠다.

북부는 경제적으로 낙후되었지만 고립된 상태는 아니었다. 기원전 3세기 유럽 사회에서 무역관계를 강화하면서 청동은 무역에서 핵심적인 역할을 했다. 남부에서는 청동 제조 기술이 발달했으나 주석 매장량이 부족했다. 청동의 원료는 특히 콘월, 영국 남서부 끝에 있는 도시, 이베리아반도 북서부, 에르츠산맥 등 고대 고도 문명이 발달했던 지역에 집중되어 있었다. 그래서 처음에는 자체적으로 활발한 교류가 이루어졌다. 유럽 남부로 주석을 보낸 보답으로, 청동 가공 기술이 유럽 북부와 서부로 전파되었다. 청동과 청동으로 만든 제품은 사회, 가족, 개인의 생활에 점점 더 많은 변화를 가져왔다. 이 시기가 소유물, 수직적 서열 구조, 가부장제로 넘어가는 과도기였다는 사실은 유전적으로도 입증되었다. 대표적인 지역이 아우구스부르크 인근의 레히강이다.

가부장제의 정착

이 지역에는 현재 중부 독일처럼 종형 토기 문화뿐만 아니라 매듭무늬 토기 문화권 사람들이 함께 살았다. 그러나 유럽에는 이런 지역이 많지 않았다. 두 집단은 고유의 주거지, 풍습, 매장 의식, 아마 언어도 가지고 있었던 듯하다. 기원전 1800년까지 종형 토기 문화가 계속 나타났던 영국을 제외하면 새로운 사회로 이행되면서 기원전 약 2200년 전부터 두 문화의 일부는 통합되었다. 대표적인 예가 중부 독일을 중심으로 꽃을 피웠던 우네치체 문화로, 그 유명한 청동제 네브라의 하늘 원반은 이들의 후손이 남긴 것이다. 레히강 일대도 초기 청동기 문화 시대로 발전했다.

독일 남부의 레히강 일대와 당시 중부 유럽 다른 지역의 생활 양식은 유사했다. 사람들은 대개 가옥, 농사(農舍), 축사로 구성된 소농(小農, 가족노동을 통해 농업에 종사하며 그를 통해 획득한 농업생산물을 자급자족적 수입원으로 삼는 전통적 농업사회 구성체−옮긴이) 지역에서 살았다. 이들은 사람이 죽으면 소농 지역 인근의 공동묘지에 시신을 매장했다. 무덤 속에 묻혀 있던 DNA 덕분에 4000년이 지난 지금, 우리는 당시의 생활환경을 들여다볼 수 있었다. 레히강 주거지에 매장되어 있던 수십 명에 대한 DNA 분석 결과, 이들은 기원전 2500년과 1500년 전, 즉 청동기시대로 넘어가는 과도기에 사망한 것으로 확인되었다. 우리는 먼저 이들의 유전자 염기 서열을 분석했고 치아에는 소위 방사성 스트론튬 분석을 실시했다. 스트론튬은 지역에 따라 원소의 무게가 달라지는 동위원소다. 쉽게 말해 지역에 따라 섭취하는 음식, 즉 육류와 채소류의 비중이 다르게 나타난다는 원리를 이용한 분석 방식이다. 옛날 사람들은 자신이 살고 있는 지역에서만 양식을 구했기 때문에 동위원소의 농도로 어느 지역 사람인지 구분할 수 있다. 유골의 특정 부위, 이를테면 어금니의 법랑질은 어렸을 때 이미 형성되어 여기에 스트론튬이

응고되어 있다. 이 부위를 분석하면 한 사람이 평생 같은 장소에서 살았는지 이동생활을 했는지 확인할 수 있다. 하지만 현대인에게는 이 분석 프로세스를 적용할 수 없다. 우리가 먹는 음식의 대부분이 주변에서 얻은 것이 아니기 때문이다.

레히강 일대에 매장되어 있던 시신 83구 중 26구는 남성, 28구는 여성, 나머지 29구는 어린 아이의 것이었다. 우리는 이 시신들에 대해 스트론튬 분석을 실시했고, 성인의 경우 남성과 여성 모두 정착민과 이주민의 비율이 비슷할 것이라고 예상했다. 그런데 예상 밖의 결과가 나왔다. 여성은 전체의 3분의 2인 17명, 남성은 단 한 명이 이주민이었다. 이 여성들이 우연히 십대 후반에 레히강 인근으로 이주했다고 보기는 어렵다. 아마 두 지역 간에 여성들을 서로 맞바꾸는 풍습에 의해 다른 지역 여성들이 이 지역으로 이주한 것으로 보인다. 우리가 조사했던 주거지가 전형적인 초기 청동기시대의 것이었다면 이것은 이 시대에 완전히 새로운 성비가 나타나기 시작했다는 증거다. 남성들은 자신들이 태어난 곳에서 계속 살았고, 결혼은 타 지역 출신 여성들과 했던 것이다. 이 무렵 가족 공동체에서 남성의 서열이 높은 가부장제가 정착되기 시작한 듯하다. 남성들은 정착생활을 하면서 타 지역에서 온 여성을 아내로 맞이하는 한편, 결혼 적령기가 된 딸들을 멀리 시집 보낸 것이라 짐작된다.

매장 의식에서는 여성을 차별했다는 흔적은 찾아볼 수 없었다. 여성들은 한 가정의 어머니로서 남성과 동일한 수준의 부장품을 받을 수 있었다. 반면 친척관계가 아닌 사람들에게는 간소한 부장품만 허용했다. 이들은 그 지역의 다른 거주자들에 비해 사회적 지위가 월등히 낮았고 외부에서 데려온 노동자였던 듯하다. 또한 가족 형태는 핵가족과 농노 혹은 임금 노동자로 구성되었으며, 나중에 그리스인과 로마인이 발전시킨 가족 형태도 이와 유사했다. DNA 분석 결과 여러 가족묘에서 직계 5대의 남성까지 확인할 수 있었다. 아들이 아버지의 소농 지역을 물려받은 것으로 보이는데, 유전자 검사 결과로 상속자가 장자였는지는 확인할 수 없었다. 어쨌든 이 무덤에는 여러 형제들이 묻혀 있었다. 이 남성들은 물론 주거지나 인근에 자신의 소농을 지었을 것이다. 또한 유전자 데이터에서 청동기시대에 시작되어 아직까지도 가족과 사회관습에 남아있는 가부장제와 수직적 서열 구조를 확인할 수 있었다.

소비사회와
대량생산

청동기시대에 접어들면서 레히강뿐만 아니라 전 유럽에 새 시대가 열렸다. 구리를 발견하기 전에 사람들은 주변에서 항상 구할 수 있는 물질인 돌과 나무 외에 점토를 가공하기 시작했다. 도기 제작은 만만한 일은 아니었지만 고도의 기술이 필요한 일도 아니었다. 반면 청동의 발명은 엄청난 기술과 사회적 도약을 의미하는 사건이었다. 지하에서 원료를 캐내고 주석과 구리를 고열의 가마에 넣고 합금을 만드는 작업은 점점 전문화되었다. 청동을 만들기 위해서는 채굴공, 가마 제작공, 제련공, 그리고 유럽 저 구석에서 주석을 구해올 수 있는 수완 좋은 상인이 필요했다.

반면 바로 이전인 신석기시대는 만능 인간의 시대였다. 농경과 가축 사육에 관한 지식은 이미 널리 전파되었고, 도기 제작에 탁월한 전문가들이 몇 명 있었다. 물론 이런 지식은 이들만의 전유물은 아니었다. 석기시대 사람들은 장치를 제작할 때 원료 부족을 경험해본 적이 거의 없었다. 도구나 무기를 만드는 데 필요한 나무나 돌은 일반적으로 풍부한 편이었다. 초기 농경민들은 가장 순수한 형태의 소비사회에서 살았다. 자신이 만든 물건은 거의 다 자신이 소비했다. 자신이 소유하고 있는 것들의 가치를 한눈에 파악할 수 있었다. 물론 금이나 은 장신구를 소유하고 있는 자들도 간혹 있었지만, 이것은 예외적인 경우였다. 어쨌든 중부 유럽에는 개인이나 가족이 자신의 수중에 있는 소유물의 가치를 높이려고 했던 고고학적 흔적은 없다.

돌이나 나무와 달리 청동은 가만히 앉아있다가 주워오면 내 것이 되는 것이 아니라, 애써 가공해야 얻을 수 있는 것이었다. 게다가 먼저 원료를 찾거나 소유하고 있어야 했다. 구리 매장지에 사는 사람들은 점점 부유해졌고, 구리보다 훨씬 귀한 주석 매장지에서는 본격적으로 거래가 성행했다. 에르츠산맥의 구리와 주석뿐만 아니라 콘월산 주석은 전 유럽에서 거래되었다. 이전에 이미 초지역적인 거래가 이루어지기는 했지만, 본격적인 거래는 이때 처음으로 이루어졌다. 유럽에서는 물자 거래가 활성화되었고 무역이 발달했다. 제한된 원료와 전문가의 지식은 사회 간 경쟁과 인간과 인간 사이의 경쟁을 심화시켰다. 물건을 소유한 사람은 자신을 보호할 수 있었고, 그렇지 않은 사람은 물건을 얻기 위해 무슨 짓이든 해야 했다.

새로운 원료인 청동기 사용 외에 청동기시대에 가장 센세이셔널한 사건이 있었다. 대량생산품을 제작할 수 있는 길이 열린 것이었다. 청동기시대 사람들은 돌로 거푸집을 만들고 거푸집에 청동을 넣고 동일한 제품을 찍어내기 시작했다. 이것은 그때까지 듣도 보도 못한 새로운 제작 방식이었다. 석기시대 도기 예술품을 보면 그 차이가 확연히 드러난다. 대량생산 체제의 발명이 당시 사람들에게 어떤 영향을 끼쳤는지 이해하려면 정반대의 상황을 상상해보면 된다. 인근의 건축용품 전문 시장에 갔는데 모든 제품이 각기 다른 개성을 지니고 있다. 그런데 당시 새로운 제품은 형태만 동일한 것이 아니라, 모든 것이 이전 것에 비해 훨씬 안정적이었다. 무엇을 위해 사람들은 이러한 신기술을 개발하고 꼼꼼하게 활용했을까? 효과가 더 좋은 무기를 제작하기 위해서였다.

각개전투시대가
끝나고

태곳적부터 다양한 살상 도구가 있었다. 인간은 사냥을 위해 단창, 장창, 활과 화살, 나무와 돌로 된 검을 제작했다. 인간이 구리를 사용하면서 고급 검과 도끼창을 제작할 수 있게 되었다. 하지만 원료 공급이 제한되어 있었기 때문에 일정한 길이를 넘을 수는 없었다. 청동을 사용하기 시작하면서 길고 안정적인 창기(槍旗), 특히 검, 새로운 유형의 단창과 장창이 등장했다. 청동 덕분에 사람들은 더 쉽게 살상을 할 수 있었을 뿐만 아니라, 투구, 방패, 갑옷, 다리 보호대 등으로 더 효과적인 방어를 할 수 있었다. 이런 값진 무기는 모든 전사들이 동등하게 소유할 수 있는 물건이 아니었다. 날이 갈수록 불평등이 심화되고 있었다. 이제 성능 좋은 무기로 무장하는 것이 군사를 더 많이 거느리는 것보다 전쟁에서 이기는 데 더 유리한 조건이 되었다. 청동기시대는 치열한 군비경쟁을 할 수밖에 없는 상황이었다.

전쟁이 잦아짐에 따라 정복과 방어행위도 증가했다. 이상하게도 무기 생산량이 급증하면서 적어도 군인들처럼 목숨을 걸고 싸워야 하는 상황이 아닌 이상 사람들의 삶은 점점 안정을 찾아갔다. 신석기시대에 중부 유럽의 몇몇 마을은 방어시설의 특성을 보였다. 사람들은 방어시설에 몸을 숨긴 채 농경지와 목초지에서 전쟁을 벌이려는 공격세력으로부터 자신을 보호했다. 한편 초기 청동기시대 주거지에는 이러한 방어시설이 전혀 갖춰져 있지 않은 경우가 많았다. 예를 들어 레히 강변에 줄지어 있는 소농 지역은 한 번도 울타리를 친 적이 없었다. 수천 년 전 사람들은 직접 적과 맞서 싸웠기 때문에 주거지도 위험에 완전히 노출된 형태였다. 반면 청동기시대에 레히 강변을 비롯한 다른 주거지에 살았던 사람들은 더 안전하다고 느꼈을 것이다.

이런 상황은 청동기시대 초기부터 군사체계의 정립과 밀접한 관련이 있다. 종종 제후라고도 불렸던 군주들은 다양한 지역 주민들의 신변을 보장해줄 수 있었다. 그 대가로 군주들은 거주자들로부터 세금을 징수해, 이것을 생활자금과 전쟁자금으로 사용했다. 영웅처럼 찬양받으며 각개전투를 하던 투사들은 손도끼와 장창으로 무장한 보병으로 교체되었고, 보병들은 제후들의 명령을 받들었다. 군주들은 용병을 동원하거나 전쟁 시에는 주거지에서 농민을 소집해 무장시킬 수 있었다.

외부의 적을 방어하는 행위는 군주에 대한 복종을 의미했고, 군주의 무기는 내부의 적에게도 사용될 수 있었다. 처음에는 국가에서 폭력을 독점하더니, 마지막에는 잠재적인 무법지대가 탄생했다. 소농 지역의 가부장제는 이 그림과 딱 맞아 떨어졌고, 소위 사회계약이 제대로 효력을 발휘하지 못하는 곳이었다. 모든 것은 군주의 관할 아래 있었고, 그 대가로 전쟁이 터지면 지역 주민들은 병력으로 동원되거나 가족들의 안전을 위해 때로는 목숨을 희생해야 했다.

군주는 다른 지역 제후들과 끊임없이 경쟁했지만 항상 전시상태에 있었다고 보기는 어렵다. 군주는 무역으로 이윤을 남기고 자신의 백성들을 위해 생산성을 증가시켜야 했다. 군주는 무역과 정치적 영향권에 관한 문제를 해결하기 위해 서로 교류를 해야 했다. 당시에도 전쟁은 최후의 수단이었다. 승전 가능성이 확실하고 가치 있는 땅이나 천연자원을 정복할 수 있을 때에만 적의 울타리를 넘었다.

권력과 자원 집중현상이 나타나면서 이전에는 보지 못했던 크고, 부유하고, 백성이 많은 제국이 탄생했다. 대표적인 예가 우네치체다. 이 지역에서는 약 700년 동안 제후를 신과 동등한 존재로 받들어 모셨다. 이 시대의 무덤과 부장품에서 다량의 무기와 금이 출토되었다. 반면 평범한 농민의 무덤에서는 단 한 점의 무기도 발굴되지 않아 극명한 대립을 이루고 있다. 한편 군사들은 제후처럼 편안한 자세로 누워있는 것이 아니라, 쪼그리고 앉아있는 자세를 하고 있었다. 우네치체 문화에서 평민은 아마 개인적으로 무기를 소유할 권한이 없었고, 제후들이 도끼, 손도끼, 도끼창을 모아두었다가 전쟁이 발발하면 백성들에게 나눠주었던 듯하다. 유럽의 많은 지역에서 이 시대의 것으로 추정되는 무기가 발굴되었다. 무기 구성은 대략 수백여 개의 검, 장창, 도끼 등이었다. 무기 창고는 숨겨져 있었던 듯하다. 이런 방법으로 군주들은 백성들이 무단으로 무기를 가져가는 것을 막을 수 있었다. 군주들은 농민들이 검을 녹여 보습(쇳조각으로 된 삽 모양의 연장)을 만들 것을 우려했다. 아마 이것이 무기 보관 창고를 정기적으로 이동한 이유일 것이다.

비옥한
초승달지대

기원전 3000년, 급격한 기술 진보로 이동과 교류의 시대로 접어든 동시에, 이제껏 알려지지 않았던 치명적인 살상 신무기의 등장으로 전쟁의 시대가 열렸다. 게다가 기후는 미처 날뛰듯 변덕을 부렸다. 원인은 4200년 전 홀로세에 있었던 기후 변화 때문이었다. 이 시기 지중해 북부 지역은 지금보다 더 습하고, 북부 유럽 지역은 지금보다 더 춥고 건조했던 것으로 보인다. 근동 지방, 현재의 이란과 이라크 지역에서는 기후 변화가 정치적 배척과 점점 커지는 공동체의 붕괴로 이어졌다. 이 시기에 존재했던 아카드 제국은 수십 년 만에 먼지 속으로 사라졌고 백성들은 생존을 위한 사투를 벌였다. 고고학자들은 300년 동안 지속된 가뭄으로 약 30만 명이 이 지역을 떠났을 것이라 추정하고 있다. 기후 난민을 막기 위해 남부 우르 제3왕조시대에는 100미터 높이의 장벽을 건축하기도 했다. 장벽도 기원전 2000년 왕조가 몰락하면서 수메르의 고급 문명이 사라지는 것을 막을 수는 없었다. 건기가 끝나자 장벽으로부터 멀리 떨어진 지역에 살던 사람들이 북쪽으로 이동하면서 새로운 문명이 꽃을 피웠다. 이후 이 문명은 일대 통치권을 장악하는데, 이것이 바로 바빌로니아 문명이다.

광풍과 같은 4200년 전 기후 변화와 난민 위기는 청동기시대에 새로 정립된 체제가 얼마나 많은 사람들에게 피해를 주었는지 알려주는 사건이었다. 기원전 2000년, 전쟁은 본격적인 권력 남용의 수단으로 전락했고 지금까지도 우리가 알고 있는 부수적인 현상을 초래했다. 전쟁에 패배한 자들은 죽임을 당하거나 노예로 전락했고 점점 더 잔인한 무기가 개발되었다. 뿐만 아니라 납치, 집단 학살, 성폭행도 있었다. 지중해 동부 지역에서 집중적으로 등장했던 통치자들은 수만 명의 군사를 전쟁터에 내보냈고, 전차를 타고 이동해 먼 거리의 적을 학살했다. 세상은 날로 복잡해지고 전쟁은 더 잔혹한 양상을 띠

었으며, 이 현상은 지중해 지역뿐만 아니라 독일 메클렌부르크-포어포메른까지 확장되었다. 고고학자들의 연구 결과 기원전 1300년 이 지역에서 2,000명에서 6,000명의 군사가 전쟁에 투입되었던 것으로 밝혀졌다. 이곳은 수백 명의 부패한 시신이 골짜기를 뒤덮으며 공포의 장소로 변했다.

변함없는
유전적 토대

2019년 봄 현재, 독일의 고고유전학은 아직 청동기시대에서 많이 진척되지 못한 상태다. 고고유전학의 역사가 10년도 채 되지 않았다는 점을 감안한다면 이것만도 대단한 성과다. 이 시기에 유럽인의 혈통과 네안데르탈인과의 관계가 새롭게 쓰였고, 신석기 혁명의 발생 원인이 규명되었으며, 스텝지대 유목민의 이주가 청동기시대 이전에 시작되었다는 사실이 입증되었다. 사실 누구도 이것이 가능하리라 생각하지 못했다.

이제 우리는 8000년 전과 5000년 전 유럽 대륙에 있었던 유전자 이동이 이후에는 발생하지 않았다는 사실을 안다. 이 시기 유럽에서 번성했다 사라진 대제국들에서는 아무런 유전적 변화가 나타나지 않았다. 최고 전성기에 알프스산맥 북쪽 지역, 이베리아반도, 심지어 아나톨리아 일부까지 전 유럽을 지배하며 이 지역에서 활발한 교류를 했던 켈트족의 유전적 토대도 변화가 없었다. 이보다 더 큰 제국을 통치하고 더 많은 이동을 했던 로마인들 역시 유럽인의 유전자에 획기적인 변화를 일으키지 못했으나, 사회 구조에는 상당한 변화를 일으켰다.

근본적으로 다른 프로세스를 바탕으로 한 연구였으나 최근의 이주현상도 학문적으로 입증할 수 있었다. 우리 연구소 소속 학자들이 공동 개발한 이 프로세스는 최근 2000년간 나타났던 유럽 내 민족 이동현상을 좀 더 정확하게 이해하는 데 도움이 되었다. 이 방식에서는 서로 다른 개체군의 유연관계를 입증하는 기준인 게놈들 간의 공통점이 아니라, 집단들 간 차이의 원인인 아주 사소한 유전적 변화를 집중적으로 관찰한다. 앵글족과 색슨족은 약 4세기 초반 현재의 영국으로 이동했다. 가장 유명한 민족 대이동 가운데 하나인 게르만족의 대이동도 이 방식과 유전자 데이터로 입증할 수 있었다. 현재 영국인의 30퍼센트 이상은 5세기 영국 제도로 건너간 네덜란드, 덴마크, 니더작센 지역 이주민들의 후손이다. 이러한 사실이 향후 유럽 역사에서 어떻게 표현될지, 우리는 현재의 정밀 DNA 분석 방식을 바탕으로 한 고고유전학 연구 방식을 후기 청동기시대 민족 이동에도 적용할 것이다. 아울러 우리는 특히 민족 이동 시기와 중세 초기와 관련해 새롭고 세부적인 지식을 얻을 수 있으리라 기대한다.

물론 유럽인의 유전자 여행에 관한 이야기를 끝내려면 아직 멀었다. 유럽 내부와 유럽으로의 이주 물결, 특히 스텝지대 유목민의 이주는 유럽의 질병의 역사와 밀접한 관련이 있다. 이와 관련해 아직 풀어낼 이야기가 많다. 인간 유전자의 여행은 아주 오래전부터 바이러스와 박테리아의 이동과 맥을 같이 해왔다. 바이러스와 박테리아에 유럽 대륙의 역사가 담겨 있고, 어쩌면 이들은 그 어떤 통치자보다 강한 영향력을 발휘한 존재인지도 모른다. 얼마 전까지 이들은 인간의 눈에 보이지 않았다. 유전자 분석 덕분에 우리는 작은 야수의 실체를 조금씩 알아가고 있다.

8

그들은
페스트를 몰고 왔다

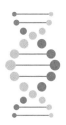

벼룩은 피를 토했다.

펜타곤은 지원을 시작했다.

페스트는 동부에서 왔다. 유력한 용의자는 말이었다.

사체 조각들이 공중을 떠돈다.

유럽은 국경을 폐쇄하고,

낯선 쥐가 유럽을 페스트에서 구원한다.

케임브리지

런던 이스트 스미스필드

북 해

발트 해

1350년

대 서 양

1348년

지금으로부터
4500년 전

지금으로부터
약 4000년

나프부르크

아슈하임과
알텐에르딩

지금으로부터
약 4700년 전

1347년

알프스산맥

툴루즈

뤼넬

피레네산맥

바르셀로나

발렌티아(발랑스)

지 중 해

1346년

| 3000 | 2500 | 2000 | 1500 | 1000 | 500 | 기원전 0 기원후 | 500 | 1000 | 1500 |

석기시대
페스트 병원균

후기 석기시대
페스트균

히타이트
페스트

아테네
페스트

안토니우스
페스트

흑사병: 제2차
페스트 유행

얌나야 문화기의
페스트 병원균
(선페스트가 아님)

청동기시대,
가장 오래된
선페스트 병원균
(러시아 사마라)

유스티니아누스
페스트: 제1차
페스트 유행

홍콩 페스트:
제3차 페스트
유행

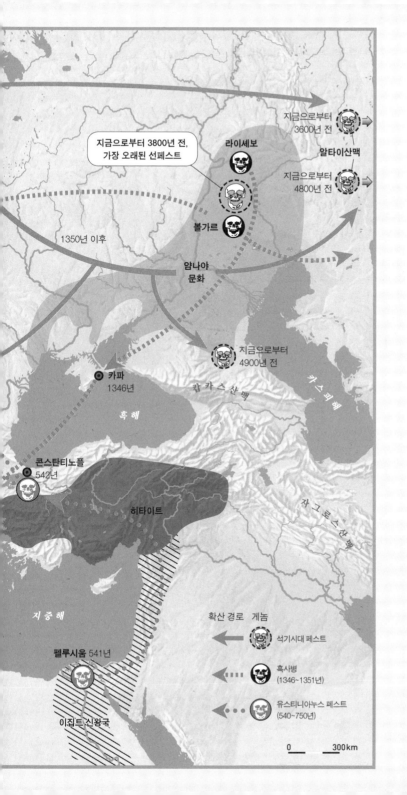

새로운
공격 대상

유럽 역사의 집단 기억에 페스트만큼 극심한 공포를 불러일으킨 병도 없을 것이다. 물론 여기에는 그럴만한 이유가 있다. 지금도 매년 전 세계에서 페스트로 사망한 사람의 수가 2,000명에서 3,000명 사이, 아니 3,000명에 가깝다. 페스트가 무시무시한 위력으로 악명을 떨치게 된 계기는 14세기 흑사병 때문이었다. 피를 토하는 환자들과 시체가 즐비한 골목으로 묘사된 역사의 증언에서 엿볼 수 있듯이 페스트는 유럽인 3명 중 한 명, 어쩌면 2명 중 한 명의 목숨을 앗아간 질병이었다. 당대의 많은 사람들이 페스트 때문에 인류는 멸망할 것이라고 예상했다. 최초 기록에 의하면 유스티니아누스 페스트는 6세기 이집트에서 발생하여 지중해 전역으로 퍼졌다고 하는데, 유스티니아누스 페스트 당시 이와 유사한 일이 벌어졌다. 수백 년 이상 페스트는 유럽 대륙을 괴롭혔다 사라지기를 반복했다. 이와 관련해 수천 건의 발병 사례가 기록으로 남아있다. 이제 페스트에 대한 공포는 사라졌지만 항생제 사용이 보편화되기 전까지 50년 이상 페스트는 인류에게 재앙이나 다름없었다. 유전자 분석 결과 덕분에 이제 우리는 페스트가 언제 처음 유럽에 전파되었는지 안다. 또한 우리는 페스트가 지금까지 우리가 생각해왔던 것보다 훨씬 오래전에 유행했다는 사실도 확인할 수 있었다. 석기시대에 처음 유행한 페스트는 폰투스 스텝지대에서 유목민의 대이동으로 확산되었을 가능성이 높다.

학문에 있어서 페스트는 오랫동안 환영과 같은 존재였다. 사람들은 1347년과 1353년 사이에 많은 나라에 페스트가 퍼지고 기승을 부렸던 것은 잘 알고 있었지만, 페스트의 확산 원인이 페스트균 때문이며 천연두와 같은 다른 병원균은 전혀 상관이 없다는 사실을 몰랐다. 2011년 튀빙겐대학교 연구소에서 우리는 런던에 있는 중세시대 집단무덤에서 채취한 페스트균 게놈을 최초로 해독했다. 당시 런던은 특히 흑사병이 창궐했던 지역으로, 흑사병 희생자들은 이스트 스미스필드 공동묘지에 매장되었다는 기록이 있다. 박테리아는 숙주에서 대량으로 증식하고 혈액에서 고농축 상태로 나타난다. 그 덕분에 페스트균 게놈의 염기 서열 분석이 가능할 수 있었던 것이다. 우리는 이스트 스미스필드 공동묘지에서 발굴한 유골에서 출혈 부위, 치아를 집중적으로 분석했다. 우리는 네안데르탈인과 다른 원시 인류의 뼈를 분석하면서 검증하고 세분화시킨 프로세스를 이용해 페스트균 게놈을 채취하고 해독할 수 있었다.

페스트균을 철저하게 파악하려면 페스트균이 신체에 미치는 치명적인 영향은 제쳐두어야 한다. 다른 모든 생명체와 마찬가지로 페스트균은 원래 한 가지에만 관심이 있다. 자신의 종을 보존하고 최대한 많이 퍼트리는 것이다. 박테리아는 낯선 생명체에 살면서 새로운 숙주로 이동하기 위해 증식한다. 병원균의 목적은 숙주를 죽이는 것이 아니다. 숙주의 죽음은 병원균이 목적을 달성하는 데 오히려 방해가 된다. 우리가 알고 있는 치명적인 병원균 가운데 하나인 에볼라 바이러스를 통해 살펴보자. 에볼라 바이러스는 빨리 죽는 것으로 유명하다. 그래서 감염된 사람에게서 다른 사람에게 이동하는 시간이 매우 짧다. 에볼라 바이러스는 발생한 지 얼마 되지 않아 사라졌기 때문에 바이러스가 다른 개체군으로 이동할 시간이 없었다. 그래서 먼 지역으로 확산될 수 없었던 것이다. 반면 거의 매년 동남아시아에서 변종이 발생하는 독감 바이러스는 이동을 한다. 독감 바이러스는 쉽게 죽지 않고 매우 멀리 퍼진다. 매년 독감이 유행하는 것이 그 증거다. 에볼라 바이러스는 더 치명적이기 때문에 독감 바이러스와 비교할 때 진화의 측면에서 불리하다. 2013년 말 에볼라 바이러스 확산 사태에서 볼 수 있듯이, 에볼라 바이러스가 빨리 죽어 사라진다고 해도 안심할 수는 없다. 당시 에볼라 바이러스는 처음으로 여러 국가로 퍼졌다. 어쩌면 밀착되어 살아가는 주거환경 때문일 수도 있고, 균주의 독특한 특성 때문일 수도 있다. 에볼라 바이러스는 인간이 아니라 부수적 효과를 노린다. 그 오랜 세월 페스트의 목표도 이와 똑같았다.

    페스트균과 유연관계가 가장 가까운 박테리아는 땅속에 사는 가성 결핵균이다. 페스트균은 3000년 전 가성 결핵균에서 분화된 박테리아다. 모든 박테리아는 땅이나 물에 서식한다. 그중 일부는 언젠가 다른 생명체로 서식지를 옮겨 이 생명체를 통해 영양분을 섭취한다. 전 세계에 산발적으로 퍼져 있던 인간은 페스트뿐만 아니라 모든 병원균에게 수만 년 이상 잠재적인 숙주였으나 큰 기대를 할 수 있는 존재는 아니었다. 인간은 바이러스나 박테리아에 감염되었고, 이동 중이던 소규모 수렵민-채집민 그룹을 공격 대상으로 포착했을 것이다. 하지만 확산 중 사라졌을 수도 있다. 인류 역사 초기에 병원균은 번식을 위해 다른 숙주를 필요로 했다. 대개는 동물이었다. 이를테면 박쥐는 수만 마리가 서로 달라붙어 있고, 그들의 서식지에 모든 종류의 액체가 흘러 들어오고 있다. 그래서 지금까지 신종 병원균이 가장 자주 발생하는 원인이 되기도 한다. 이를테면 동물의 배설물이 음식물에 닿거나 감염된 고기를 섭취하는 경우, 병원균이 동물에서 사람에게로 이동하는 것을 인수공통감염병(사람과 동물 사이에서 상호 전파되는 병원체에 의해 전염되는 전염성 질병으로, 특히 동물이 사람에게 옮기는 감염병-옮긴이)이라고 한다. 진화론적으로 인간이 점점 많아지고 정착생활을 하면서 좁은 공간에 함께 살게 되었을 때 병원균이 나타나기 시작했다. 그 사이 인간은 개체군이 폭발적으로 증가하면서 박테리아와 바이러스를 확산시키기에 적합한 대상이 되었다. 현재 박테리아에게 인간은 박쥐만큼이나 쓸모 있는 존재인 것이다.

바이러스와 박테리아

바이러스와 박테리아는 인간과 동물을 병들게 한다. 사실 다양한 병원균의 공통점에 대해서는 모든 것이 언급된 것이나 다름없다. 박테리아는 영양분을 많이 찾고 증식하기 가장 좋은 조건에서 활동하는 반면, 바이러스는 신진대사를 하지 않는 분자막에 불과하다. 바이러스는 병원균들 사이에 있는 좀비라고 표현할 수 있다. 바이러스는 생명 활동을 하지 않고 다른 생명체에 접촉해 엄청난 피해를 일으킨다. 바이러스는 자신의 활동을 위해 다른 생명체의 신체를 이용하기 때문이다. 바이러스는 인간뿐만 아니라 박테리아도 감염시킬 수 있다. 반면 인간이나 박테리아가 바이러스를 감염시킬 수는 없다.

우리가 숨을 쉴 때 바이러스는 체내에 침투해 폐의 점막 세포에 달라붙는다. 이때 인간의 세포와 처음 결합하는 바이러스는 일반적으로 막으로 둘러싸여 있는 DNA 정보다. 바이러스는 다른 생명체의 신체에 처음 도달할 때 DNA 패키징을 세포로 가지고 들어와 유전 정보를 변형시킨다. 이제 세포는 자신의 유전 정보를 복제하지 못하고, 바이러스의 유전 정보를 복제한다. 바이러스는 전신으로 퍼지고 면역체계에서 바이러스를 인식하는 순간 바이러스에 감염된 세포와 함께 소멸한다. 항생제는 박테리아 퇴치가 목적인 반면, 백신은 바이러스의 공격으로부터 인체를 보호하는 것이 목적이다. 기능이 약화된 바이러스 혹은 바이러스 구성요소를 인체에 인위적으로 투입시켜 면역체계를 훈련시키면 면역체계가 이것을 기억하고 있다가 인체를 공격하는 바이러스를 물리친다. 백신을 맞지 않으면 인체가 바이러스를 물리치는데 더 오랜 시간이 걸린다. 경우에 따라 바이러스가 전신을 감염시키고 탈진할 때까지 기다려야 할 때도 있다.

불쌍한
벼룩 신세

유스티니아누스 페스트나 흑사병처럼 페스트균은 인간에게 재앙을 일으키기 위해 다른 생명체를 도구로 삼았다. 이 생명체는 질병을 전파시키는 도구로 사용되다가 비참하게 죽었다. 페스트 유행 당시 유럽 사람들은 비위생적인 환경에서 살았다. 수로시설은 제대로 갖춰져 있지 않았고, 사람들은 밀집된 주거환경에서 살았으며, 질병 예방을 위한 위생 개념 자체가 존재하지 않던 시절이었다. 마을과 도시에서는 곡식을 주로 다락 창고에 보관했고, 거리 곳곳에 분뇨가 있었으며 쥐들이 우글거렸다. 이런 환경에서 설치류는 페스트균에 쉽게 감염되었다. 쥐는 페스트 병원균이 숙주로 사용하는 동물이었던 것이다. 인간이 쥐를 먹고 쥐에게 물리거나 쥐의 배설물에 접촉하는 경우 쥐를 통해 인간에게 페스트가 감염되었다. 페스트 병원균에 돌연변이가 일어나는 경우 그 결과는 처참했다. 쥐에서 인간에게 페스트 병원균을 더 효과적으로 옮기는 것은 다름 아닌 쥐벼룩이었다. 쥐벼룩은 달리 생존할 방법이 없을 때 인간도 물었다.

쥐벼룩은 선페스트 확산에 없어서는 안 될 존재였다. 페스트균은 포유동물에서 다른 포유동물, 이를테면 쥐를 통해 인간으로 혹은 인간을 통해 인간에게 이동할 경로를 찾아야만 했다. 페스트균은 먼저 벼룩을 통해 다른 생명체의 혈액순환체계로 침투했다. 문제는 벼룩은 원래 피를 밖으로 내주지 않고 흡수만 한다는 것이었다. 그런데 페스트균도 이런 어려움을 겪고 있었다. 소위 독성 유전자의 돌연변이는 벼룩의 위에서 페스트균이 살아남을 수 있게 해주었다. 독성 유전자의 일부를 통해 동물의 전위에서 생성되는 생물막의 쥐벼룩은 이보다 더 최악의 상황으로 몰고 갔다. 생물막biofilm(물이 있는 환경에서 미생물이 기층이라 부르는 고체 표면에 부착해 세포외 중합체 물질을 분비하여 생성되는 막-옮긴이)은 일종의 페스트균 덩어리로, 벼룩의 위를 가득 채우는 동시에 벼룩에게 접촉된 모든 체액을 페스트균으로 감염시켰다. 벼룩이 페스트균에게 감염된 후 생명체를 다시 한 번 물 때 벼룩에게는 고문이 시작되었다. 벼룩이 흡입한 피는 위로 이동하는 길을 찾지 못했다. 대신 벼룩은 피를 토해냈다. 이렇게 하여 벼룩에 물린 사람은 페스트균에 감염되었다.

건강한 벼룩은 하루에 여러 번 인간을 물 수 있는 반면, 페스트균에 감염된 벼룩은 하루에 수백 번이나 인간을 물었다. 서서히 굶주리고 더 공격적으로 물면서 벼룩은 통제력을 잃었고 인간과 동물을 대량으로 감염시켰다. 페스트에 감염된 인간과 동물의 몸에서 페스트균은 증식하면서, 다른 벼룩 혹은 폐페스트를 통해 개체를 확장시켰다. 페스트균에게 죽어가는 사람들은 자신의 목적을 달성하기 위한 도구였다. 인간이 페스트에 감염되려면 벼룩을 통해 체내에 들어온 피 속에 페스트균이 아주 많이 포함되어 있어야 했다. 이런 경우 숙주에게 치명적인 패혈증이 발생했다. 숙주가 패혈증에 걸리면 새로운 숙주를 감염시킬 수 있었기 때문에 페스트균은 숙주와 함께 죽는 것도 불사했다.

이러한 감염 경로 때문에 악명 높은 선페스트가 발생했다. 벼룩에게 물리면 림프절에 페스트균이 증식해 눈에 보일 정도로 혹이 크게 부풀어 올랐다. 불과 10일 만에 페스트균은 체내에 확산되어 장기 부전을 일으키고 인체에 치명적인 패혈증을 일으켰다. 사지는 대개 검게 변했다. 흑사병이라는 표현은 여기에서 유래했다. 선페스트에 감염된 사람의 폐는 분해되고, 숨을 들이쉬고 내쉴 때 이 조각들이 소량으로 배출된다. 이 균이 소량이라도 다른 폐로 들어갈 통로를 찾으면 감염된 사람은 하루 내지 이틀 만에 사망한다.

펜타곤의
후원

페스트의 감염 및 진행 경로는 그야말로 혐오스러웠다. 여기에는 흑사병뿐만 아니라 역사상 최초라고 기록된 1차 흑사병 유행을 일으킨 돌연변이가 포함되어 있었다. 6세기부터 유럽에서 기승을 부렸던 유스티니아누스 페스트는 수천만 명의 목숨을 앗아갔고 서로마 제국이 몰락한 원인으로 여겨진다. 2016년 우리는 이 시기 선페스트균을 재조합하는 데 성공했다. 선페스트균은 뮌헨 인근의 배열묘 터에서 발견되었다. 이 무덤에는 6세기 같은 시기에 사망한 젊은 부부가 안치되어 있었다. 이 연구는 우리 머릿속에 있던 유스티니아누스 페스트에 관한 이미지와 다른 지식을 얻게 된 계기였다. 지금까지 알려져 있는 역사 기록과 달리 페스트는 지중해 지역뿐만 아니라 알프스 북부 지역까지 퍼졌다.

런던 공동묘지에서 페스트 게놈을 찾을 때는 확신이 있었다. 이 지역에서 흑사병이 기승을 부렸고 수많은 희생자들이 집단무덤에 매장되어 있었기 때문이다. 뮌헨에서 유스티니아누스 페스트의 흔적을 찾으려면 솔직히 연구자의 행운이 더 많이 따라줘야 했던 것이 사실이다. 문자로 기록해놓은 역사가 남아있지 않은 선사시대의 어느 장소에서 사람이 죽었는지 알 수 없기 때문이다. 이런 경우 연구자들은 건초더미에서 바늘을 찾는 심정으로 발굴 작업에 임해야 할 뿐만 아니라, 어떤 건초더미를 파서 뒤엎어야 할지도 모른다. 예를 들어 죽은 사람의 DNA가 발견되는 위치는 뼈 등으로 명확한 반면, 오래된 병원균에 대해서 연구자는 어떤 유골에서 어떤 사람이 어떤 질병을 앓았는지 이미 알고 있어야 한다. 당시 페스트가 유행했는지 확실치도 않은 시대의 인간 유골에서 페스트 게놈을 찾는다는 건 결말이 불안한 무모한 시도다. 게다가 막대한 비용이 발생한다. 운이 좋아서 염기 서열을 분석한 유골마다 페스트균을 찾게 된다고 해도 더 많은 비용이 든다. 얼마 전까지만 해도 그랬다. 이제 미국 국무부 덕분에 이런 대규모 발굴 작업도 착수할 수 있게 되었다.

2012년 펜타곤은 박테리아와 바이러스 유전자 배열을 빨리 찾는 컴퓨터 프로그램을 개발하는 학자들에게 100만 달러 상금을 걸었다. 생물학적 무기의 공격에 보다 효과적으로 대비하기 위한 목적이었다. 100명 이상의 협력 연구팀이 참여한 이 대회에서 겨우 세 팀만이 결승에 올랐다. 2013년 가을 3인의 연구팀이 '미국 국방위협감소국의 알고리즘 챌린지'에서 최종 우승자로 선정되었다. 그중 한 명이 튀빙겐대학교 연구소 동료였던 생물정보학자 다니엘 허슨Daniel Huson이었다. 이후 허슨은 고고유전학에 알고리즘을 이용할 수 있도록 예나 연구소와 공동으로, 24시간 내에 수십억 개의 DNA 염기 서열을 '유래 생명체'에 배열 가능하도록 하는 알고리즘을 개발했다. 이 프로그램은 한 유골의 DNA에서 인간이 차지하는 비율과 미생물, 박테리아, 바이러스가 차지하는 비율이 각각 어느 정도인지를 보여준다. 새로 개발된 이 알고리즘은 기존 방식보다 200배나 속도가 더 빠르다. 기존 알고리즘으로는 1년을 기다려야 했으나 이제 단 하루면 분석 결과를 받아볼 수 있게 되었다.

알고리즘은 연구 대상인 DNA에 인체에 질병을 유발하는 병원균으로 알려진 박테리아나 바이러스가 포함되어 있는지 인식한다. 물론 이것은 이 병원균이 기존에 알려진 병원균과 유사하고 염기 서열이 데이터뱅크에 보관되어 있을 때만 가능한 일이다. 알려지지 않은채 사라진 질병은 계속 발견되지 않은 상태로 남아있다. 예전에 미생물은 인간의 염기 서열을 분석할 때 쓰레기 취급을 받았던 반면, 새로 개발된 프로세스에서는 연구 대상이다. 우리 연구소에서는 이 방식으로 수천 개의 유골을 분석한 결과, 페스트뿐만 아니라 다른 질병의 병원균까지 찾아낼 수 있었다.

이주민을 따라온
페스트균

이 알고리즘 덕분에 2017년 우리는 지금까지 발견된 것 중 가장 오래된 페스트균을 찾아낼 수 있었다. 우리는 독일, 러시아, 헝가리, 크로아티아, 발트 3국에서 발굴된 석기시대의 치아 및 뼈 표본에서 페스트균을 찾아내는 데 성공했다. 가장 놀라운 것은 폰투스 스텝지대에서 발견된 페스트균이었다. 이 페스트균은 약 4900년 되었고 5500년 전에 처음 발생한 것이었다. 지금까지 생각했던 것보다 훨씬 오래전 인간에게 페스트균이 있었던 것이다. 분석 결과에 의하면 페스트균은 석기시대에 이미 유럽의 문턱까지 도달해, 아마 스텝지대 유목민들이 유럽으로 이주하던 시기에 급속도로 퍼졌다. 우리는 발트 3국, 크로아티아, 아우구스부르크 등 전 유럽의 유골을 분석한 결과 지금으로부터 4800년 전에서 3800년 전 사이에 페스트가 발생했다는 사실을 입증할 수 있었다. 그런데 유럽에서 아주 먼 알타이산맥에서도 페스트균이 발견되었다. 알타이산맥은 3600년 전 스텝 유전자의 후퇴현상이 나타났던 곳이다. 여기에서 유래하여 페스트균이 꾸준히 발전해왔던 길은 스텝지대 유목민들의 이주 경로와 정확하게 일치했다. 그러니까 바로 이 시기에 페스트와 스텝지대 유목민들이 서쪽과 나중에는 동쪽으로 움직이기 시작했던 것이다. 하지만 석기시대의 페스트균은 선페스트를 유발할 수 없었다. 여기에는 우리가 유스티니아누스 페스트와 흑사병의 균주에서 확인할 수 있었던 독성 유전자가 없었기 때문이다.

과연 페스트의 확산과 인류의 이동은 관련이 있는 것일까? 그런데 많은 지표들이 인류의 대이동이 일어나기 전에 이미 서유럽에 페스트 유전자가 확산되었다는 사실을 입증하고 있다. 바르나에서 발견된 6200년 된 스텝 DNA를 통해 입증되었듯이, 결국 이 지역 사람들은 이 시기보다 먼저 이동을 시작했다는 의미다. 당시 페스트균은 상인들의 몸에 달라붙어 함께 이동하다가, 아직 페스트균에 대응할 준비가 되지 않은 개체군을 공격한 것으로 보인다. 미지의 박테리아와 바이러스가 인간에게 어떤 영향을 끼칠까? 아메리카 대륙에 유럽인이 이주했던 시절 수많은 아메리카 원주민들이 유럽인의 몸에 실려온 질병으로 목숨을 잃었다. 마찬가지로 석기시대 서유럽 사람들도 이렇게 목숨을 잃었을 가능성이 있다.

중부 유럽에는 5500년 전에서 4800년 전 사이의 유골이 거의 없기 때문에 이것을 유전학적으로 입증할 수는 없었다. 다만 당시 이 지역에서 페스트가 기승을 부렸을 가능성은 있다. 아마 이 시대에 사람들은 시신이 옮기는 질병을 피하기 위해 시신을 화장하기 시작했던 듯하다. 이들은 죽음을 부르는 시체를 건드리지 않고 매장도 하지 않아 그 상태로 부패해, 후손들이 연구할 뼈 하나도 남지 않았을 가능성이 있다.

　물론 당시 인구가 급격히 감소하게 된 다른 원인들이 있을 수도 있다. 어쩌면 기후 변화로 인한 흉작과 기근이 원인일 수도 있다. 자원이 고갈되자 농경민들 사이에 전쟁이 일어나면서 많은 희생자가 발생했고 매장되지 않았을지도 모른다. 현재 더 이상 존재하지 않고 가장 현대적인 염기 서열 분석 방식으로도 확인할 수 없는 또 다른 병원균이 인간을 죽음으로 내몰았을 수도 있다. 페스트는 수많은 시나리오 중 하나일 뿐이다. 어쩌면 아무 일도 일어나지 않았을지도 모른다. 운이 나쁘게도 고고학자들이 이 시대의 인간 유골을 발견하지 못한 것일 수도 있다. 하지만 이것은 가장 가능성이 낮다.

　페스트가 실제로 스텝지대 유목민이 진입한 지역의 인구 감소와 관련이 있다면 페스트가 어떻게 확산되었는지 의문이 생긴다. 석기시대 페스트는 아직 벼룩을 통해 새로운 숙주를 찾는 효과적인 전파방식을 터득하지 못한 상태였다. 당시 페스트는 독감, 결핵, 폐페스트처럼 기도를 통해 감염되었을지 모른다. 이러한 경로로 페스트가 전 유럽에 상륙했다면 밀집된 주거환경의 유럽 대륙에서 급속도로 확산되었어야 한다. 당시 인구가 점점 줄어들고 있었을 뿐만 아니라, 거주자들이 불가사의한 전염병을 피해 피난하면서 흑해를 비롯한 모든 주거 지역에서 갑작스럽게 인구가 감소했다는 고고학적 견해가 맞다. 2018년 말, 지금까지 발견된 것 중 가장 오래된 4900년 된 북유럽인의 게놈 분석 결과도 이를 암시하고 있다. 이들의 조상은 아직 얌나야 개체균의 유전자가 섞이지 않았을 때다. 어쩌면 당시 많은 사람들이 이 유럽인처럼 죽었을지 모른다. 페스트가 대규모 이주를 재촉해 이 지역은 인간이 거의 살지 않는 땅으로 남았던 듯하다.

말의 등을 타고 온
페스트균

대이주 후 유럽에 페스트 물결이 일었다는 사실을 입증하는 유전학적 데이터는 훨씬 많다. 그럼에도 우리의 궁금증을 해결할 수 있는 완벽한 그림은 그려지지 않는다. 이러한 데이터는 상호배타적인 두 가지 해석의 여지를 남긴다. 앞에서 이미 설명했듯이 첫 번째 이론에서는 페스트는 대이주 이전에 기승을 부렸고 인간을 통해 인간에게 감염되었을 가능성이 있다고 주장한다. 반면 두 번째 이론에서는 페스트균이 유럽으로의 이주 물결이 일어난 직후, 인간을 통해 인간에게 확산된 것이 아니라 말의 등을 타고 유입되었다고 주장한다. 아직 명확하게 밝혀지지 않은 사실들이 많지만 나는 두 번째 이론이 옳다는 데 한 표를 던진다.

인간 대 인간 감염이라는 이론을 반박하는 이들은 현재 알려진 폐페스트는 선페스트의 동반현상에 불과하다고 주장한다. 스텝지대 유목민의 이주가 한창일 때 선페스트는 아직 발전하지도 않았다는 사실에 비춰보면 이 시기 페스트균은 아마 동물을 통해 인간에게 옮겨진 것으로 보인다. 게다가 당시에는 선페스트균의 돌연변이인 독성 유전자를 통해서만 페스트균을 전염시킬 수 있는 벼룩도 없었다. 그렇다면 분명 인간과 밀착되어 살았던 쥐나 마멋과 같은 동물이 존재했어야 한다. 스텝지대에서 유럽으로 이주한 유목민들이 쥐나 마멋과 함께 이동했을 가능성도 희박하기 때문에, 이들이 페스트균을 퍼트렸다고 보기도 어렵다. 스텝 유목민들이 서유럽으로 이주할 때 데려갔을 가능성이 가장 높은 동물은 말, 그 다음은 소다. 잠시 기억을 되살려보자. 나중에 스텝지대의 말은 가축화된 유럽 말로 대체되었고, 이 말은 이제 재야생화된 프르제발스키 말의 형태로 존재한다. 지금으로부터 3000년 전에 이미 스텝 출신 거주자들이 확산되는 동시에 말 개체군은 완전히 교체되었다.

스텝지대 이주민들이 다른 종의 말로 갈아탄 이유는 질병과 관련이 있을 것이다. 어쨌든 이주민들이 가축화된 말을 타고 유럽으로 들어와 말을 사육하는 데 아무런 문제가 없었더라면 이 행동은 타당성을 얻지 못했을 것이다. 이주민들은 야생마를 길들이고 자신들과 오랫동안 함께해왔던 말과 결별하기로 결정할 수밖에 없는 상황에 내몰린 듯하다. 이들이 그렇게 할 수밖에 없었던 이유를 짐작케 하는 역사적 동물 실험이 있다.

실험자는 페스트균을 발견한 프랑스의 세균학자 알렉상드르 예르생Alexandre Yersin이었다. 저명한 세균학자 루이 파스퇴르Louis Pasteur는 1894년, 아직까지는 마지막인 3차 페스트 유행으로 몸살을 앓고 있던 홍콩으로 예르생을 보냈다. 당시 페스트에 대해 끔찍한 질병이라는 사실만 알려져 있을 뿐 원인은 밝혀지지 않은 상태였다. 예르생은 시체실의 페스트 시신을 불법적으로 조달한 후 박테리아를 발견했다. 이것이 바로 페스트균, 그의 이름을 따서 명명한 '예르시니아 페스티스Yersinia pestis'다. 2년 후 예르생은 백신 개발을 시도했고, 여러 종의 가축에 페스트균을 주입했다. 유일하게 살아남은 것은 말, 정확하게 말해 가축화된 유럽 야생마의 후손이었다. 지금도 우리가 타고 다니는 이 종의 말은 페스트균에 저항력이 있었던 듯하다.

스텝지대 유목민의 이주 후 수백 년 동안 사람들이 유럽 야생마를 고집했던 이유가 여기에 있을 것이다. 반면 페스트균에 저항력이 없던 아시아 품종의 말은 멸종했다. 병원균이 주로 거주하고 인간에게 병원균을 감염시키는 포유동물 개체군을 보균체라고 하는데, 석기시대 페스트균 보균체인 아시아 품종의 말이 인간을 계속 페스트에 감염시킨 것으로 보인다. 기수는 말 위에서 오랜 시간을 보내기 때문에, 말과 가까이에서 접촉할 수밖에 없고 페스트균이 기수에게 옮겨진 것이다. 이 시기 기수는 거의 스텝지대 유목민 출신이었다. 한 가지 예외를 제외하고 지금까지 우리는 스텝 DNA를 가지고 있는 남성에게서 석기시대 페스트균을 발견했다. 스텝 유전자를 지니고 있는 어린 소녀가 페스트균으로 사망한 경우가 있었다. 치명적인 페스트균에 감염된 정착민들은 땅에 묻히지 않았다.

지금까지 설명한 석기시대 페스트에 관한 모든 내용은 추측과 추론을 바탕으로 한 것이다. 우리가 알기로 페스트는 대변혁이 일어나기 전 이미 유럽까지 와 있었다. 어쨌든 이 시기에 있었던 급격한 인구 감소 현상은 대이주 이전이나 진행 중에 일어났다. 나는 아시아 품종 말이 페스트균을 전파시켰다는 이론이 더 타당성 있다고 생각한다. 하지만 이 이론이 유일한 답은 아니다. 알렉상드르 예르생이 프르제발스키 말에 페스트균을 주입하지 않았더라면 우리는 지금보다 페스트균에 관해 아는 것이 적었을 것이다. 하지만 예르생이 실험에 사용했던 동물은 죽은 듯하다.

로마 제국
후기의 상황

석기시대 페스트균은 아마 3500년 전에 사라진 듯하다. 어쨌든 가장 늦은 시기의 페스트균이 이 시기의 것이다. 2018년 우리가 입증했듯이 약 3800년 전 사마라 지역에서 지금까지 알려진 것 중 가장 오래된 선페스트균이 발견되었다. 당시 이 페스트균의 영향력이 얼마나 대단했는지는 알 수 없으나, 이후 유럽과 근동 지방에 페스트 물결이 반복적으로 나타난 것은 사실이다. 고대 문헌에는 히타이트 제국이 멸망하기 전에 유행했다는 소위 히타이트 페스트에 관한 기록이 있다. 지금으로부터 약 3200년 전 히타이트를 비롯한 근동 지방 문명이 몰락한 원인이 페스트균 혹은 다른 병원균과 관련 있다고 추측할 뿐 확실하게 밝혀진 바는 없다. 정말 페스트가 원인이었다면 아마 벼룩을 통해 페스트균이 퍼졌을 것이다.

선페스트와 벼룩은 죽이 잘 맞는 한 팀이었다. 여기에 곰쥐까지 끼면 페스트균의 활동 영역이 넓어지며 인류에 치명적인 영향을 끼칠 환상의 트리오였다. 곰쥐는 로마 제국이 팽창한 이후 개체수가 급증했을 가능성이 높다. 이후 동로마 제국에서 인류 역사상 최초로 페스트가 유행했다. 흑사병과 마찬가지로 유스티니아누스 페스트는 이것이 페스트인지 아니면 다른 질병인지 얼마 전까지 확실하게 밝혀지지 않았다. 유스티니아누스 페스트는 당시 동로마 제국의 황제였던 유스티니아누스의 이름을 따서 명명되었다. 유스티니아누스도 페스트에 감염되었으나 살아남았다고 한다. 카이사레아의 역사가 프로코피오스는 6세기 중반부터 수백만 명의 목숨을 앗아간 역병의 증상을 상세하게 기록하고 있다. 특히 그는 역병에 걸렸다가 살아남은 사람의 사타구니 부위에 부어오른 혹, 긴축 발작, 환각 등의 증상을 기록했다. 프로코피오스는 당시 동로마 제국의 수도였던 콘스탄티노플, 즉 현재의 이스탄불에서 매년 수만 명의 사람이 죽어 나갔다고 쓰고 있다. 당대의 많은 사람들이 페스트를 세상의 종말이 다가왔다는 징조로 받아들인 것도 놀랄 일은 아니었다. 지금까지 유스티니아누스 페스트는 선페스트의 유행이었고, 죽음의 진입로는 유럽 대륙의 북부와 서부까지 이동했을 가능성이 높다고 추측만 하고 있었다. 그런데 이것이 사실이었음을 입증하는 유전자 분석 결과가 나왔다. 그래서 우리는 바이에른과 영국 남부뿐만 아니라 프랑스와 스페인에서 발굴한 이 시대의 페스트균 유전자의 염기 서열을 분석했다.

유스티니아누스 페스트는 콘스탄티노플에서 처음 유행했는데,

542년 도시의 일부를 잿더미로 만든 강진이 그 원인이었다. 시신과 보관 창고에 있던 대량의 음식물이 곰쥐의 개체수를 증가시켜, 페스트가 확산되기에 이상적인 조건이 형성되었던 것이라 추측된다. 콘스탄티노플은 해로(海路)를 통해 지중해권의 다른 항구도시로 연결되는 교통의 요지였기 때문에, 이후 수십 년 동안 전 유럽으로 페스트의 물결이 계속 퍼져 나갔다. 이 시기 유럽 전역으로 확산되었던 이주 행렬도 페스트가 급속도로 확산되는 데 일조했다. 유스티니아누스 페스트는 5세기 말 서로마 제국이 멸망한 후 또 한 번 활기를 띠던 게르만 민족의 대이동 후기에 유행했다. 앵글족과 색슨족이 영국 제도에 나타났을 때, 선페스트는 운하를 통해 영국 남부로 이동했을 수 있다.

  8세기까지 유럽 대륙은 전염병이 끊임없이 유행하며 술렁였다. 전염병을 일으킨 원인은 선페스트균일 가능성이 높았다. 유럽 전역에서 사람들은 불안함에 시달렸다. 끝없이 되풀이되는 죽음의 물결뿐만 아니라, 여기에서 비롯된 정치적 불안정 때문이었다. 동로마 제국은 영향력을 상실했다. 이에 대해 역사학자들은 페스트의 영향으로 수비대가 약해졌기 때문이라고 분석한다. 북부에서는 프랑스가 세력을 확장하고 있었고, 로마는 메트로폴리탄에서 랑고바르드족 주거 지역에 있는 소도시로 전락했다. 이 모든 것을 페스트 탓으로만 돌릴 수는 없다. 다만 페스트가 당대 사람들의 인생관과 사회구조에 막대한 영향을 끼친 건 사실이다. 8세기까지 유럽에 최소 18차례의 전염병이 유행했다. 그러니까 10년에 한 번꼴로 전염병이 발생한 셈이다. 이후 14세기까지 페스트가 나타나지 않은 이유는 아직까지 밝혀지지 않았다. 하지만 이 시기에 쥐의 개체수가 급격히 감소했다는 고고학적으로 확실한 증거는 있다. 1세기 말 암흑기에는 사람도 주거지도 더 적었기 때문에 쥐가 번식하기에 좋지 않은 조건이었을 것이다. 어쩌면 페스트균은 일시적으로 그냥 사라진 것인지도 모른다.

국경 폐쇄와
낯선 것에 대한 불신

중세 후기 사람들은 재앙과 같은 전염병에 걸릴까 불안해하지 않았던 듯하다. 6세기 이후 500년 이상 페스트는 소강 상태였기 때문이다. 유전자 분석 결과 실제로 유스티니아누스 페스트의 원인이었던 페스트균은 이 시기에 소멸된 것으로 확인되었다. 이 책에서 흑사병이 유럽에 어떻게 유입되었는지 이미 여러 차례 다뤘다. 그럼에도 흑사병에 노출되었던 당시 사람들이 얼마나 공포에 떨었는지 짐작하기는 어렵다. 그중에서도 가장 잔인한 에피소드는 크림반도의 항구도시 카파, 현재의 페오도시야에서 발생한 사건이다. 여러 세력이 당시 이 지역에 대한 권리를 요구하고 있었다. 해상공화국 제노아의 지위가 무역 식민지라는 것을 두고 논란이 많았다. 바로 이런 지위 때문에 흑사병은 그곳에서 다시 시작된다.

1346년 이후 카파에는 몽골 제국의 군대가 주둔하고 있었다. 킵차크 칸국은 당시 아시아와 동유럽에서 가장 막강한 권력을 쥐고 있었다. 전해지는 이야기에 의하면 1347년 봄 공격 세력들이 부패한 시신과 시신 조각을 장벽 위로 내던졌다고 한다. 그전에 이미 페스트에 감염된 주둔군이 많았다. 출처 문헌에서는 킵차크 칸국에 수년 전부터 페스트가 창궐했다고 기록하고 있다. 몽골족들은 불가사의한 전염병이 동족을 초토화시킨 위력에 대해 알고 있었다. 아마 생물학적 무기의 공격도 페스트의 위력에 못 미칠 것이다. 페스트는 카파 전역으로 확산되었다. 식민지 거주자들은 자신들 앞에 놓인 죽음을 피하기 위해 공포에 떨며 배에 올랐다.

페스트는 배에 오른 주둔군들의 목숨도 앗아갔고, 생존자보다 사망자가 더 많았을 항구도시의 연안으로 이동해, 아직 페스트균에 무방비 상태인 그곳 주민들을 감염시켰다. 이제 페스트는 지중해의 항구에서 북쪽으로 계속 이동했다. 그중에는 전염병을 피해 피난 온 사람들도 있었다. 페스트는 들불처럼 유럽 전역으로 번졌을 뿐만 아니라, 거래인이나 낯선 사람까지도 죽음과 멸망의 길로 몰아갔다. 당대의 사람들은 각박해진 인심과 외부에서 유입되는 모든 것에 대한 극도의 불신을 기록하고 있다. 페스트 난민들이 이동하고 있고 온 도시가 바짝 긴장된 상태라는 소식만 들려왔다. 국경 폐쇄와 접촉 금지령이 내려졌다.

당시 사람들은 페스트의 원인에 대해 터무니없는 상상을 하고 있었다. 모든 낯선 것은 의심을 받았고 유대인 공동체를 심하게 탄압했다. 유대인들이 우물에 독을 퍼트렸다는 비난을 받았으며, 수백만 유대인 공동체가 폭력 사태로 사라졌다. 소외계층이나 가난한 사람들은 물론이고 사회의 다수 계층이 아닌 부자나 귀족까지도 의심을 받았다. 사람들은 페스트의 감염 경로를 몰랐지만 페스트가 감염성이 높고 누구나 걸릴 수 있는 질병이라는 것을 두 눈으로 목격했다. 이탈리아의 연대기 편저자인 가브리엘레 데 무시스는 페스트의 가혹함에 대해 '모든 도시, 모든 장소, 모든 국가에서 남녀를 불문하고 걸릴 수 있는 질병'이라고 표현했다. 많은 관찰자들이 온 도시를 뒤덮고 사람들을 죽음으로 내몬 '페스트의 기운'을 느꼈다.

이후 수백 년 동안 페스트는 몇몇 도시를 자주 덮쳤다. 그중에는 전 세계 상인들의 교역 중심지였던 베네치아도 있었다. 페스트 발생 직후 베네치아는 외국인 입국 금지령을 내렸다. 이를 거부한 선장들은 벌금형을 선고받거나 배를 불태워버리겠다는 위협을 받았다. 많은 지역에서 항구 폐쇄 조치를 취했으나 유명무실했다. 40일 동안 해외 입국자들을 격리 수용했던 검역소는 이 시기에 처음 생겼다. 많은 도시에서 보건 당국을 설치했으나, 책임자들은 쥐와 벼룩이 얼마나 치명적인 위력을 발휘할 수 있는지 알지 못했다. 보건 당국의 업무는 환자 격리 수용에 집중되어 있었다. 이 말은 곧 대부분의 페스트 환자들은 감금되어 자신의 목숨을 운명에 맡길 수밖에 없다는 뜻이었다. 페스트로 사망한 자의 시신은 신속하게 처리되었다. 사망 즉시 시신은 그냥 구덩이에 내던져졌다. 현재 고고유전학자들이 신뢰할 수 있는 페스트 표본을 얻을 수 있는 것도 이 구덩이 덕분이다.

기존에 산출된 희생자 수에 대해 일부 역사학자들은 연대기 편저자들이 지옥 같은 상황 때문에 사망자 수를 부풀린 것이라고 지적

한다. 이들은 노르웨이 희생자 수는 3분의 2 이상, 영국, 스페인, 프랑스의 희생자 수는 60퍼센트 더 적었을 것이라고 한다. 현재 사람들이 생각할 수 있는 것보다 훨씬 더 신중한 평가가 이루어지고 있다. 어쨌든 페스트가 유행했던 30년 전쟁 당시 희생자 수도 거의 재난 수준이었다. 최근 보다 신중하게 산출한 결과 유럽인의 3분의 1이 흑사병으로 사망했다. 당시 유럽 전체 인구가 약 8,000만 명이었다. 각 지역과 특히 항구도시에 페스트가 얼마나 심하게 퍼졌는지 추측할 수 있을 뿐이다. 간혹 런던처럼 인구의 절반이 페스트에 희생당하는 경우도 있었다. 거의 모든 사람, 적어도 절반 이상이 페스트균에 감염되었던 것이다. 물론 당시에는 선페스트에 걸리면 치료를 받지 못하는 것이 일반적이었고 이 경우 2명당 한 명꼴로 사망한다는 사실이 알려져 있다. 반면 페스트균에 감염되고도 살아남은 자는 평생 페스트균에 대한 면역력을 얻게 되었다.

면역

면역체게 없이 인간은 존재할 수 없다. 포유동물, 심지어 원시 다세포 생물도 마찬가지다. 세상에는 인체가 반응을 보여야 하고 실제로 반응하고 있는 박테리아, 바이러스, 다른 병원균들로 가득하다. 인체의 면역체계는 크게 두 가지로 분류된다. 하나는 선천성 면역체계로, 복잡한 생명체는 4억 년 전부터 이 체계를 갖추고 있다. 인간과 투구게는 면역력을 갖고 있는 생물이다. 선천성 면역체계는 인체에 해가 되는 단백질을 인식한 다음 퇴치한다. 병원균은 혈액에서 증식하기 전에 막으로 둘러싸이고 대식세포라고도 불리는 매크로파지에게 잡아먹힌다.

선천성 면역체계는 자신이 인식하는 박테리아와 바이러스만 제거할 수 있다. 대식세포가 박테리아를 덮치는 특성은 소형 프로펠러에 비유할 수 있다. 이 소형 프로펠러를 이용해 대식세포는 혈액 속에서 계속 움직인다. 페스트균이 번식에 성공할 수 있었던 것은 돌연변이 덕분이었다. 돌연변이는 페스트균이 가장 가까운 유연관계에 있는 가성 혈액균으로 분화되는 동안 프로펠러를 작동시켜, 선천성 면역체계에서 벗어날 수 있다. 게다가 페스트균은 숙주의 체내에서 대식세포를 습격하고 증식하는 능력까지 얻었다. 이때 페스트균은 대식세포에게 먹히지 않기 위해 단백질 방어막을 생성한다.

이렇게 중무장을 한 박테리아와 바이러스를 선천성 면역체계는 이길 수 없다. 이때 후천성 면역체계가 작동한다. 후천성 면역체계는 진화론적으로 훨씬 늦은 시기에 발달했다. 후천성 면역체계가 형성되려면 먼저 인체는 박테리아나 바이러스에 감염되어야 한다. 백혈구가 공격 물질의 표면 구조를 인식하고 혈액에 항체를 다량으로 분비시키거나 공격 물질을 제거하는 등 일련의 조치를 취한다. 하지만 이 프로세스는 9일에서 10일 정도 걸리기 때문에, 어떻게 해서든 인체가 이 기간 동안 꿋꿋하게 버텨줘야 살아남을 수 있다. 우리 인체는 일반적으로 독감 바이러스를 잘 극복하는 반면, 페스트균의 극복 여부는 감염자의 운과 건강상태에 좌우된다.

후천성 면역체계는 항체뿐만 아니라 기억세포도 생성시킨다. 기억세포는 우리 인체가 최초 감염 후 최대 40년 동안 즉각적인 면역반응을 보이게 하는 데 관여한다. 백신도 이 원리로 작동한다. 페스트에 감염되었다가 살아남은 사람은 페스트균에 대한 면역력이 생겼기 때문에, 다시 페스트균에 감염되지 않는다. 반면 페스트균이 인체 면역체계와의 싸움에서 이기면 페스트균이 전신에 퍼져 감염자는 패혈증이나 장기 부전으로 사망한다. 사망자의 뼈와 치아의 DNA 분석을 통해서만 페스트균으로 사망했는지 확인할 수 있다. 그렇지 않은 경우, 즉 항체가 페스트균을 쉬지 않고 제거했다면 게놈에는 더 이상 그 흔적이 남지 않는다.

복제 전사의
공격

흑사병이 발생하고 수백 년 이상 페스트는 유럽인들을 끈질기게 쫓아 다녔다. 역사에 기록된 크고 작은 전염병 발생 횟수를 다 합치면 7,000건에 달한다. 이른바 2차 대유행이라고 볼 수 있다. 2차 대유행 기간 중에는 1720년부터 1722년까지 마르세유를 뒤덮었던 마지막 유행이 가장 심각했다. 동시대인들이 페스트라고 표현했던 이 전염병이 흑사병 창궐 당시와 동일한 페스트균으로 말미암은 것인지 오랫동안 밝혀지지 않고 있었다. 페스트 게놈을 수차례 분석한 결과 마르세유에서도 14세기 유럽에 유입되었던 선페스트 균주로 사람들이 목숨을 잃었던 것으로 확인되었다.

14세기부터 18세기까지 같은 페스트균이 유럽 대륙을 끊임없이 공격했다. 흑사병 시기 유럽 대륙을 덮쳤던 것도 동일한 페스트 균주였다. 그중에는 복제된 페스트균도 있었다. 대유행 시기 희생자들 역시 전부 동일한 버전의 페스트균 때문에 사망했다. 우리가 염기 서열을 분석하면서 정말 놀랐던 일이 있다. 매년 변종 독감 바이러스가 나타나 새로운 백신을 개발해야 하듯, 페스트균에서도 돌연변이가 매우 자주 일어나고 있었다는 사실이다. 우리가 유전자 분석을 실시했던 페스트균은 공포의 6년 동안 돌연변이를 전혀 일으키지 않았다. 이 페스트균의 돌연변이 주기는 10년으로 매우 낮았기 때문이다. 특히 복제 전사들은 페스트균이 단 한 번 유럽으로 유입되었다는 증거였다. 그동안 흑사병은 배나 무역을 통해 유럽으로 전파되었을 것이라는 추측만 있었다. 정말 그렇다면 균주는 동일하지만 다양한 버전의 페스트균이 아니라, 이 시기의 다양한 페스트 균주들을 발견했어야 한다. 흑사병은 유럽 페스트의 어머니나 마찬가지였다. 이후 유럽 대륙에 나타난 모든 균주들은 이 어머니로부터 나온 것이다.

이제 아프리카나 아시아가 아니라 유럽이 페스트의 집중 발생 지역이 되었다. 유럽에서는 수백 년 동안 페스트가 반복적으로 발생했다. 마지막 페스트 유행이 끝난 지 10년쯤 흘러 사람들의 뇌리에서 페스트에 대한 위협이 사라질 무렵이면 페스트가 다시 찾아왔다. 페스트의 활동이 잠잠해진 이유는 페스트균에 감염되었지만 살아남은 사람들이 면역력을 얻었기 때문이었다. 시간이 흐르고 페스트균에 면역력이 있는 사람들이 줄어들자, 페스트균은 면역력이 약한 사람들을 다시 공격하기 시작했고 페스트가 다시 유행했다. 특히 페스트균에 대한 면역력이 없는 아이들이 많이 목숨을 잃었다. 페스트가 오랜 기간 지속되었던 것은 유럽의 엄청난 쥐 개체수와도 관련이 있다.

원점으로
되돌아가다

페스트는 유럽에서 다시 그 옛날 페스트가 발생했던 장소, 아시아 방향으로 확산되기 시작했다. 2016년 유전자 분석 결과, 14세기 말 복제 전사의 후손은 킵차크 칸국에서 다시 나타났다. 50년 전 몽골군이 시신을 쏴 죽였던 그곳이었다. 중앙아시아에서 선페스트는 자신들의 고향으로 돌아갔다. 지금까지도 이 지역의 설치류 개체군은 세계 최대의 페스트균 보균체를 형성하고 있다. 유럽이 선페스트를 이겨낸 후, 19세기 중국에서 페스트균이 나타났다. 그리고 인류 역사상 세 번째 규모의 선페스트 대유행이 발생했다. 3차 대유행의 균주는 중세시대 동유럽에서 온 페스트균의 후손이었다. 중국에 페스트가 유행한 시기는 알렉상드르 예르생이 페스트균을 발견한 그 시기였다. 페스트가 중국 대륙을 덮치고 50여 년 만에 120만 명이 목숨을 잃었다. 소위 홍콩 페스트는 중국 이외에 태평양 지역과 아시아의 넓은 지역을 강타했다. 홍콩 페스트는 증기선을 통해 미국과 아프리카에도 확산되었다. 이 지역에는 지금도 페스트가 발생한다. 2017년 12월 마다가스카르에서 발생한 페스트는 홍콩 페스트와 균주가 동일하며, 현재 미국의 그랜드캐니언 지역에도 페스트 감염 위험을 경고하는 표지판이 걸려 있다. 그사이 우리는 19세기 말엽 또 다른 균주가 중국에 존재했음을 확인했다. 이 균주는 흑사병을 일으켰던 박테리아로는 유일하게 19세기 전 세계로 퍼졌다.

유럽 대부분의 지역에서는 페스트균이 사라진 것으로 간주된다. 반면 유럽 이외 지역에서 페스트균은 상대적으로 넓은 지역에 퍼져 있다. 중앙아시아에는 약 24종의 설치류 보균체가 있고, 미국에는 프레리도그가 페스트균을 갖고 있다. 현재 페스트는 항생제로 치료 가능하기 때문에 중세시대 사람들이 느꼈던 공포는 사라졌다. 하지만 폐페스트에 감염되는 경우 우리가 알고 있는 것보다 빨리 사망에 이를 수 있기 때문에 페스트는 여전히 치명적인 질병이다.

중세시대의 곰쥐가 실제로 페스트균의 보균체였는지를 두고 지금까지도 논란이 많다. 하지만 이를 입증할 수 있는 증거도 많다. 첫 번째 증거로 로마 제국 말엽 이후 페스트균은 곰쥐 개체군과 함께 사라졌다가, 중세시대 후반 유럽에서 도시가 성장하고 부가 쌓이자 쥐가 다시 돌아와 점점 많아졌다는 사실을 들 수 있다. 두 번째 증거는 18세기 유럽에서 페스트가 마지막으로 기승을 부리고 사라졌다는 것이다. 당시 곰쥐는 자신과 유연관계가 가장 가까운 시궁쥐에게 밀려났다. 공격적인 성향의 시궁쥐는 수백 년 전 흑사병이 창궐했을 때처럼 배를 통해 유럽에 유입되었는데, 이번에는 인간에게 긍정적인 영향을 끼쳤다. 시궁쥐는 자신보다 몸집이 훨씬 작은 곰쥐와 영역 싸움을 하거나 곰쥐를 잡아먹으면서 18세기 유럽에 서식하던 곰쥐를 전멸시켰다. 그 결과 현재 유럽에서는 일부 동물보호구역에만 곰쥐가 서식하고 있고, 심지어 독일에서는 적색 목록red list(국제자연보호연맹이 2~5년마다 발표하는 멸종 위기에 처한 동식물 보고서─옮긴이)에 올라 있다. 시궁쥐가 나타났던 다른 지역에서도 곰쥐 개체수가 감소했다. 물론 시궁쥐도 페스트균을 퍼트릴 수 있지만, 시궁쥐는 곰쥐처럼 인간과 가까이에서 접촉할 수 있는 공간에 서식하지 않는다. 이것은 유럽에서 페스트가 사라진 이유로 볼 수 있을 것이다.

곰쥐가 유럽 역사상 최대 재앙을 일으켰는지와 상관없이 곰쥐에 대한 두려움은 유럽인들의 집단 기억 속에 남아있다. 다만 현재 혐오의 대상인 시궁쥐가 페스트로부터 우리를 구해주었다는 사실에 감사해야 할 것이다. 시궁쥐는 우리에게 잠시 숨을 돌릴 틈을 주었지만, 페스트라는 끔찍한 유산을 계승할 또 다른 치명적인 전염병이 언제 터질지 모를 일이다.

9

새로운 세계,
새로운 유행병

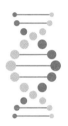

테레사 수녀도 한센병이었는지 모른다.

결핵균은 헤엄을 쳐 아메리카 대륙으로 건너오고,

인간과 병원균의 경쟁이 벌어졌다.

유행병은 이주민보다 먼저 아메리카 대륙에 상륙한다.

성병은 이웃 나라에서 퍼트린 병!

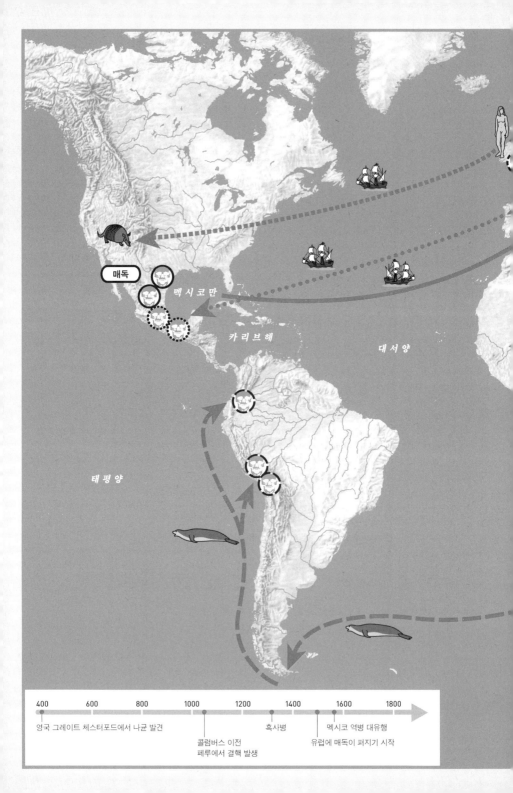

매독

멕시코만

카리브해

대서양

태평양

| 400 | 600 | 800 | 1000 | 1200 | 1400 | 1600 | 1800 |

영국 그레이트 체스터포드에서 나균 발견

흑사병

멕시코 역병 대유행

콜럼버스 이전
페루에서 결핵 발생

유럽에 매독이 퍼지기 시작

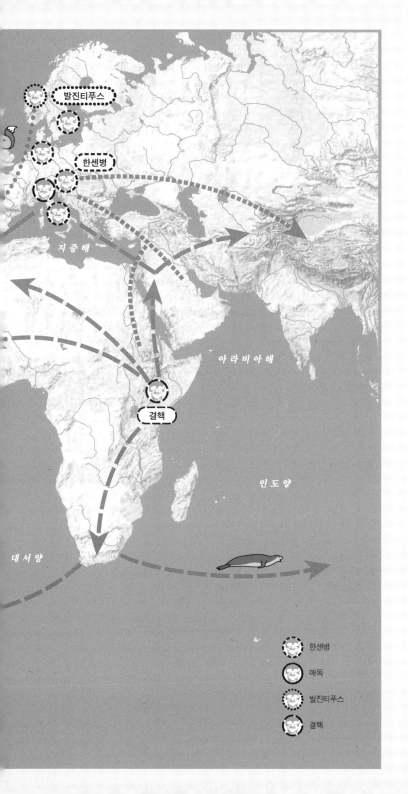

격리 수용소에서
맞이하는 죽음

잊을 만하면 다시 찾아오는 페스트 외에도 중세시대 사람들을 두려움과 공포로 몰아넣었던 끔찍한 질병이 또 있었다. 어쩌면 이 병에 걸린 사람에게 이 병은 페스트보다 가혹한 운명의 장난이었을지 모른다. 대부분의 경우 한센병에 걸린 후 바로 죽지는 않았다. 그럼에도 당사자들에게 한센병은 사형선고나 다름없었다. 수주 혹은 수일 만에 발병하는 페스트와 달리, 한센병은 수년의 잠복기를 거쳐 발병하기 때문에 환자들에게는 고문과 같은 질병이었다. 환자들은 물리적 죽음에 앞서 사회적 죽음을 겪어야 했다.

한센병은 페스트와 함께 가장 오랫동안 이어져 내려온 질병이었다. 아마 고대 이집트와 히타이트 제국 시대에도 한센병이 유행했던 듯하다. 지금도 매년 20만 명의 한센병 환자가 발생하고 있다. 특히 인도에서 많이 발생하고 있다. 평생 한센병 환자들을 돌보는 데 헌

신했던 테레사 수녀가 이유 없이 한센병 환자를 위해 선교사로 파송된 것은 아니었다. 노벨평화상 수상자인 테레사 수녀는 나균에 감염되었으나 한센병이 발병하지 않은 듯하다. 나균 보균자라고 해도 한센병이 발병하지 않는 경우가 대부분이기 때문이다. 반면 면역체계에서 한센병 테스트를 통과하지 못한 사람들에게는 한센병이 가혹하게 찾아온다. 이들은 수많은 나환자촌, 소위 말해 격리 수용소에서 보다 안전한 죽음을 찾는다. 한센병 환자들은 나환자촌으로 쫓겨나거나 제 발로 걸어가 자신의 운명을 맡기기로 선택한다.

나균은 서늘한 상태를 좋아한다. 30도에서 32도 사이가 나균이 가장 좋아하는 온도다. 나균은 노출된 피부 표면, 코, 사지 그리고 호흡을 통해 온도와 습도를 조절하는 입 주변에 서식한다. 마이코박테륨 레프라에Mycobacterium leprae, 즉 나균은 비말을 통해 사람에게서 사람에게로 감염되며 아주 가까운 거리에서 접촉이 있을 때에만 감염된다. 건강한 면역체계는 나균을 인식하지만 죽이지는 못한다. 아주 두껍고 밀랍과 같은 보호층이 이를 막아주기 때문이다. 공격자를 제거하는 대신 인체 고유의 방어체계가 활성화되어 세포는 외피로 둘러싸인다. 세포는 더 이상 증식할 수 없으나 여전히 살아있다. 그리고 나균 감염자의 면역체계 활동을 개시해 나균의 활동을 억제시킨다.

다른 균에 감염된 상태 혹은 영양결핍 등 체력이 약해져 있는 상태에서는 면역체계의 방어기능이 떨어져 나균이 인체에 퍼진다. 간혹 나균은 감염 후 수십 년이 지나 활동을 개시하기도 한다. 이제 면역체계는 박테리아가 아니라, 나균으로 둘러싸인 건강한 조직을 공격하기 시작한다. 처음에는 나균에 공격당한 피부가 파괴되고, 특히 병이 중증으로 진행된 경우에는 뼈도 공격을 당한다. 사람들이 한센병 환자들에 대해 잘못 알고 있는 것이 있다. 한센병 환자들의 사지는 나균 때문에 떨어져 나가는 것이 아니라, 자체 면역체계에 먹히는 것이다. 질병의 원인, 이른바 면역체계의 약화 때문에 한센병 환자들은 사회에서 점점 소외당하는 것이다. 대인관계가 단절되고, 영양 상태가 점점 부실해지고, 심한 경우 부랑자 신세로 전락하며, 의료 혜택도 제대로 받지 못한다. 문제는 지금도 빈민 지역에서 한센병이 가장 많이 발생한다는 것이다. 이런 환경 때문에 중세시대 유럽에서는 악순환이 반복되었다.

나균은 뼈를 공격할 수도 있기 때문에 많은 사람들의 유골에서 한센병의 흔적을 찾을 수 있었다. 이것이 페스트균과의 차이점이었다. 가장 오래된 한센병의 흔적은 약 4000년 된 인도 사람의 유골에서 발견되었다. 하지만 뼈의 흔적이 확실하지 않아서 한센병 외에 다른 사망 원인이 있을지 모른다는 의문이 남는다. 지금까지 우리가 연구를 진행했던 것 중 가장 오래된 표본은 중세시대의 나균이었다. 이 나균은 영국 그레이트 체스터포드에서 415년에서 545년 사이에 나타났던 것이다. 역사적으로도 중요한 나균은 상대적으로 흔적을 찾기 쉽다. 밀랍처럼 단단하게 감싸고 있는 외피 때문에 나균 게놈의 보존 상태는 인간의 게놈에 비해 훨씬 좋기 때문이다.

중세 유럽인의 유골에 한센병의 흔적이 많이 남아있고 약 6세기부터 나환자촌이 설치된 것으로 보아, 당시 나균에 감염된 사람이 상당히 많았던 듯하다. 도시의 열악한 위생상태도 한센병이 확산되는 데 일조했다. 중세시대 후기 나균에 감염된 유럽인의 비중이 상당히 높았던 것으로 보인다. 수십 년 주기로 사람들을 덮쳤던 페스트만큼이나 한센병은 유럽인의 주변을 맴돌며 위협하는 존재였다. 밀집된 주거환경과 수로나 흐르는 물이 없어 더러운 중세 도시에서는 모든 것을 운명에 맡기는 분위기였다. 물론 이 시기에 수차례 전쟁이 발생했다는 점도 무시할 수는 없지만 죽음과 질병은 끊임없이 존재했고 예고도 없이 사람들을 덮쳤다.

런던 공원의
한센병

한센병이 어디에서 어떤 경로로 유럽에 전파되었는지 아직 확실하게 밝혀지지 않았다. 오랫동안 아시아가 한센병의 발생지라고 여겨져 왔다. 그 이유 중 하나는 4000년 된 인도 사람의 뼈에서 한센병의 흔적이 발견되었다는 것이고, 다른 하나는 인도의 아대륙에서는 여전히 한센병이 많이 발생하고 있다는 것 때문이다. 하지만 아프리카에서도 한센병이 많이 발생하고 있다. 그래서 많은 학자들이 아시아와 아프리카가 나균의 발생지일 것이라 추측하고 있다. 그런데 최근 기존의 견해와 상반되는 유전자 분석 결과가 나왔다. 2018년 우리가 5세기와 15세기 사이에 살았던 유럽인 17명에게서 채취한 나균

유전자의 염기 서열을 분석했을 때, 깜짝 놀랄만한 사실이 밝혀졌다. 이 말은 곧 현재 전 세계에 분포하는 나균의 균주들이 모두 중세시대에도 존재했다는 의미다. 2개의 균주가 발견될 것이라는 예상과 달리 우리는 이 시기 나균 유전자에서 나균의 변종을 전부 확인할 수 있었다. 이처럼 한 지역의 유전적 다양성이 최대치를 보였다는 것은 한 생명체의 지리적 발생지라는 명백한 증거다. 따라서 한센병은 아시아에서 유럽으로 전파된 것이 아니라, 유럽에서 아시아로 전파된 것이라고 볼 수 있다. 현재 태평양 일대, 아메리카, 근동 지방 한센병 환자에게서 발견되는 나균의 균주는 유럽에서 유입된 듯하다.

오랫동안 학자들은 인간이 나균의 유일한 숙주라고 믿어왔다. 페스트균과 달리 실제로 나균을 보균체로 가지고 있는 동물이 발견된 적도 없었다. 이러한 기존의 견해를 뒤흔드는 연구 결과가 나왔다. 인간 외에 나균이 발견된 유일한 종은 아메리카 대륙에 서식하는 아르마딜로(아르마딜로과에 속하는 포유류로 20종이 있으며 사람에게 한센병을 옮기는 것으로 알려져 있다.-옮긴이)였다. 아르마딜로는 아마 인간을 통해 나균에 감염된 듯했다. 아르마딜로의 서식지에서 발견된 나균은 중세시대 유럽의 나균과 동일했기 때문이다. 나균은 유럽 거주자들을 통해 아메리카 대륙으로 이동해, 아메리카 대륙에서 아르마딜로에게 옮겨진 것으로 보인다. 아르마딜로의 살갗 부위 체온은 32도 정도로, 지금도 나균이 번식하기 좋아하는 장소다. 현재 미국의 한센병 감염 사례는 대개 도로에서 아르마딜로와의 접촉 사고로 발생한 것이지만, 아르마딜로 고기를 통해 발생하기도 한다. 특히 미국 남부 지역의 아르마딜로 고기는 살이 연하다. 부드러운 스테이크를 즐긴 후에 독한 항생제를 먹어야 하는 것이 유감이지만 말이다.

아직까지 아르마딜로 외에는 나균의 숙주로 알려진 동물이 없고 아메리카의 아르마딜로가 유럽에 한센병을 퍼트린 원인이 아닌 것은 확실하다. 따라서 학자들은 인간이 전 세계에 한센병을 퍼트린 것으로 보았다. 그런데 2015년 우리는 기존의 견해를 뒤집는 증거를 발견했다. 우리는 나균의 게놈과 나균과 가까운 유연관계에 있는 나종균의 게놈을 비교했다. 원래 나균Mycobacterium leprae과 나종균 Mycobacterium lepromatosis이 일으키는 질병의 증상은 동일하고, 임상적으로도 몇 년이 지난 후에만 구분이 가능하다. 그런데 두 균주를 비교한 결과 지금으로부터 1000만 년에서 1500만 년 사이에 분화된 것으로 밝혀졌다. 인간이 동일한 계통의 동물인 침팬지와 갈라진 것은 7만 년밖에 되지 않기 때문에, 인간은 나균의 최초 숙주에서 빠져야 한다. 그렇다면 나균은 인간을 공격하기 전 틀림없이 우회적인 방법을 택했을 것이다.

2016년 우리 연구소 동료들은 결정적인 힌트를 찾았다. 놀랍게도 영국 다람쥐에게서 나균뿐만 아니라 나종균이 발견되었다. 런던 공원에 있던 다람쥐들은 자신들과 유연관계에 있는 아메리카의 검회색 다람쥐가 등장하면서 서식지에서 쫓겨나 유럽에서는 적색 목록에 등록되어 있었다. 영국의 다람쥐들이 먹이를 먹던 중 나균과 나종균의 공통 조상인 토양 세균류가 체내에 유입되어, 이들에게서 나균과 나종균이 번식하게 된 것이었다. 중세시대 다람쥐 모피는 인기가 많은 고가의 제품이었기 때문에 전 유럽에서 착용하고 거래가 성행했다. 아마 나균과 나종균은 다람쥐를 통해 쉽게 인간에게 옮겨졌고 인간을 새로운 숙주로 삼았던 듯하다. 붉은 다람쥐 모피 애호가라면 지금도 나균이 '다람쥐 모피만의 독점 액세서리'로 딸려올 수 있다는 점을 알아두길 바란다.

20세기까지 한센병은 유럽 대륙에서 발생했지만, 16세기 이후에는 한센병 발병 건수가 급격히 감소했다. 그중 노르웨이는 19세기 중반 마지막으로 한센병이 유행했던 국가다. 다른 유럽 지역보다 기온이 낮기 때문에 나균이 서식하기 좋은 온도가 형성된 것으로 보인다.

인간과 병원균의 경쟁

인간의 면역 유전자가 병원균에 적응하도록 돕는다는 것은 아직까지는 이론에 불과하다. 물론 이 견해를 뒷받침하는 근거는 많지만 결정적인 증거가 없다. 이 이론에 의하면 치명적인 박테리아나 바이러스가 인간을 공격하면 이러한 유전자들을 가장 잘 다룰 수 있는 변종 면역 유전자들이 활동을 개시한다. 하지만 폰투스 스텝지대에서 유럽으로 페스트가 이동해 스텝지대 유목민의 이주 전후인 약 5000년 전 수많은 사람들의 목숨을 앗아갔다는 이론은, 동부의 개체군이 서부의 개체군보다 페스트에 저항력이 강하거나 이들의 생활양식이 페스트균의 확산을 막는 데 더 적합하다는 조건에서만 가능하다. 어쨌든 유전자가 적응했다는 증거가 아직까지 석기시대 표본에서는 발견되지 않고 있다. 하지만 면역 유전자 외부에서 병원균의 침입으로부터 인체를 보호해주는 돌연변이가 나타날 수 있다는 것은 확실하다.

질병에 대한 저항력이 더 강해졌다는 것은 사실 인체에 해로운 방향으로 유전자가 변형된 것이다. 물론 이러한 유전자 변형이 도움이 되는 상황도 있다. 예를 들어 사르디니아 지방에서는 9명 중 한 명꼴로 지중해 빈혈을 앓고 있다. 지중해 빈혈은 유전자의 결함으로 적혈구가 정상적으로 생성되지 않아서 발생하는 질병이다. 지중해 빈혈 환자는 대개 신체적 불편함은 적게 느끼지만, 진화론적 측면에서 이는 불리한 요인으로 작용한다. 사르디니아 지방에서는 오랫동안 그런 생각조차 하지 못했다. 이것은 지중해 빈혈의 부수적인 효과와 관련이 있다. 지중해 빈혈이 말라리아에 대한 저항력을 키워줬던 것이다. 모기를 통해 감염되는 말라리아는 고대 지중해 지역에서 유행했다. 섬 지역에서 지중해 빈혈 발생 빈도가 높다는 사실을 통해 말라리아에 대한 저항력이라는 장점이 유전적 결함이라는 진화론적 단점보다 우월했다는 사실을 알 수 있다. 지중해 빈혈 때문에 건강하지 못한 사람은 아이를 더 적게 낳았지만, 유전적 결함이 없는 사람들은 말라리아에 더 많이 감염되었다.

현재 동아프리카 지역은 말라리아 발생 빈도가 가장 높은 지역으로, 이와 유사한 상관관계를 더 명확하게 관찰할 수 있다. 이곳의 많은 지역에서 거주자의 절반가량이 한쪽 부모의 유전적 결함으로 말미암아 발생하는 겸상 적혈구 빈혈증을 앓고 있는 동시에 말라리아에 대한 저항력을 갖고 있다. 양쪽 부모에게 겸상 적혈구 빈혈증 유전자를 물려받은 경우 생존 확률이 매우 낮다. 통계적으로 이 지역 인구의 절반은 겸상 적혈구 빈혈증 유전자를 지니고 있으며, 아동의 경우 4명 중 한 명꼴로 사망한다. 그럼에도 유전자 결함은 적자생존에 유리하게 작용한다. 겸상 적혈구 빈혈증보다 말라리아가 훨씬 더 위협적이기 때문이다.

HIV 감염을 예방하는 데 유익한 유전자 결함도 있다. HIV 감염자의 경우 소위 CCR-5 수용체가 손상되어 있다. 양쪽 부모로부터 이러한 유전적 결함을 물려받은 경우 HIV에 대해 100퍼센트에 가까운 저항력을 갖는다. 유럽에서는 100명 중 한 명꼴로 이 유전자 결함이 발생한다. 한쪽 부모로부터 이러한 유전자를 물려받는 경우는 10명 중 한 명꼴이고, 이들은 HIV에 대한 저항력이 더 높다. 하지만 이러한 돌연변이는 서나일 바이러스와 독감 바이러스에는 훨씬 취약하다.

한센병의 후퇴와
결핵의 등장

유럽에서 한센병은 한풀 꺾였다. 이것은 아마 위생상태가 개선된 것과 관련이 있을 듯하다. 사람들이 한숨 돌릴 틈도 없이 같은 시기에 결핵이 유행하기 시작했다. 결핵과 한센병을 유발하는 마이코박테리아들은 가까운 유연관계에 있다. 비말 감염 질환이기 때문에 결핵은 한센병에 비해 감염되는 사람들이 더 많았다. 대신 이들은 한센병에 대한 면역력을 얻을 수 있었다. 그래서 한 질병이 다른 질병으로 덮이는 현상이 일어났다. 어쨌든 결핵은 17세기부터 유럽에서 수많은 사람의 목숨을 앗아가면서 지금까지도 가장 위험하고 널리 퍼진 감염성 질환 가운데 하나로 손꼽힌다. 매년 800만 명의 사람이 결핵에 감염되고, 그중 100만 명이 목숨을 잃는다. 하지만 결핵 감염률은 한센병에 비해 훨씬 높다. 현재 전 세계 인구 3명 중 한 명이 결핵균 보균자인 것으로 추산된다. 나균과 마찬가지로 결핵균도 일종의 밀랍층으로 둘러싸여 있다. 인간의 면역체계는 이 층을 침투하지 않고 외피로 감싸고 있을 뿐이다. 면역력이 약한 사람의 경우 결핵균이 폐뿐만 아니라 다른 장기에도 퍼진다. 결핵이 상당히 진행된 환자는 객혈을 하거나 탈진이 잦아지며, 결핵균이 인체, 특히 기도를 완전히 좀먹어 버린다. 결핵균에 감염된 사람은 피부가 창백해지고, 몸은 부쩍 수척해지고, 중증인 경우 객혈을 자주 한다. 19세기 문학에 등장했던 뱀파이어 신화는 결핵에서 영감을 받은 듯하다. 항생제 발견 이전까지 결핵 치료법은 요양원에서 면역체계를 강화시키는 것이었다.

결핵만큼 연구가 잘 되어 있는 감염성 질환도 없다. 몇 년 전부터 우리는 결핵균이 인간에게 도달하게 된 경로를 제대로 이해하기 시작했다. 그전까지 결핵은 신석기시대의 부수적인 유산물로 여겨졌다. 사람 외에도 소에게 감염되는 소결핵도 있기 때문이다. 지금까지도 소결핵은 널리 퍼져 있다. 우리가 파스퇴르 공법으로 우유를 멸균 처리하고 멸균 처리하지 않은 우유를 마시지 않는 것이 좋은 이유가 여기에 있다. 오래전부터 소를 통해 결핵균에 감염될 수 있다고 알려져 왔기 때문에 소는 최초의 결핵 보균체로 간주되었다. 학자들은 인간이 소를 가축화한 이후 결핵균에 감염되기 시작한 것으로 추정했다.

그런데 2010년 초반 이 주장이 완전히 뒤집혔다. 당시 의학자들은 살아있는 인간뿐만 아니라 동물에게서 채취한 결핵균 게놈의 염기 서열을 분석하고 계통도를 작성하기 시작했다. 아프리카 지역 사람에게서 채취한 결핵균 표본에서 종의 다양성이 가장 강하게 나타났다. 유럽인과 아시아인의 균주는 조상이 같았다. 반면 소결핵은 아프리카와 마찬가지로 인간의 결핵균 균주에서 분화되었다. 우리 인간이 소에게 결핵균을 감염시킨 것이지, 소가 인간에게 결핵균을 감염시킨 것이 아니다. 그래서 학자들은 결핵이 아프리카 지역 사람들이 다른 지역으로 이주하면서 함께 이동한 것이라고 결론 내렸다. 하지만 이 주장도 완전히 맞는 것은 아니었다.

2010년 고고학자들은 페루에서 인간 미라를 발굴했는데, 그중 셋은 결핵에 감염되어 있는 듯했다. 수천 년 된 척추는 전형적인 기형을 나타내고 있었다. 극심한 기침 발작 시 박테리아에 의해 부식된 흉추가 부서지면서 기형이 발생한 것으로 보였다. 2014년 미라에서 채취한 표본의 게놈 분석 결과 결핵균이었다는 사실을 입증할 수 있었다. 이로써 결핵은 크리스토퍼 콜럼버스가 미국에 도착하기 전 아메리카 대륙에서 유행했다는 것이 확실하게 밝혀졌다. 콜럼버스 이전 아메리카 대륙에 결핵이 있었고 이것을 아프리카 사람들이 퍼트린 것이라면 한 가지 가능성만 남는다. 결핵은 약 1만 5000년 전 아시아 출신 이주민과 함께 베링 해협을 건너 전파되었어야 한다.

하지만 이것은 페루의 미라에서 채취한 결핵균의 계통도와 맞지 않았다. 이 결핵균은 유럽의 소결핵에서 분화된 것이었다. 현대의 전 세계 결핵균과 콜럼버스 이전 아메리카의 결핵균을 비교한 결과를 바탕으로, 결핵균의 공통 조상이 어느 시기, 어느 곳에 있었다는 것을 계산할 수 있었다. 결핵균의 공통 조상은 지금으로부터 약 5000년 전 아프리카 어딘가에 있었다. 이 모든 것은 결핵균이 인간과 함께 아메리카 대륙으로 이동하면서 퍼졌다는 가정과 상반된다. 5000년 전 알래스카로 가는 지협은 물속에 잠겨 있었다. 결핵균이 이 길을 통해 아메리카 대륙으로 이동했을 리 없고 소가 이동했을 리도 없다. 콜럼버스 이전 아메리카에는 분명 결핵균이 존재하지 않았다. 결핵균이 아프리카 출신 이주민을 통해 유럽에 유입되었다는 것도 말이 안 된다. 이들의 이주는 5000년 전이 아니라, 4만 년에서 5만 년 전 사이에 있었기 때문이다.

우리는 지금까지 결핵균이 지난 수천 년 동안 아메리카와 유럽으로 이동하는 다른 경로를 찾았다고 보고 있다. 우리는 아메리카의 경우 결핵균이 아프리카에서 유입된 것이 확실하다고 생각한다. 그사이 우리는 소결핵균과 유사한 박테리아를 다른 동물, 특히 양, 염소, 사자, 야생소 그리고 기각류(포유류 식육목의 한 아목으로 물개, 바다표범, 바다코끼리 등이 이에 속한다.)에서도 발견했고, 이 결핵균의 균주는 페루의 미라에서 나온 것과 가장 유사했기 때문이다. 두 동물 중 하나 혹은 두 동물 모두에게서 박테리아가 아프리카에서 대서양을 거쳐 남아메리카로 이동한 것으로 확인되었다. 아메리카의 많은 해안 지역에서 기각류는 식량으로 인기가 많다. 그래서 박테리아는 원주민을 공격하기 쉬웠을 것이다. 지난 수천 년간 결핵은 남아메리카에서 시작해 아메리카 대륙 전체로 확산되었다. 이곳에서 아마 아메리카 변종이 발달했고, 특히 페루에 매장되어 있던 세 사람의 미라는 아메리카 변종 결핵으로 인해 사망한 것으로 추측된다.

남반구의 기각류에게서는 지금도 이 결핵균이 발견된다. 반면 유럽인들이 아메리카 대륙을 정복한 이후, 아메리카 대륙 사람들은 콜럼버스 이전 시대의 균주를 지니고 있지 않았다. 이후 지금까지 유럽 결핵의 표본만 있다. 이 결핵균은 콜럼버스가 아메리카 땅을 밟은 이후 유럽인들이 이주하면서 함께 이동했고, 유럽 결핵은 무방비 상태인 원주민을 공격해 원주민 인구가 급감하는 데 일조했다. 따라서 아메리카의 결핵균이 유럽 정착민에게 이동해 유럽에 전파되었다는 주장은 맞지 않는다. 유럽 결핵은 훨씬 더 공격적이었던 것으로 보인다. 지금까지도 유럽 결핵 균주는 전 세계에서 나타나고 있고 더 우세한 것으로 확인되고 있다. 결핵균이 언제 어떤 경로로 아프리카에서 유럽으로 이동했는지 명확하게 밝혀진 것은 없다. 결핵균은 최소한 중세시대와 근대 이전 유럽 대륙에서 치명적인 위력을 발휘했던 듯하다.

100년에 걸친
죽음의 물결

아메리카 원주민과 유럽인의 공통 조상은 '말타의 소년'이 발견된 지역에 있었다. 그런데 최소 1만 5000년 동안 아메리카 원주민과 유럽인의 접촉이 차단되어 있는 상태였다. 이것은 유럽에서 아메리카 원주민의 먼 친척들이 아메리카 대륙으로 이주한 후 수많은 원주민이 죽게 된 원인인지도 모른다. 실제로 유럽에서 유입된 질병으로 인한 사망자 규모는 집계하기 어렵다. 전염병의 확산은 수많은 사람들과 민족을 희생시킨 잔혹한 정복정책과 동반되는 현상이었기 때문이다. 전쟁에서 침입자들은 전염병을 유용한 조력자로 여기는 경우가 적지 않았다. 학자들은 유럽인의 식민화 정책 이후 아메리카 원주민의 최대 95퍼센트가 사망했을 것으로 추측한다. 유럽에서 온 많은 이주민들이 신세계의 주민들을 초토화시킨 병에 대해 보고했다. 신세계 주민들은 유럽 이주민들에게 아무런 해를 끼치지 않았을 뿐더러 죽이지도 않았다.

북아메리카 동부 연안에서 남부와 서부를 개척한 식민주의자들이 남긴 역사의 증언을 읽다 보면 스텝지대에서 페스트가 이동했다면 5000년 전 유럽이 이와 유사한 상황이었을 것이라는 생각이 든다. 이들의 보고에 의하면 아메리카에서는 유럽 이주민과 접촉한 원주민들만 병에 걸려 죽은 것이 아니라, 사실 전염병이 이주민들보다 먼저 아메리카 대륙에서 발생했다고 한다. 전염병은 미시시피강에서 이미 급속도로 황폐해진 도시로 이동했다. 이 상황은 고고학자들이 스텝지대 유목민이 이주하던 시기의 흑해 지역을 재구성한 시나리오를 연상케 한다.

석기시대의 유럽에 대해 추측하고 있던 것을 근대의 아메리카에도 적용할 수 있다. 바이러스성 질환인 천연두와 독감의 치명적인 영향에 대해서는 잘 알려져 있다. 반면 1545년부터 1550년 사이 현재의 멕시코 지역에서 기승을 부렸던 전염병 코코리츨리cocolitztli의 발생 원인은 최근까지 수수께끼로 남아있었다. 현재 멕시코와 과테말라 지역 거주민의 60퍼센트에서 90퍼센트가 당시 이 병으로 목숨을 잃었다. 그사이 게놈 염기 서열 분석 덕분에 수많은 사람들의 목숨을 앗아간 전염병의 원인이 밝혀졌다. 코코리츨리는 발진티푸스의 일종인 급성 발열성 질환이었다.

소위 파라티푸스는 특히 소화계에 머물러 있다가 전신에서 서식할 수 있는 파라티푸스균 C가 원인이 되어 발생하는 질병이다. 파라티푸스균 감염자에게는 고열, 탈수, 변비, 나중에는 심한 변비가 발생할 수 있다. 파라티푸스균은 인체 접촉이나 배설물로 오염된 음식물 혹은 식수를 통해 인간을 감염시킨다. 이런 이유로 지금도 발진티푸스와 파라티푸스는 위생상태가 열악한 가난한 나라의 국민들을 위협하는 질병이다. 매년 1,000만 명 이상이 발진티푸스와 파라티푸스에 감염되고, 감염자 100명 중 한 명꼴로 사망한다.

16세기 중반 중앙아메리카 사람들에게서는 질병의 경과가 훨씬 극적으로 나타났던 것으로 보인다. 이 지역의 도시, 특히 멕시코 남부의 테포스콜룰라-유쿤다는 황폐해졌다. 도시 거주자들은 인근의 골짜기로 피신을 했고, 도시에는 전염병 피해자들이 묻혀 있는 거대한 무덤만 남았다. 그 안의 시체들은 이후 아무도 건드리지 않은 채 남아있었다. 우리는 2018년 이 무덤에 매장되어 있던 29명의 유골을 연구했다. 그중 10명의 시신에서 파라티푸스균이 검출되었다. 중앙 아메리카에서 유행했던 전염병은 역대 최고로 치명적이었다. 유럽의 경우 20세기 초반 산업화된 독일 서부의 인구밀집 지역에서 발진티푸스가 유행한 적이 있었으나, 피해 규모는 코코리츨리와 비교할 수 없을 정도로 적었다.

매독에 관한
진실

근세 초기 유럽과 미국의 역사는 질병의 역사이기도 하다. 특히 대서양 저편 아메리카 대륙 사람들은 유럽에서 온 병원균 때문에 고통받고 있었다. 1493년 아메리카 대륙 첫 탐사를 마치고 스페인으로 돌아온 콜럼버스를 따라왔던 매독균이 다시 아메리카 대륙으로 이동했다. 근대 유럽인들이 가장 두려워했던 성병을 뱃사람들이 구세계로 다시 끌어들인 것이다. 어쨌든 유럽에서는 오랫동안 성병에 대해 그렇게 이야기해왔다. 반면 미국 연구자들은 유럽인들이 신세계에 매독균을 옮겼다고 한다. 최근 유럽과 아메리카의 매독균에 대한 유전자 연구 결과는 두 대륙 간 상호작용이 우리가 생각했던 것보다 훨씬 복잡했다는 사실을 입증한다.

아메리카 대륙을 발견한 정복자들이 유럽으로 돌아가던 해, 지중해 항구에서 지금까지 알려지지 않았던 최초의 질병이 보고되었다. 이 시기에 프랑스와 나폴리 왕국 간 전쟁이 발발했고 프랑스에서 이탈리아로 여러 국가 출신 용병들로 구성된 대규모 군대 행렬이 이어졌다. 1495년 북부로 돌아온 군인들은 전 유럽에 성병을 퍼트렸다. 수십 년간 전염병이 발생하지 않았던 유럽 대륙에서 이후 약 50년간 성병이 유행했다. 사람들은 외국인들과의 접촉이 얼마나 많은 화를 불러왔는지 서로를 탓하며 이 병에 대해 유치한 이름을 붙였다. 프랑스의 이웃 국가들, 특히 이탈리아에서는 이 병을 '프랑스병'이라고 부른 반면, 프랑스에서는 이 병을 '이탈리아병'이라고 불렀다. 스코틀랜드에서는 '영국병'이라고 했고, 노르웨이에서는 '스코틀랜드병'이라고 했다. 폴란드에서는 나폴리 왕국과 프랑스가 이 병의 근원지라고 주장했고, 러시아에서는 폴란드에서 이 병이 발생했다고 주장했다. 유럽 국가들은 자신은 아니라며 서로를 탓했지만 신세계로 떠났다가 배를 타고 돌아온 정복자들이 매독을 퍼트렸다는 것에 대해서는 의견이 일치했다.

특히 16세기 초반 매독은 무섭게 번져 나갔다. 성관계를 통해 감염되는 매독균은 주로 성기 부위에서 번식했다. 인체의 면역 방어 체계가 주변 세포를 파괴하고, 통증과 함께 구멍이 생겼다. 이것은 죽음에 이르지 않을 정도로 병이 경미하게 진행될 때의 증상이었다. 매독이 유행하던 50년 동안 1,600만 명의 유럽인이 특이한 유형의 매독으로 목숨을 잃었다. 소위 신경매독neurosyphilis(매독균에 의해 뇌, 수막, 척수가 감염되어 발생하는 여러 가지 증후군—옮긴이)은 지금은 거의 발생하지 않는 중증 매독이다. 이 경우 매독균은 인체의 면역 방어체계를 뚫고 들어가 뇌를 감염시키고 뇌를 갉아 먹는데, 종종 두개관까지 갉아먹는다. 매독균 감염자는 정신착란을 겪고 고통스런 죽음을 맞이한다.

신경조직을 뚫고 들어오는 매독균의 특성 때문에 유골에서 신경조직을 찾기 어려워 고고유전학자들은 애를 먹는다. 뼈에 전형적인 병변이 나타난다고 해도 뼈에서 매독균 DNA를 찾는 것은 여간 어려운 일이 아니다. 살아있는 환자에게서도 매독균을 추출하기는 어렵다. 2018년 우리 연구팀은 역사적으로 중요한 매독균의 게놈을 확보하기 위해 아주 독특한 유골을 분석했다. 이 유골은 1681년부터 1861년 사이에 사망한 멕시코 어린이 다섯 명의 것이었다. 대부분이 9개월도 안 된 아기들이었다. 아이들의 시신은 멕시코시티의 옛 수도원 터에 묻혀 있었는데 선천성 매독 증상이 뚜렷하게 나타나 있었다. 선천성 매독은 아이들이 엄마 뱃속에 있을 때 감염되며 중증장애와 기형을 초래할 수 있다. 하지만 아이들의 인체에는 아직 박테리아가 침투하지 않은 상태였다. 박테리아는 발달이 완성되지 않은 면역체계는 공격하지 않기 때문이다. 우리는 5개 중 3개의 유골에서 박테리아 DNA를 찾아냈다. 놀라운 사실은 매독균 이외에 다른 박테리아도 있었다는 것이다. 그중 한 명은 소위 요오스yaws(스피로헤타 속 프람베지아 트레포네마라는 세균에 의한 감염병으로, 주로 중앙아메리카, 남아메리카, 아시아, 오세아니아 등 온난다습한 열대 지역에 사는 15세 미만의 어린이에게 흔한 질병으로 만성적으로 재발하는 전염병이다.–옮긴이)로 사망한 듯했다. 매독과 요오스는 동일한 균주의 아형, 즉 가까운 유연관계에 있는 박테리아다. 엄마의 자궁에 있을 때 매독이나 요오스에 감염된 아기들에게는 유사한 증상이 나타난다. 연구 결과 아이들의 뼈에 나타난 변화는 매독이 아닌 요오스 때문에 생긴 것이었다. 최근 동아프리카 지역 5개의 원숭이 개체군에 관한 연구는 이 의혹을 뒷받침해주었다. 우리가 검사했던 표본은 성기 부위의 구멍 등 틀림없는 매독의 증상을 보이고 있었다. 그런데 우리가 로버트 코흐 연구소 연구원들과 공동으로 병원균의 염기 서열을 분석했을 때 예상치 못했던 결과가 나왔다. 원숭이들은 매독이 아니라 요오스에 걸린 것이었다.

우리는 멕시코 아이들과 아프리카 원숭이의 병원균에 대한 염기 서열 분석을 계기로 새로운 관점에서 매독을 연구하게 되었다. 지난 수백 년간 매독과 증상이 유사한 질병이 있었는데 실수로 발견되지 않았던 것이다. 매독과 매독의 역사에 관한 다른 해석도 있다. 아메리카 정복자들이 유럽으로 돌아와 매독을 유행시킨 반면, 유럽인들은 요오스를 아메리카에 퍼트렸을 수도 있다는 것이다. 성관계를 통해 전염되는 치명적인 질병은 초기 유럽과 아메리카의 상호교류관계를 의미하는지도 모른다.

이제 요오스와 매독의 공통 조상이 서식했던 최초의 개체군이 아프리카 원숭이였는지 의문이 남는다. 이 이론에 의하면 이 박테리아는 원숭이로부터 인간에게 전이되었다. 5만 년 전에서 4만 년 전 사이 두 박테리아는 분화되었다. 현생 인류가 아프리카에서 전 세계로 확산되었던 그 시기였다. 베링 육교(플라이스토세의 빙하기에 해면이 저하되어 생겨난, 시베리아와 알래스카 사이를 연결하는 육지. 매머드와 그것을 쫓는 인류가 아시아 대륙에서 아메리카 대륙으로 이주하였다.-옮긴이)를 넘어 이주한 아메리카 원주민들이 이 질병을 함께 데리고 와, 이후 1만 5000년 동안 현대의 매독으로 발달했다는 것이다. 물론 이 질병이 중세시대에도 있었다는 증거가 있다. 1493년 이전 시대 영국 등지에서 발견된 수많은 유골에서 매독의 흔적이 뚜렷하게 남아있다. 지금까지 이러한 발견물들은 아메리카 대륙 발견 이전부터 매독이 유럽에 존재했다는 지표로 사용되었다. 하지만 나는 의문의 사망자들이 요오스를 앓았다고 거의 확신한다.

과소평가된
위험

이제 대부분의 서양 사람들에게 페스트, 한센병, 파라티푸스, 결핵, 매독은 옛날 사람들이나 두려워하던 병이다. 사람들은 이러한 박테리아성 질환에서 더 이상 죽음의 위협을 느끼지 않는다. 끔찍한 바이러스가 대유행하면서 이런 질병들은 대중의 의식 속에서 사라지고 말았다. 예를 들어 1918년부터 1919년까지 유행했던 스페인 독감으로 인한 사망자 수는 제1차 세계대전 희생자 수에 맞먹는다. 천연두는 거의 300년 백신의 역사를 뒤로 하고 1970년대에 드디어 근절되었다. 한편 HIV(인간면역결핍바이러스)는 1980년대 이후 약 4,000만 명의 목숨을 앗아갔다. 수백 년 전부터 유럽에서는 박테리아성 질환이 감소하고 있는 추세이지만 아직 안심하기에는 이르다. 박테리아를 완전히 몰아내기까지 우리가 가야할 길은 멀다. 수십 년 후에 중세시대의 재앙이 되풀이될 수도 있기 때문이다. 이미 그 조짐이 보인다.

결핵은 16세기에 처음 유행하기 시작해 지금까지도 기승을 부리고 있다. 지금도 유럽의 결핵균 보균자는 수백만 명에 달한다. 그럼에도 우리가 더 이상 결핵균을 두려워하지 않는 것은 20세기 중반 항생제의 발달로 결핵 치료에 돌파구가 마련되었기 때문이다. 기적의 약, 소위 항생제 덕분에 사람들은 더 이상 결핵을 두려워하지 않게 되었을 뿐만 아니라, 거의 모든 박테리아성 질환에 대해 안심하게 되었다. 잘 알려져 있듯이 이것은 착각이다. 지금도 가축사육은 물론이고 의료분야에서도 항생제가 대량으로 투여되고 있다. 그만큼 박테리아의 내성은 강해졌다. 그사이 거의 모든 결핵 균주가 다양한 항생제에 대해 내성을 갖게 되었다. 1970년대에 잘 들던 항생제는 이제 거의 효과가 없다. 박테리아는 적응력이 매우 강하고, 새로운 항생제를 도입하면 더 강한 내성이 생기기 때문이다. 최근 몇 년 동안 의학은 결핵균에 비해 많이 발달하지 못했다. 5000년 전부터 인간 개체군 속에 살았던 결핵균에 비하면 인간이 만든 항생제는 오랜 경쟁관계에서 짧은 한 방으로 획기적인 발전을 한 것처럼 보인다. 21세기 중반 이미 결핵 환자들은 완벽한 내성이 생긴 결핵균에 감염될 수 있다.

다제내성multiple drug resistance(감염균의 약물 내성이 한 종류의 약제에만 국한되지 않고, 다양한 종류의 약제들에 대하여 내성을 갖게 되는 경우−옮긴이) 바이러스와 내성이 점점 강해짐으로써 위협받고 있는 항생제는 '3차 유행병의 이행기'가 곧 도래하리라는 징후다. 1차 이행기는 인간이 처음 농경생활을 하면서 동물과 밀착된 공간에서 함께 살다가, 병원균에 감염되어 주거지에 전염병이 유행했던 때를 말한다. 2차 이행기는 19세기 위생규정 도입과 20세기 항생제 혁명의 결과, 박테리아성 질환으로 인한 위협이 약화되고 서구 국가에서 생활습관병(잘못된 생활습관에서 비롯되는 병으로 과잉섭취와 같은 불균형한 식생활, 운동부족 등의 활동량 감소, 과로와 스트레스 등과 관련되어 나타나는 질병−옮긴이)이 확산된 시기를 말한다. 현재는 결핵, 페스트, 콜레라 대신 심혈관질환과 당뇨병이 인간의 주요 사망원인 가운데 하나다. 3차 이행기에는 부유한 국가에서도 과거의 유행병이 다시 나타날 수 있다. 지금도 가난한 국가에서는 한센병, 발진티푸스, 결핵, 페스트 등으로 사망하는 것이 일상이다. 매독은 서서히 활동을 개시하기 시작했지만 아직 유럽은 안전한 상태다. 이것은 HIV에 감염되면 완치는 불가능하지만 치료가 가능해진 것과 관련이 있다. 콘돔을 사용하지 않는 사람들이 점점 많아지는 이유는 언뜻 보아서는 위험성을 자각할 수 없기 때문이다. 다른 성병관련 균과 마찬가지로 매독균도 항생제에 대한 내성이 점점 강해지고 있다.

하지만 박테리아가 아직 손대지 않아서 감염에 취약한 개체군을 공격할 수 있다는 시나리오는 여기에서 배제시킬 수 있다. 5000년 전 스텝지대 유목민의 이동 혹은 15세기 말 아메리카 대륙 식민화 이후와 같은 상황은 더 이상 존재하지 않는다. 현재 전 세계 인구는 석기시대의 500배, 콜럼버스시대의 15배에 달한다. 인간은 점점 더 많이 이동했고, 지난 30년 동안 매년 비행기 여행객 수는 2배로 증가하고 있다. 유럽인들은 가장 많이 이동하는 민족이다. 유럽인 관광객들이 전 세계를 여행하면서 바이러스와 박테리아는 끊임없이 세계화되고 있다. 이동과 감염성 질병은 신석기시대 이후 한 몸처럼 움직여왔다. 앞으로도 여기에는 변함이 없을 것이다.

이런 시대적 상황 가운데 고고유전학이 고고학 지식을 초월해 책임져야 할 임무가 있다. 우리는 과거와 현대의 병원균을 비교함으로써 지난 수십 년과 수백 년 동안 이들이 어떻게 진화해왔고 인간의 DNA가 병원균에 대해 어떻게 대응해왔는지 이해하면서 의학이 이 경쟁에 동참할 수 있도록 도울 것이다. 100년도 채 되지 않은 기간에 인간은 바이러스와 박테리아에 무방비 상태로 노출되어 있다가 동등한 신분의 경쟁자가 되었다. 이것은 인간의 진화가 일으킨 수많은 매력적인 변혁 가운데 하나다. 이제 우리가 할 일은 우위를 놓치지 않는 것이다.

결론

흑백 대립의 종말

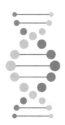

과거에는 모든 상황이 더 안 좋았다.

우리는 한 민족이 아니다.

아프리카의 블랙 블록.

지능은 불평등하게 분배되어 있다.

인간은 자신의 특성에 맞게 진화한다.

국경이 무너지고 있다.

2012년 순수 이주민의 수(단위: 1,000명)

- 100명 이상 증가
- 20~99명 증가
- 19명 감소~19명 증가
- 20~99명 감소
- 100명 이상 감소

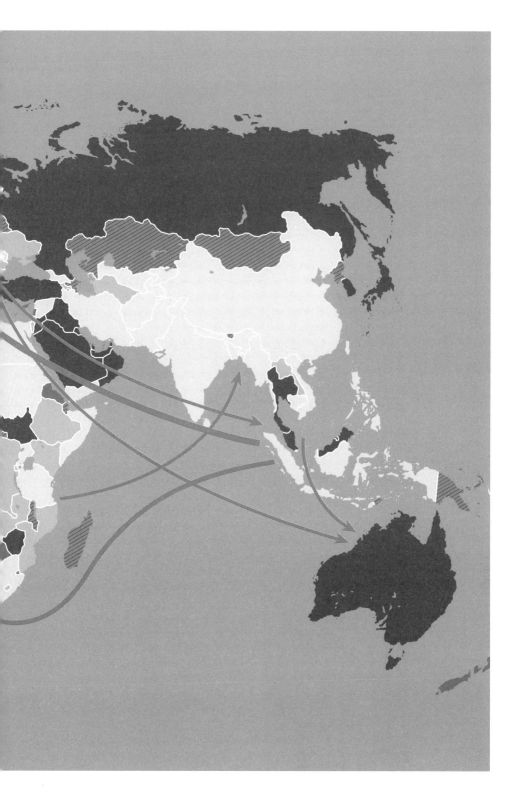

낭만주의도 운명론도 아닌
이주의 역사

2018년 6월 도널드 트럼프 미국 대통령은 많은 사람들의 의식 속에 깊이 숨겨진 불안감에 호소했다. 그는 이주와 함께 폭력과 질병이 유입될 것이라고 했다. 스코틀랜드와 팔츠계 이민자의 손자인 그는 "범죄 조직이 이 나라로 물밀듯이 밀려들고 나라를 폭력으로 감염시킨다"고 트위터에 남겼다. 하필 트럼프는 일반적으로 의학 관련 문맥에서나 사용되는 감염시킬 위험이 있다는 의미의 'infest'라는 단어를 사용했다. 그가 최대한 중의적인 표현을 사용한 것은 우연이 아닐 터이다. 그의 팬과 반대파의 반응은 메시지가 왔다는 증거였다.

이제 유럽 사회에서도 이주는 폭력이나 질병과 동일시하는 행위로 하찮은 현상이 아니다. 이주는 반(反)이주 정책을 공약으로 내걸어 정권을 잡는데 성공한 몇몇 국가들의 정책 노선이 되었다. 그런데 수십 년 전부터 이주가 마치 아주 공격적인 바이러스인 듯한 이미지를 부각시키려는 메시지가 확산되고 있다. 그사이 이주, 폭력, 질병은 많은 사람들에게 떼려야 뗄 수 없는 관계가 되었다. 질병이 '침입하고', 사회는 폭력으로 '감염되고', 난민이 유럽을 '밀쳐 넘어트리고', '요새'는 붕괴 위협을 받고 있다.

현재 대부분의 서구권 국가에서 사용하는 이주라는 단어에는 부정적인 의미가 함축되어 있다. 물론 이는 새로운 현상이 아니며, 서구권 국가만의 문제도 아니다. 이주민을 견제하는 태도는 국경을 초월해 태초부터 존재해왔고 그 이유는 폭력과 질병에 대한 불안감 때문이었다. 여기에는 외래문화가 들어오면 고유의 문화가 위협받고 밀려날지도 모른다는 두려움이 포함되어 있었다. 하지만 이 상황을 논쟁으로 대응한다는 건 만만치 않은 일이다. 작정하고 덤비면 유럽 이주의 역사에 대해 고고유전학이라는 새로운 지식이 역사적 근거를 바탕으로 한 이러한 논의를 활활 타오르게 할 수도 있기 때문이다. 이 분야에서는 어느 관점이든 무언가가 있을 것처럼 보인다. 이것은 이주현상을 유럽의 뿌리가 아니라 유럽의 영원한 불행으로 여기는 모든 사람들에게도 마찬가지다.

유전자 분석 기술 덕분에 우리는 지난 몇 년간 8000년 전 유럽의 신석기 혁명이 어떻게 진행되었는지 정확한 그림을 그릴 수 있었다. 신석기시대에 농경 문화로 넘어갔다는 것은 고고학자들에게 오래전부터 알려져 있었다. 하지만 많은 학자들, 특히 독일어권 학자들은 신석기 혁명을 대변혁이 아닌 자연스럽게 흘러가는 과도기로 보는 경향이 있었다. 농경사회가 나타나고, 진보의 불길이 근동 지방에서 유럽의 구석까지 타오르며 사람들을 새로운 지식으로, 땅을 곡식으로 풍성하게 채워주었다는 것이다. 이처럼 시대 흐름에 맞춘 친절한 비전의 역사는 논란이 될 것이 없다. 하지만 유럽에서 농경은 근동 지방의 대가족 문화권 사람들의 이주와 함께 시작되었고, 유럽의 정착민들이 이들에게 밀려날 수밖에 없었다는 것은 분명한 사실이다. 수백 년 이상 기존의 정착민과 새로운 이주민들 사이에 교류가 거의 없었기 때문에 실제로 이것은 문화적 억압이라고 말할 수 있다. 신석기시대는 '저녁의 나라'가 몰락하고 '아침의 나라'가 승리한 시대였다. 이 시기 '저녁의 나라', 즉 서양은 아주 단순한 구조의 사회였다. 사람들은 숲과 초원을 활보하고 다닌 반면, 근동 지방에서 온 이주민들은 전혀 다른 새로운 생활양식을 갖고 있었고 훨씬 우월했다.

정착민들은 낯선 개체군에게 밀려나길 원하지 않았을 것이다. 그럼에도 신석기 혁명은 평화적인 혁명으로 여겨졌던 반면, 5000년 전 대이주 이후 정착민과 이주민의 평화로운 관계는 점점 유지되기 어려워졌다. 신석기시대에는 근동 지방 이주민들이 아직 유럽에 많이 살지 않았다. 새로운 이주민들과 정착민이 살 수 있는 공간과 배를 채울 수 있는 양식이 많았기 때문에 인구는 더 빠른 속도로 증가했다. 3000년 후 스텝 지방 출신의 새로운 이주민들이 왔을 때, 인구는 이미 감소해 있는 상태였다. 아마 스텝지대에서 유입된 페스트와 관련이 있을 것이다. 이런 면에서 청동기시대 이주의 역사는 질병과 죽음을 부르는 이주의 전형적인 예라고 할 수 있다. 초기의 폭력적인 이주민들은 자신들의 목적지에서 모든 것을 파괴했다.

현재 유럽에 살고 있는 사람들은 수천 년 전 이주의 결과물이다. 그 안에 끊임없는 교류, 억압, 싸움, 모든 아픔이 녹아있다. 따라서 유럽인들은 자신들이 이러한 변혁으로 인한 희생자들의 후손이라고 생각할 이유가 없다. 유럽의 이주는 언제나 존재했던 극적인 사건이다. 게다가 우리는 이 시대의 유전자 덕분에 과거의 역사를 이야기할 수 있다. 이런 관점에서 인류의 이동을 이끌어온 주인공들의 최소 70퍼센트는 수동적인 인물, 즉 지금으로부터 8000년과 5000년 사이 유럽 대륙으로 이주해 이곳 문화에 종속되어 살았던 이주민들이다. 그때까지 유럽 지역에서 우세했던 수렵민과 채집민의 게놈은 이제 소수 유전자다. 수렵민과 채집민의 게놈은 여전히 유럽인을 구성하는 세 가지 유전적 기둥 가운데 하나이기는 하지만 말이다. 유전자 데이터가 이 시기 사람들의 이주 흐름에 대해 상세한 정보를 제공하고 있지만 우리가 가지고 있는 이주의 역사에 관한 모자이크에는 빈틈이 아주 많아 다양한 해석의 여지가 있다. 어쨌든 유럽의 원사시대에 있었던 이주는 낭만주의적 관점으로도 운명론적 관점으로도 접근하기 적합한 주제는 아니다. 이것은 틀림없는 사실이다. 이주가 완벽하고 평화롭게 진행된 경우는 드물었다. 하지만 이주가 없었다면 현재의 유럽 대륙은 존재하지 못했다. 이주가 없었던 선사시대 유럽에는 사람이 살지 않고 동물과 식물군만이 존재했다.

유럽에만 뿌리를 박고 살아온 토착 유럽인은 없다. 수만 년 동안 유일하게 존재했다는 이유로 수렵민과 채집민이 유럽인의 조상이라고 한다면 논리가 궁색해질 수밖에 없다. 하나는 네안데르탈인

DNA가 2퍼센트라는 사실이 입증하듯, 수렵과 채집생활을 하던 비문명인들이 처음 유럽 땅에 거주했던 것이 아니며, 비문명인들의 관점에서 원주민들은 비문명인들로 말미암아 밀려난 것이기 때문이다. (네안데르탈인은 호모 에렉투스가 이미 유럽에 살고 있을 때 유럽으로 이주했고, 호모 에렉투스도 네안데르탈인처럼 정착지에서 밀려난 듯하다). 다른 하나는 수렵민과 채집민의 이동을 인류의 이동에 대해 설명할 수 있는 대안으로 보기는 어렵기 때문이다. 이들의 생활방식은 제한된 지역에서만 생활하는 기존의 유럽 정착민들에게는 낯설었을 것이다. 수렵민과 채집민은 본능에 충실한 유럽인이자 세계 시민이었다. 이들은 자신의 충동이 끌리는 곳으로 갔고, 고향이라는 것을 알지 못했다. 이들의 눈에는 기회가 넘치는 광활한 땅만 보였다. 자기 소유의 경작지는 아나톨리아 농경민들이 들여온 개념이었다. 이들은 자신의 영역을 구분하기 위해 말뚝을 박았다. 인류의 이동이 원사시대에 시작된 것이 아니라고 주장한다면 그 근거로 유럽의 가장 거대한 이주 물결로 인한 문화 유입 현상을 제시해야 한다.

숲과 초원에 대한 동경

8000년 전 단계적으로 유럽의 채집민과 수집민에서 농경민으로 대체되었다. 현재 많은 사람들이 이 시대를 동경한다. 사람들은 이러한 생활방식을 지금은 더 이상 존재하지 않는 자유와 연관짓는다. 백팩과 텐트를 어깨에 메고 자연을 즐기는 하이커, 수많은 사냥꾼과 낚시꾼은 우리가 태초의 생활방식을 끝없이 동경하고 있다는 증거다. 하지만 이러한 유희에는 미화된 부분이 많다. 당시 사람들은 살코기만 먹고 살았던 것이 아니다. 이들은 달팽이, 곤충, 동물을 막론하고 손에 잡히는 것은 다 먹었다. 장기는 이런 식단을 소화시킬 수 있도록 적응되어 있었다. 신석기시대의 식단은 탄수화물 위주로 전환되었으나, 지금까지 인간의 장기는 이것을 완벽하게 소화하지 못하고 있다. 신석기시대와 이후 유럽에 들여온 모든 것이 인간을 인간이 생각해낸 생활방식과 완전히 분리시켜 놓았다는 주장은 사이비 종교 같은 잘못된 판단이라고 결론 내릴 수 있다. 직립보행을 시도하고 사냥 도구를 제작하기 시작한 이후 인간은 다른 생명체와 달리 자신의 운명을 스스로 개척하기 시작했다. 이것이 인간의 고유한 특징이고 이제 있는 그대로 사는 사람이 없다면 원래 살던 대로 살아야 할 것이다.

많은 현대인들이 '태초의 삶'을 맹목적으로 동경한다. 이들은 소위 석기시대 사람들의 식단을 모방하는 원시인 다이어트를 한다. 그리고 이들은 자연치유법을 맹신한다. 굴뚝에 불을 지피기 위해 엄청난 양의 미세 먼지를 만들어내기도 한다. 이들은 옛날 사람들은 예방 접종을 하지 않고도 잘 살았다며, 현대 의학을 부정하고 자녀들의 예방 접종을 거부한다. 맞는 말이다. 다만 옛날에는 지금은 쉽게 치료할 수 있는 병 때문에 죽는 사람들이 많았을 뿐이다! 수렵민과 채집민 시대의 아이콘이었던 바트 뒤렌베르크의 샤먼은 아마 감염병으로 어린 나이에 세상을 떠난 듯하다. 실제로 석기시대 자연환경에는 인간이 일찍 죽을 수밖에 없는 변수가 많았다. 이런 변수에 심근경색, 당뇨병, 뇌졸중은 포함되지 않는다. 실제로 사람들은 병에 걸리지 않기 위해 균형 잡힌 식사를 했다. 그렇지 않으면 오래 버티지 못하고 죽었다. 현재 잘사는 나라에서 암 사망률은 증가하고 있는데, 연령이 높을수록 발병률이 증가하는 성인병 때문이다.

현재 유럽인들은 인류 역사상 가장 편안한 삶을 누리고 있다. 우리는 석기시대와 청동기시대의 이주민들에게 감사해야 한다. 농경이 시작되면서 유럽에는 초기 형태의 지방자치 조직이 정착되었다. 이제 사람들은 가족이나 작은 집단에만 의존하지 않고, 주거지에서의 공동체 및 협동정신에 의지할 수 있게 되었다. 식량을 비축하면서 사람들은 서서히 자연이 부리는 변덕에서 해방되었다. 물론 당시 사람들은 가뭄이나 악천후가 끊임없이 찾아와 생존의 위협에 시달렸다. 이 상황은 지금도 다를 바 없다. 스텝지대 유목민의 이주 후 유럽에는 수직적 서열, 노동 분담, 혁신의 기반이 잡혔고, 덕분에 유럽은 전 세계에서 기술과 지식으로 열매를 맺으며 두각을 나타낼 수 있었다.

아메리카를 개척한 유럽 출신 이주민들은 제2차 세계대전 후 미국이 문화·경제적 패권을 장악할 수 있게 한 원동력이 되었다. 이것 역시 독특한 유럽 발전사의 연속이었다. 수천 년 이주의 역사를 간직한 유럽 대륙의 정착민들이 대서양을 건너 신세계로 이주하기 시작했고, 아메리카 대륙에서 이주의 역사가 반복되었다. 원주민에게는 잔혹한 일이 벌어졌다. 여기에서는 인류의 진보와 진출을 구분할 수 없다. 윤리적 판단이라는 측면에서 원사시대의 이주와 1492년 콜럼버스가 불을 지폈던 유럽인의 이주 물결을 동일시하기는 어렵다. 아메리카의 식민화는 많은 유럽 이주민들이 의식적으로 종교적·법적 기준을 무시했고 윤리적 측면에서 한계가 있었다고 볼 수 있다. 반면 원사시대에는 이런 기준 자체가 존재하지 않았고 야만적인 자연상태를 거친 후 인간 사회가 탄생하고 문명화가 이루어졌다.

유전학은 명예를
회복한 것인가

근대 유럽의 팽창 과정에서 드러났던 야만성은 역사를 통해 전해지고 있다. 물론 이 역사는 정복자의 입장에 치우쳐 있는 경우가 많다. 원사시대 유럽으로의 이주에 대해서는 막연히 상상만 해왔기 때문에 일부 이론들은 서로 적대적인 대립관계에 있었다. 지난 몇 년간 고고유전학은 어둠에 불을 밝히는 역할을 해왔다. 아직 불이 밝혀지지 않은 곳도 있지만 말이다. 염기 서열 분석 기술의 눈부신 발전으로 선사시대와 현재의 게놈은 이주와 유전자 혼합에 관한 개별적인 역사를 이야기하는 로그북이 되었다. 유전학은 역사 기술에서 중요한 요소가 되었다. 이제 우리는 유전학을 어떻게 다루어야 할지 그 방법을 배워야 한다.

이와 관련해 학문적 도전에 관한 언급은 절제해야 할 것이다.

특히 독일어권 공간에서는 말이다. 나치는 역사를 인종 간의 투쟁이나 다름없다고 주장하며, 야만적인 방식으로 광기를 실행에 옮겼다. 이 시기 많은 고고학자들이 '민족'이나 '개체군'이라는 단어를 언급하며, 문화적 우월성과 우수한 유전자의 상관관계를 주장했다. 당시 고고학자들은 이 이론의 정당성을 입증하기 위해 청동기 문화는 신기술 습득을 계기로 유럽에 도입된 것이 아니라, 스칸디나비아에서 '전투 도끼 전사'가 이주했기 때문이라고 주장했다. 소위 북유럽 민족이 다른 민족보다 우월하고 유럽의 발전을 촉진시켰으며 게르만어도 전파시켰다는 것이다. 하지만 나치의 역사 해석은 고고학 이론과 일치하지 않는다. 나치는 다른 인종, 예를 들어 동유럽 인종은 유전적으로 열등하다고 주장하며 나치 이데올로기의 정당성을 입증하려 했다. 제2차 세계대전 이후 독일의 많은 고고학자들이 문화 기술과 언어의 확산이 민족의 이동과 관련 있다는 사상을 기피해왔는데, 어쩌면 이것은 당연한 반응인지도 모른다. 이후 당시 그곳에 살았던 사람들이 새로운 기술을 습득하고 수용하면서 신석기와 청동기 문화가 유럽에 전파되었다는 이론이 일반적으로 통용되었다.

유전자 데이터는 정반대의 사실을 말해주고 있었다. 실제로 원사시대에 있었던 두 차례의 대변혁, 이른바 이주민이 기존의 정착민을 몰아냈던 이주의 물결은 분리시킬 수 없다. 나치는 8000년 전 아나톨리아 농경민과 5000년 전 동유럽 스텝지대 유목민의 이주가 유럽의 발전을 촉진시켰다는 사실을 달갑게 여기지 않았을 것이다. 또 이들이 새로 제시한 견해는 20세기 전반에 고고학 이론의 일부를 재활시킨 것인지도 모른다. 하지만 이것 역시 성급한 결론이다. 유전자 데이터를 철저히 살펴보면 이주와 문화교류 간의 복잡한 상관관계가 드러나고, 여기에서 개체군에 따른 경계는 확인할 수 없다.

비옥한 초승달지대의 수렵민과 채집민이 농경 문화를 발전시킨 이후, 아나톨리아 농경민은 유럽으로 이주했다. 대부분의 지역은 기후가 따뜻했고 이 지역에서 서식하고 재배할 수 있는 야생종 곡물이 있기 때문이었다. 스텝지대 유목민의 이주 역시 특정 개체군의 우월성이 발전을 가져온다는 증거로 그다지 타당성이 없다. 스텝지대 거주자들은 정착한 수렵민과 채집민, 근동 지방 출신 이주민의 후손이기 때문이다. 이들은 서양에 청동 공예품 제작 기술을 가르쳤고, 유목생활에서 농경생활로 도약을 이룬 것은 유럽에 정착하고 난 후였다. 이들은 유럽의 생활방식을 받아들였고 유럽의 생활방식과 혁신적 기술을 접목시켰다. 이주뿐만 아니라 교류도 항상 중요한 역할을 해왔다. 유럽인들은 이러한 프로세스의 결실이며, 유럽인의 유전자에서도 이주, 축출, 협력의 흔적을 읽을 수 있다.

민족과 유전자 사이에는
상관관계가 성립하지 않는다

특정 민족집단의 순수 구성원임을 입증하는 유전자를 가진 사람은 없다. 잊을만하면 사람들이 다시 *끄집어내는* 오랜 사상이 있다.

게르만, 켈트, 스칸디나비아, 혹은 국민성을 나타내는 특별한 유전자가 있다는 것이다. 이제 이러한 관점이 거의 수용되지 않고 있는 추세다. 이베리아반도에서 우랄산맥까지 특정 유전자의 변형 빈도가 일정하게 나타난다. 그리고 유전학자들은 이 자료를 토대로 사람들 각각의 뿌리를 밝히려고 한다. 하지만 이러한 유전적 차이가 민족의 경계와 일치한다는 사실을 입증하려는 시도는 색상을 분류해 색상환에 채워 넣으려는 생각만큼이나 무리한 꿈이다. 통로가 유동적이기 때문에 두 개체군 혹은 두 색깔 사이의 거리는 항상 측정될 수 있다. 하지만 집단 형성은 불가능하다. 어쨌든 이것은 합리적이지 못하고 타당성을 입증할 수 없다.

독일 남서부의 프라이부르크 여성과 스트라스부르 여성은 유전적으로 프라이부르크 여성과 하이델베르크 여성보다 비슷하다. 그런데 프라이부르크와 스트라스부르는 서로 다른 나라이고, 프라이부르크와 하이델베르크는 서로 다른 연방주다. 독일 북부 지방 플렌스부르크 사람과 독일 남부 지방 파사우 사람의 유전적 차이를 극복하려면 유럽 남동부의 6개 나라 국경을 넘어야 하며, 1990년대에는 소위 인종의 차이 때문에 유혈 투쟁이 발생했던 지역이다. 유럽의 유전자 이동 현상은 정기적으로 한 방향과 기울기를 보이는데, 이것을 바탕으로 지도를 작성할 수 있지만, 민족 간 경계를 구분하는 지도는 작성할 수 없다. 예외는 아이슬란드와 같은 섬, 더 정확하게 말하자면 사르디니아섬이다. 유전자 교류가 많이 없던 지역 개체군들의 DNA는 다른 지역에 비해 동질적인 특성을 보인다.

'기울기의 원리'는 전 세계적으로 통용되고 있다. 유럽의 지리적 경계가 우랄산맥이나 보스포루스 해협이라고 적혀 있는 책은 없다. 지중해 저편 사람들은 갑자기 전혀 다른 유전자를 갖게 된 적이 없다. 유전자 이동은 초기 현생 인류가 사하라 이남에서 전 세계로 확산된 방향을 따라 진행되었다. 그래서 북아프리카 사람들이 유럽인과 서아시아 사람들에 비해 유전적으로 더 가깝다. 이 지역은 아프리카 이주민들이 처음 정착생활을 시작했고 이후 유전자 교류가 이루어졌기 때문이다. 태평양 지역 거주민들과의 유전적 차이는 더 크고, 북아메리카 원주민과의 유전적 차이는 이보다 더 크고, 남아메리카 사람들과의 유전적 차이는 가장 크다. 남아메리카는 가장 늦게 사람들이 이주한 지역이기 때문이다. 동부 아프리카에서 티에라 델 푸에고 제도까지 지리적으로 가까울수록 개체군들의 유연관계가 더 가깝다. 일반적으로 인종적 소수 집단은 예외가 될 수 없다. 소르브 민족은 주변 지역인 작센, 브란덴부르크, 폴란드 사람들과, 바스크 민족은 주변 지역인 프랑스나 스페인 사람들과 유전적 차이를 구분할 수 없다.

　특히 언어로 경계를 구분하는 것은 문화 및 정치적 차이에서 기인한 프로세스 때문이다. 이것은 사회를 더 다양하게 만들어주고, 다양한 언어를 사용하는 사람들이 함께 살수록 분쟁의 발생 가능성은 높다. 인종 갈등에 관한 유전적 근거는 더 이상 존재할 수도 없고 그래서도 안 된다. 이것은 유전학이 일궈낸 성과다. 어처구니없게도 이렇게 비과학적인 주장들이 20세기에 나왔던 것들이다. 유감스럽게도 이런 학문은 아직도 진실에 역행하는 행동을 하려는 많은 사람들에게 인정받고 있다. 이들은 유전학적 증거를 민족 이데올로기의 '도구상자'에 감춰 놓으려고 한다. 하지만 예전에 비해 유전학과 인종주의적 사고의 연관성은 점점 멀어지고 있다.

아프리카의
블랙 블록

세계에 하나의 거대한 유전적 가족이 살고 있다고 한다면 아프리카 대륙의 유전적 다양성이 가장 클 것이다. 실제로 아프리카는 인류의 기원을 찾는 데 있어서 중요한 역할을 하고 있다. 현생 인류의 계통도도 아프리카 대륙에 뿌리를 두고 있다. 현생 인류가 전 세계로 퍼져나가는 동안, 거대한 아프리카 대륙에서도 퍼져나가고 있었다. 그래서 현재 이들의 게놈에는 대부분의 인류의 줄기와 갈래에 관한 정보가 들어 있다. 지리적 친밀성과 유전적 친밀성이 동반되어 나타나는 원칙은 아프리카에도 적용된다. 그런데 아프리카 대륙에서는 다른 지역에 비해 유전자 이동이 훨씬 많이 나타난다. 좀 더 구체적으로 설명하면 동아프리카와 서아프리카 거주자의 DNA에 나타나는 차이는 유럽인과 동아시아인의 차이만큼이나 크다. 유전적 관점에서 지구상에 살고 있는 모든 사람들이 아프리카의 다양성을 이루는 요소다. 아프리카 이외 지역 사람과 인류의 뿌리인 아프리카 대륙 사람과 구분할 수 있는 유일한 기준은 네안데르탈인과의 유연관계다. 오스트레일리아와 오세아니아 거주민의 경우 데니소바인의 영향을 많이 받았다.

이것은 엄연한 사실이지만 비아프리카인들에게 아프리카는 거의 동질적인 형상을 갖고 있는 대륙인 것처럼 비춰진다. 이 지역 사람들은 피부색 때문에 언뜻 보면 외형적으로 구분이 잘 안 되기 때문이다. 사하라 이남 지역에는 전 세계 인구의 8분의 1인 9억 명 이상의 사람이 살고 있다. 이곳은 다른 지역에 비해 유전자 스펙트럼이 훨씬 넓다. 그럼에도 지금까지 유럽에 비해 아프리카의 유전적 다양성의 많은 부분들이 강제로 단일화된 경향이 있다. 이제 사하라 이남 지역을 의미하는 '검은 아프리카'라는 표현은 거의 사용되지 않고 다른 경향의 개념이 정착되었다. 사하라 이남 지역 거주자와 전 세계에 퍼져 살고 있는 이들의 후손들은 '흑인'이라고 불린다. '백인'과 구분하기 위해서다. 2000년 인구통계조사 시 미국 인구조사국에서 어떤 인종인지 묻는 문항이 있었다. 여기에는 조상이 사하라 이남 지역인 모든 사람을 '흑인'으로 분류했다.

물론 다양한 유형으로 분류하는 행위 자체를 인종주의적이라고 할 수는 없다. 이것은 분류하고 경계를 구분하려는 인간의 본능적 욕구에 더 가깝다. 피부색을 기준으로 인간을 분류하고자 하는 행위가 얼마나 한심한 짓인지 겉으로 드러난 것뿐이다. 일반적으로 아일랜드 사람들은 이탈리아 남부 지역 사람들보다 피부색이 훨씬 밝다. 물론 둘 다 백인이다. 한편 피부가 검은 쪽에 더 가까운 사르디니아인이나 아나톨리아인은 피부색 때문에 사하라 이남 지역 종족인 코이산족과 구분이 잘 되지 않는다. 반면 사르디니아인 혹은 아나톨리아인과 코이산족의 피부색이 같다고 하면 뭔가 실수를 한 것처럼 느껴진다. 물론 둘 다 흑인으로 간주된다.

잘 꾸며 놓은 드러그 스토어의 화장품 코너를 보면 정말 다양한 뉘앙스의 색조 톤으로 구분되어 있다. 이것만 봐도 피부색으로 사람을 분류할 수 없다는 것은 자명한 사실이다. 그럼에도 흑인 혈통의 피부색이 뚜렷하기 때문에 사람을 알아볼 때 다른 특성보다 더 많은 영향을 끼쳐왔다. 오바마 미국 전 대통령의 경우 미국 최초의 흑인 대통령이라는 사실이 자주 부각된다. 그가 아일랜드-스코틀랜드 혈통이었다면 상황이 달라졌을 것이다. 이제 우리는 한 사람의 피부색에 다양한 유전자들이 영향을 끼친다는 걸 안다. 여기에 맞춰 과도기도 자연스럽게 흘러간다. 우리가 이러한 점진적 차이를 이해하려면 아직 멀었다. 우리는 피부색을 지나치게 강조하는 경향이 있고, 피부색만큼 빨리 파악할 수 있는 인체적 특징이 거의 없다는 것도 사실이다.

지리적 혈통을 구분하는 지표에는 피부색이 포함되어 있다. 몇몇 사례에서는 처음에 지리적 혈통에 따라 사람을 분류하는 것이 타당성 있다. 예를 들어 서아프리카 출신 환자를 치료하고 있는 종양학자에게는 환자의 출신 지역에서 전립선암을 유발하는 유전자가 자주 나타나는지 아는 것이 중요하다. 물론 이와 관련해 아직 의학적 진단은 내려지지 않았다. 질병과 약효가 지역적으로 불균등하게 분포되어 있다면 유전적 혈통에 원인이 있을 가능성이 있다. 이를테면 말라리아에 내성이 있는 유전자 결함은 일부 약물에 대해 거부 반응이 있다. 이 현상은 아프리카 특정 지역의 일부 사람들에게서만 나타난다.

지난 수십 년간 인간의 혈통은 의학적 위험과 기회를 판단할 수 있는 중요한 지표로 여겨졌다. 이런 생각도 이미 낡은 것이다. 학문의 발전으로 이제 각 환자들의 게놈을 쉽게 검사하고 훨씬 더 신뢰할 만한 의학 프로파일을 작성할 수 있다. 인종 혹은 혈통이 아니라 있는 그 자체로 한 인간을 파악할 수 있는 시대가 온 것이다. DNA 믹스DNA Mix에 과거의 모든 정보가 담겨 있다. 10년 후면 의학계에서는 이러한 평등주의적 관점을 표준으로 삼게 될 것이고, 유전자 분석은 더욱 중요해질 것이다. 하지만 역사의 경험이 입증하듯 사회 규모가 클수록 외형적 특징을 바탕으로 서로를 구분하려는 욕구가 오래전부터 존재해왔다.

한때는 인종과 민족이 있었다

그사이 인간의 유전자는 전혀 다른 방향으로 발전하고 있다. 오래전부터 인류는 유전적으로 점점 비슷해지고 있다. 반면 이전 수천 년 동안은 정반대였다. 인류는 전 세계로 이동했고, 유전적 차이는 물론이고 개체군 간의 분열과 차이도 점점 커졌다. 지난 수천 년간 인간 계통도의 줄기들이 다시 합쳐지고 있다. 이 현상은 이동의 증가와 관련이 있다. 현재 전 세계 사람들의 발길이 닿지 않는 곳은 거의 없고 정착민들과 결혼해 자녀를 낳는다. 유럽과 서아시아 사람들 간의 유전적 차이는 지난 1만 년 동안 절반 이상 감소했다. 전 세계적으로 유전적 차이는 점점 줄어들고 있다. 이동이 점점 많아지는 사회에서 이러한 추세는 계속 유지될 것이다.

유전적 관점에 따라 각 국가의 사람들을 분류하려는 사람들에게 이건 좋은 소식이 아니다. 지구상에 살고 있는 사람들의 DNA가 점점 유사해지고 있다면 민족과 인종가설을 고집하기가 어려워질 것이다. 민족과 인종가설 지지자들은 자신들의 이론을 더 공격적으로 방어하고 있다. 이미 오래전 대중 담론에서 사라진 콘셉트가 흡혈귀처럼 다시 부활하고 있다. '인종 재정비'나 '과도한 외국화'와 같은 투쟁적 개념이 퍼지고 있는데, 그 밑바탕에는 국민의 DNA와 문화가 함께 변화한다는 사고가 깔려 있다. 20세기 초반 등장했던 문화-언어-민족이론의 분위기가 풍긴다. 이 이론에 의하면 문화와 사회는 특히 사람들의 유전적 공통점을 표준으로 삼는다. 이러한 관점을 지지하는 사람들의 영향으로 고유한 문화의 역할이 과대평가되거나 과소평가되고 있다. 이들은 고유한 문화에서 자신들의 우수성을 찾지만, 우리 사회에 외국인을 받아들이는 데 있어서 이러한 관점이 얼마나 많은 영향을 끼치는지 믿지 않는다. 이러한 태도는 이주민과 함께 성공적인 사회를 만들려면 통합의 힘이 얼마나 큰지 잘못 파악하고 있는 것이다. 미국이 이에 대한 산 증거다. 미국에는 유럽계 이주민, 당연히 독일계 이주민이 많이 살고 있고, 미국 거주자 4명 중 한 명은 이민자 배경을 갖고 있다. 그럼에도 미국은 망하지 않고 잘 돌아가고 있다. 현재 독일을 비롯한 일부 서양 국가들은 이주 등의 변화로부터 자신을 지키기 위해 이주를 반대하며 소위 정적인 성공 모델을 시도하고 있다. 지난 수십 년 동안 외국인 이주민이 없었다면 현재의 독일과 서양은 존재할 수 없었는데도 말이다.

지난 몇 년 사이 폐쇄적인 쇄국정치를 요구하는 이들이 급증하고 있다. 지지자들은 실질적인 이주에 대한 압력이나 외국인의 비중과는 전혀 상관없이, 심지어 정반대의 상황을 거론하고 있다. 나치와 우파 성향의 포퓰리즘 정당들이 내각에 점점 더 많이 입성하고 있다. 게다가 유럽 의회에는 이미 고유의 정파가 있다. 이들은 대개 이주를 거부하고 '국가들의 유럽Europa der Nationen'(유럽의회의 한 정파로 EN이라 칭한다.-옮긴이)이라는 애매모호한 고백을 하고, 명확한 경계를 구분하는 것이 자신들의 역할이라고 생각하며, 민족다원주의(우익 이데올로기의 하나로, 국가나 지역의 문화적 순수성을 요구하고 민족과 문화가 지역적으로 분리된 상태를 지지한다. 민족다원주의는 문화의 귀속에 따라 민족을 정의하지만, 인종 개념을 내포하는 경우가 흔하다.-옮긴이) 확립을 주장한다. 민족다원주의에서는 유럽으로의 이주뿐만 아니라 이동이라는 사상 자체를 거부한다. 민족의 경계를 구분한다는 가설은 모든 민족이 이러한 경계를 인정할 때만 통한다. 이런 맥락에서 '세계시민' 사상은 애국심이 부족한 데서 비롯된다고 하는 세계시민에 대한 이들의 반감을 이해할 수 있다. 2018년 연방하원의 한 원내대표는 '세계화된 클래스'를 정보를 통제하고 문화 및 정치적으로 박자를 정하려는 시도라고 했다. 그는 '디지털 정보 작업자'라는 '모바일 계층'을 고유한 '종', 즉 인간종이라고 표현했을 때 아마 별다른 의도 없이 유전적 연관성을 찾으려 했던 듯하다.

인류의 이동과 국제성 거부를 언급하는 경우 그냥 지나칠 수 없는 반유대주의적 어조가 내포되어 있을 때가 많다. 독일의 작가 한나 아렌트Hannah Arendt는 이미 여기에서 나치의 끔찍한 유대인 혐오의 원인을 찾았다. 아렌트는 나치의 경우 유대인이 고국에 대한 의식 없이 각 국가에서 자신의 권력을 행사하면서, '선택받은 민족'이라는 지위를 통해 초국가적 네트워크를 실현하고 있다고 판단했다.

'유대인 유전자'라는 사상에 대해 반론이 제기된 지 오래되었으나 지금도 널리 퍼져 있다. 2010년 과학저술가 틸로 자라친Thilo Sarrazin은 일간지 인터뷰에서 "모든 유대인은 특정한 유전자를 갖고 있다"고 했다. 자라친은 여기에서 근본적으로 중요한 부분을 놓쳤다. 유대교 신앙을 지키며 중부 및 동부 유럽에서 수백 년 이상 살아온 아슈케나지 유대인들은 실제로 근동 지방 혈통과 중부 및 동부 유럽 혈통의 유전자가 혼합됐을 때와 유사한 유전자 요소를 갖고 있었다. 그리고 엄격한 결혼 전통이 유대인들이 수백 년 동안 자신들의 신앙을 지키며 자녀를 낳고 비유대계 사람들과 구별된 유전적 특성을 보존하는 데 기여했다. 유전자 분석 결과 모든 아슈케나지 유대인들이 가지고 있다는 고유한 유전자는 없었고, 이것은 동유럽 및 근동 지방 출신 사람들에게서 나타나는 독특한 유형의 유전자 혼합이었던 것으로 확인되었다. 아슈케나지 유대인들에게서 자주 발견되었던 동유럽 DNA 요소는 독일 튀링겐, 작센, 브란덴부르크 지역 사람들에게서도 확인할 수 있었다. 게다가 당시 자라친은 유대인뿐만 아니라 바스크인에게 고유한 유전자가 있다고 주장했는데, 이것도 자의적 해석이다.

지능 유전자의
한계

이제 진지하게 학문 연구를 하는 학자 중에서 국가, 종교, 문화의 경계를 유전자에서 확인할 수 있다고 생각하는 사람은 거의 없다. 하지만 학자들 간 의견의 일치를 보이지 않는 질문들이 있다. 하나는, 전 세계 다양한 지역의 사람들 간에 유전적으로 지능의 차이가 존재하느냐는 것이다. 얼마 전 한 유전학자의 발언에 세간의 이목이 집중되었다. 그의 발언에 이런 의미가 내포되어 있었기 때문이다. 그는 다름 아닌 DNA 이중나선 구조의 공동 발견자로 노벨 생리의학상을 받은 제임스 왓슨이었다. 2007년 왓슨은 한 인터뷰에서 아프리카인들은 유럽인들보다 지능이 더 떨어지는데, 지금까지의 모든 연구 결과 '아프리카인들이 유럽인들보다 지능이 높다는 것'이 '사실이 아니'라는 증거를 찾지 못했다고 했다. 그는 아프리카인과 유럽인의 명백한 유전적 차이에 대한 증거를 제시할 수 없었지만, 몇 년 내에 그 증거가 발견될 것이라고 확신했다. 왓슨은 이 인터뷰 발언으로 곤혹을 치른 뒤 오해라고 해명했다. 그는 개체군 간 유전적 차이가 존재하고 몇몇 개체군에서 곧 이런 요소들이 발견될 것이라는 말을 구체적으로 설명하기 위한 의도였다고 했다. 그의 추측에 의하면 피부가 검은 개체군은 아니겠지만 말이다.

왓슨의 예측은 아직 실현되지 않았고 아마 영원히 그럴 것이다. 실제로 지난 몇 년간 더 높은 지능을 나타내는 게놈의 구성요소는 지극히 일부만 확인되었을 뿐이다. 하지만 이러한 유전적 요소는 지능의 차이를 보여주지 못했다. 게다가 지리와 관련된 요소도 발견되지 않았다. 지능 발달을 촉진시키는 유전자 변형은 전 세계에 균일하게 분포한다. 당연히 아프리카에도 있다. 언젠가 특정 지역 혹은 혈통의 사람들을 더 똑똑하게 만들어주는 유전자 절편이 발견될 가능성을 배제할 수는 없다. 하지만 정말로 그럴 가능성은 없다. 그동안 수백만 개의 게놈을 연구하고 수도 없이 지능 검사를 실시했다. 이 정도라면 유전적으로 지능이 더 높은 집단을 발견하고도 남았어야 한다.

하지만 유전적 소인은 일반적으로 과대평가해서는 안 된다. 지난 수십 년간 유전자와 인체 사이즈의 상관관계가 밝혀졌지만 실제 상황은 어떠했는가! 인체 사이즈에 영향을 주는 유전자 절편이 수백 개 가량 확인되었고 이 유전자의 지역별 분포도 달랐다. 하지만 이보다 더 중요한 것은 환경적 조건이다. 현재 전 세계 많은 지역의 사람들이 조부모 세대에 비해 머리 하나 정도는 더 크다. 그 이유는 영양 상태가 현저히 개선되었기 때문이다. 이 현상을 보면서 3세대 만에 엄청난 유전적 차이가 발생해 유전자 이동이 일어났다고 생각하는 사람은 아무도 없다. 마찬가지로 1950년대의 지능 테스트에서 점수가 평균보다 높게 나왔다는 이유만으로 '지능 유전자'가 더 많다고 주장할 수는 없다. 지능 유전자는 높은 고학력자 비중 등 지능이 발달할 수 있는 상황과 관련이 있을 것이다.

물론 지능 발달을 촉진시키는 유전자 절편이 개인의 발달에 중요하지 않은 것은 아니다. 지능과 관련해 불리한 조건을 가진 사람이 그렇지 않은 사람들에 비해 좋은 성적으로 학교를 졸업하기는 어려울지도 모른다. 사회적 지위와 같은 다른 요인으로 단점이 보완되지 않는다면 말이다. 문화와 다른 외적 요인이 유전적 요인보다 훨씬 중요하다. 그렇지 않다면 교육에 관한 연구에서 부모의 수입과 우수한 성적의 상관관계가 이렇게 자주 입증되었을 리도 없다.

유전적 특성과 지능 테스트 결과를 비교해 지능 유전자를 찾겠다는 아이디어에는 문제가 많다. 지능 테스트에서 측정하는 것은 지능이다. 현재 통용되고 있는 절차에는 각 사회에서 중요시 여기는 것들이 반영되어 있다. 따라서 특정 개체군에게서 높은 지능 지수와 특정 유전적 요소와의 상관관계는 한 개체군 전체가 특정 테스트에서 평균보다 높은 점수를 획득했을 때만 성립한다. 다른 사회의 요구조건에 기준을 맞춰 테스트를 한다고 하면 이 개체군은 다른 개체군보다 훨씬 낮은 점수를 받는 반면 다른 개체군은 훨씬 높은 점수를 받을 것이다. 높이뛰기 선수와 100미터 육상 선수를 단거리 경주에 출전시킬 수는 있다. 두 사람의 운동 능력은 물론 뛰어나겠지만 우열을 판단하기는 어렵다.

유전자가 지능에 끼치는 영향에 관한 지식은 지역 혹은 국가적 격차가 있다는 주장을 반증한다. 오히려 일부 논의에는 필요하다. 유전자와 높은 지능의 상관관계 연구를 통해 상대적으로 짧은 시간 안에 지능에 영향을 끼치는 DNA 절편을 확인할 수 있다면 앞으로 몇 년 내지 몇십 년 후에 이러한 유전적 소인에 대한 이해의 폭이 넓고 깊어질 것이다. 이런 연구 덕분에 현재 이미 DNA를 통해 자폐증 혹은 조

현병의 특성을 어느 정도 읽어낼 수 있다. 앞으로 누구도 개인의 프로필이 유전자 분석을 통해 어떻게 작성될지 모른다. 의학적 위험뿐만 아니라 성격이 불과 몇 유로 혹은 몇 달러로 거래된다면 어떻게 할 것인가? 현재 인류는 이런저런 고도로 복잡한 질문의 답을 찾아야 하는 어려운 숙제를 받았다. 천문학적인 금액이 유전자 연구로 흘러들어가고 실행에 옮겨지고 있다. 2012년 중국 국립유전자은행이 설립되었다. 인간의 설계도인 유전자뿐만 아니라 모든 생물권(생명체가 살고 있는 영역 – 옮긴이)의 비밀을 해독하기 위해서다. 민간 최대 게놈 분석 업체인 캘리포니아 소재 23andMe의 최대 주주는 세계 최대 인터넷 검색 서비스 업체인 구글이다.

맞춤형 인간을
만들고 싶은 유혹

유전자 연구의 발전 양상은 마치 찬란한 미래를 약속하며 우리를 유혹하는 초음속 비행기와 같다. 우리는 기술에 어떤 위험이 도사리고 있는지 잘 안다. 지금이 바로 음속 장벽을 돌파하기 직전이다. 하지만 우리가 어떤 폭발음을 듣게 될지 지금으로서는 알 수 없다. 우리가 미래를 낙관할 이유는 충분하다. 운이 좋게 이런 저런 상황들이 잘 맞아 떨어져 인간은 우수한 성능의 두뇌를 갖게 되었다. 이후 인간의 뒤에서는 환상적인 진화의 역사가 기다리고 있었다. 진화의 척도에서 인간이 농경기술을 개발하고 정착생활을 시작한 것은 찰나의 순간이다. 인간은 농경을 시작하면서 스스로의 요구에 따라 세상을 만들어왔고, 자연에 순응하고, 자연법칙을 이해했다. 이 거대한 게임에서 인간은 아주 작은 역할을 해왔다. 지금 인류 역사상 가장 큰 혁명 가운데 하나, 어쩌면 가장 클지 모를 혁명이 임박했다.

인간 게놈의 해독은 혁명으로 가는 길의 출발점일 뿐이다. 그 끝에는 지구상에서 최초로 진화의 비밀에 접근한 인간이 있다. 소위 크리스퍼CRISPR/Cas-Methode 기술이 개발된 것은 2015년이었다.[24] 속칭 '유전자 가위'는 이미 유전공학의 표준 프로세스가 되었다. 유전자 가위를 이용하면 생명체의 게놈을 자신이 원하는 목적에 맞춰 정교하게 변형시킬 수 있다. 이 기술의 가능성, 특히 의학적 가능성은 확실하다. 암과 다른 질병이 발생할 유전적 소인이 발견되면 유전자 가위로 잘라내고 복구할 수 있다. 머지않아 박테리아 균주와 바이러스 균주가 다른 균주를 물리치고 인간에게는 아무런 해를 끼치지 않도록 유전자를 변형시킬 날이 올지도 모른다. 그렇다면 인간은 위험한 질병에 면역력을 갖게 될 수 있다. 운이 좋아 유전자 가위를 비롯한 유전공학 프로세스로, 인류를 위협하는 항생제 내성에 대한 답을 찾을지 모른다.

의학적 선택 가능성은 무궁무진하지만 아직 알려지지 않은 것도 많다. 현재 유전자 변형을 통해 질병을 정복할 수 있을지, 어떤 다른 기회가 생길지 아무도 알 수 없다. 유전자 가위는 이제 인간의 줄기세포 실험에 성공한 단계이기 때문에 치료 수단으로서 유전자 가위가 본격적으로 활용되려면 아직 한참 멀었다. 2018년 말 중국의 생물학자 허젠쿠이He Jiankui는 게놈이 편집된 아기가 최초로 탄생했다고 공식 발표했다. 허젠쿠이는 쌍둥이 여아 룰루와 나나가 HIV에 감염되지 않도록, 배아 단계가 되기 전 유전자 가위를 이용해 CCR-5 수용체 스위치가 꺼지도록 편집했다. CCR-5 유전자 연구는 비교적 잘 되어 있기 때문에 이 개입은 상대적으로 단순하다. HIV는 중국에서 상대적으로 드물게 발생하고 있으며 의료적 통제가 아주 잘 되어 있기 때문에, 이것이 유전자 연구에서 획기적인 계기가 될 가능성은 적다. 서나일 바이러스는 감염될 경우 치료법도 없고 감염으로 발생하는 열이 인체에 치명적일 수 있다. 그런데 돌연변이가 발생한 CCR-5 수용체가 서나일 바이러스에게는 오히려 득이다. 허젠쿠이가 언급했듯이 룰루와 나나는 HIV 예방 효과보다는 선구적인 연구라는 점에서 의의가 있다.

쌍둥이 여아 룰루와 나나에 대한 개입으로 추후 부작용이 발생할지 현재는 아무도 판단할 수 없다. 크리스퍼 기술의 의학적 잠재력은 그야말로 엄청나다. 하지만 위험성을 충분히 평가하지 않고 장점만 부각시키면 득보다는 실이 더 클 것이다. 전 세계는 물론이고 세계에서 가장 인구가 많은 나라 중국도 기꺼이 윤리적 논의를 하고 여기에 연구 방향을 맞출 것이라는 반응을 보이고 있다.

어쨌든 신기술의 어두운 이면은 이미 알려져 있다. 질병이 아니라 지능, 인체 사이즈, 개인의 특성을 강조하는 것과 관련된 유전적 요인이 확인된다면 유전자 가위를 이용해 맞춤형 아기를 탄생시킬 날이 멀지 않았다. 현재 유전자 진단 기술을 이용해 다운증후군 발생 위험이 있는 아기는 태어나기 전에 낙태시킨다. 심지어 이런 부분과 관련해 유전자 가위 프로세스는 사람들이 선호하는 기술이 될 수 있다. 아직 태어나지 않은 한 생명을 없애는 것이 아니라, 아예 생명 자체가 탄생하지 못하도록 만드는 것이기 때문이다. 아이에게 더 높은 지능의 유전자를 주는 것이 모든 부모의 바람 아닌가? 이를테면 하얀 피부나 푸른 눈처럼 다수 사회에서 선호하는 외모를 갖게 해주는 유전자? 어느새 건강한 사회에서 틀에 맞춰 찍는 사회로 자연스럽게 흘러갈 것이다. 대부분의 서구 국가에서 이 시나리오는 지금까지 윤리 및 법적 제재를 받고 있다. 아직까지 인간의 유전자 개입으로 발생할 기회와 위험은 누구도 예측할 수 없다. 수년 아니 수십 년이 될지 모르지만 이 기술을 다루는 법을 찾는 것이 우리의 가장 큰 과제 가운데 하나다.

이 문제는 결코 쉽게 풀리지 않을 것이다. 중국의 맞춤 아기 사례를 통해 보았듯이, 이것은 금지할 것인지 추진할 것인지 단순히 새로운 프로세스를 거부하느냐의 문제가 아니기 때문이다. 유전자 가위 프로세스가 한 생명을 구할지, 아니면 믿고 활용해도 되는 기술인지, 아무것도 하지 않고 방관적 자세를 보이는 데도 이유가 있다. 유전공학 프로세스로 인간을 말라리아로부터 보호해줄 수 있을지에 대해 대부분의 서구 국가에서 윤리적 논의가 진행되고 있다. 하지만 많은 아프리카 국가에서 이는 생존이 걸린 문제다.

무한한
가능성

우리의 유전자 여행에서 인간은 특별한 여행 가이드로 등장한 것처럼 보인다. 이 여행 그룹이 얼마나 빠른 속도로 움직였는지 보여주는 증거가 지난 100년간의 발전이다. 이 시기에 세계 인구는 20억 명에서 75억 명으로 4배 정도 증가했다. 1970년대 이후 세계 인구는 지난 200만 년 동안의 인구만큼이나 증가했다. 물론 개체수가 발전 상태를 판단하는 유일한 기준이 될 수는 없다. 그럼에도 진화의 측면에서 우리 인간종의 추진력은 확실하게 나타났다.

현재 우리가 해결해야 할 많은 당면과제가 인류의 진화와 동시에 발생한 문제들이다. 인구가 많아질수록 자원에 대한 수요도 증가한다. 온실가스 배출량이 증가하면서 기후 변화는 심각해지고 있다. 전 세계에서 사람이 거주하기 힘든 지역이 점점 많아지고 있다. 현재 너무 많은 사람들이 너무 낮은 성장 가능성을 두고 경쟁하고 있다. 이로 말미암아 발생하는 위험은 결코 우습게 볼 일이 아니다. 이것은 뉴스를 보면 확실히 알 수 있다. 그럼에도 지금도 발전하고 있는 인류가 해마다 거의 모든 영역에서 더 나아지고 있다는 사실이 믿기 어려울지도 모른다. 전 세계적으로 부가 증가하고 있고, 전체 인구에서 배고픈 사람, 치명적인 질병에 걸린 사람, 산모 및 영아 사망률의 비중이 감소하고 있다. 이것은 수많은 지표 중 일부에 불과하다.

발전은 계속될 것이다. 이것은 인간 본연의 욕구인 이동과 네트워크화와 관련이 있다. 인간은 전 세계로 확산되면서 글로벌 사회의 초석을 다졌다. 지난 수천 년간 그 형상이 점점 뚜렷하게 드러나고 있고 발전 속도도 눈부시게 빨라지고 있다. 전 세계 인구 2명 중 한 명이 인터넷을 사용하고 있고, 스마트폰으로 불러올 수 있는 지식뿐만 아니라 저장된 데이터양도 급속도로 증가하고 있다. 향후 수십 년 내에 거의 모든 사회 영역이 디지털화 될 것이다. 의학이 유전학에 큰 희망을 거는 것도 디지털화와 신속한 처리 프로세스의 대량 데이터 때문이다. 수십 억 개의 염기쌍을 갖고 있는 인간의 게놈도 이러한 데이터 가운데 하나다. 우리는 인간의 게놈에서 점점 더 많은 비밀을 캐내고 있다. 목표는 단 한 가지, 우리 자신과 우리의 본성을 철저히 파헤치는 것이다.

미래의 세상은 네트워크화된 세계, 글로벌 사회가 될 것이다. 인류는 지구상에 존재한 이후 계속 이 길을 걸어왔다. 이 길이 언제 끝날지 아직 아무도 모른다. 고립의 도그마가 끝난 것은 확실한 듯하다. 인류의 여행은 계속될 것이다. 그 과정에서 우리는 한계에 부딪힐지 모른다. 하지만 우리는 이러한 한계를 받아들이지 않을 것이다.

우리는 한계를 받아들이기 위해 만들어진 존재가 아니기 때문이다.

보충설명

1   중합효소 연쇄 반응에서는 매일 인체에서 수백만 번 일어나는 프로세스, 즉 새로운 체세포가 형성될 때의 게놈 복제 작업이 반복된다. 시험관에는 체내 효소와 유사한 효소가 사용된다. DNA 분자 하나가 계속 2배로 증가하면서 몇 시간 만에 1억 개가 된다.

2   이러한 유전 정보는 어머니와 아버지로부터 각각 23개의 염색체를 받아 인간에게 유전된다. 아버지로부터 Y염색체 하나를 물려받는지 아니면 X염색체 하나를 물려받는지에 따라 성별이 결정된다.

3   당시 인간 게놈 해독은 초대형 프로젝트였기 때문에 수천 개의 실험실이 이 작업에 공동 참여했다. 이 실험실들은 수백만 달러를 호가하는 염기 서열 분석기를 수십 대 갖춘, 그야말로 '공장'이었다. 각 실험실은 몇 년에 걸쳐 수백만 개의 염기쌍 개수 산출 마라톤을 했다. 마지막에 모든 실험실의 산출 결과를 취합했다.

4   역설적으로 새로운 지식이 오랜 불안감을 더 키울 수도 있다. 아이가 태어나자마자 부모들은 아이를 평생 따라다닐 수 있는 위험요인에 관한 정보를 서면으로 통보받는다. 염기 서열 분석기 데이터는 통계적 확률을 고려해 산출된 결과이기 때문에, 이러한 유전 정보가 지나치다고 여기는 사람들도 있다.

5   19세기 이후 고고학자들은 뼈와 그릇, 무기, 장신구 등의 수공예품을 연구하면서, 자신들의 조상이 어떻게 살았고 언제 전 세계로 확산되었는지 밝혀내려고 애써왔다. 고고학자들에게 이 작업은 마치 스도쿠 같았다. 학자들은 여러 발견물과 다른 지표를 조합하면서 서서히 전체 그림을 짜맞춰갔다. 예를 들어 유골 옆에서 특정한 제작 방식의 도기가 발견되고 다른 곳에서 동일한 양식의 도기가 발견되면 무덤 주인은 같은 시대와 문화권의 사람인 것으로 결론을 내린다. 예를 들어 학자들은 무덤 근처에 비문이나 도구와 같은 다른 발견물을 통해 시대 순서를 찾아내기도 한다.

20세기 초반까지 시대 배열은 대략적인 표본조사를 바탕으로 이루어졌다. 부장품이 없는 유골의 경우 시대 배열이 불가능했다. 방사성 탄소 연대 측정법이 개발되면서 상황이 완전히 달라졌다. 방사성 연대 측정법이 없는 현대 고고학은 상상조차 할 수 없다. 1946년 개발된 C14 분석법에서 측정량으로 하는 물리 상수는, 유기물로 된 고고학 공예품에서 발견되는 물질인 방사성 탄소 붕괴 시점, 즉 공예품이 제작된 시기다. 이것은 생명체의 기본 구성요소인 탄소 붕괴 프로세스를 바탕으로 한다. 탄소는 광합성을 통해 식물에서 자신이 갈 길을 찾는다. 탄소는 먹이사슬을 통해 인간과 동물에게 도달하고 일부는 대기 중으로 방출된다. 탄소는 태양광선을 통해 불안정한 방사성 동위원소로 전환된다. 이것이 소위 C13과 C14다. 식물은 성장 시 이러한 불안정한 동위원소 외에 C12를 생성시킨다. C12는 원래의 아주 안정적인 탄소 변형으로, 태양광선을 통해 변형되지 않는다. 수천 년이 지나면 불안정한 동위원소 C13과 C14에 발생하는 일이 있다. C13과 C14는 다시 안정적인 형태의 동위원소 C12로 돌아가려고 한다. 이것은 물리 상수다. 즉 이 프로세스는 시대와 외부의 영향을 불문하고 항상 동일한 속도로 진행된다. 방사성 탄소 연대 측정법에서는 이러한 불변성을 이용하는 것이다. 수많은 고고학 유적지에서 탄소 성분이 포함된 물체가 발견되었기 때문이다. 가장 흔히 발견되는 것이 뼈나 불에 탄 나무다. 안정적인 탄소 동위원소와 불안정한 탄소 동위원소를 비교하면 나무와 뼈에서 언제까지 불안정한 동위원소가 나타났는지, 언제 생명체가 살았는지 확인할 수 있다. 1960년대 이후 C14 분석법은 고고학의 표준 프로세스가 되었다. 현재 이 방법을 토대로 연대를 측정한 고고학 유물이 수백만 점에 이른다. 물론 고고유전학에서도 이데이터는 매우 중요하다. 뼈의 DNA가 뼈의 과거를 들여다 볼 수 있는 창을 열어주었지만, 방사성 연대 측정법으로 측정한 데이터가 없었다면 그 가치는 절반밖에 되지 않는다.

6 모든 사람은 30개에서 60개가량의 이러한 돌연변이를 부모로부터 물려받는다. 대개 아버지로부터 물려받는다. 정자는 끊임없이 새로 생산되어 더 많은 돌연변이가 발생하기 때문이다. 반면 여성은 태어날 때 이미 정해진 개수의 난자를 가지고 태어나고 재생되지 않는다.

7 생명체의 설계도인 DNA는 번역과 전사의 원칙을 바탕으로 한다. 데이터 저장 수단인 DNA 정보는 세포핵에 담겨 있다. 여기에서 정보가 읽힌 뒤 소위 RNA로 전사된다. 이러한 RNA는 세포핵으로부터 DNA 정보를 이동시킨다. 세포 내에서 미니 단백질 공장 기능을 하는 리보솜은 이러한 정보를 읽어낸 뒤, 이것을 바탕으로 단백질을 생성한다. 단백질 생산에서 중요한 것은 염기쌍의 순서로, 염기쌍의 순서는 RNA를 통해 세포핵의 DNA에서 알아낼 수 있다.

8 핵 DNA로는 33억 개의 염기쌍을 분석할 수 있었고, 거의 1만 6,500개의 염기를 분석할 수밖에 없었던 mtDNA보다 정보 집약도가 훨씬 높다. 하지만 모든 세포에는 핵 DNA가 2개밖에 없다. 그중 하나는 어머니로부터 하나는 아버지로부터 물려받는다. 반면 항상 동일한 형태인 mtDNA의 개수는 500개에서 1,000개 사이다.

9   딸과 아들이 있는 여성이 있다고 하자. 이 여성은 딸과 아들에게 모두
mtDNA를 물려주지만, 손주 세대로 가면 딸을 통해서만 mtDNA가 유
전된다. 그리고 이 딸을 통해 손녀에게 mtDNA가 유전된다. 이론적으
로 이 순서가 수천 년 동안 계속 된다. 이렇게 딸들이 각각 아들 하나,
딸 하나씩 낳으면 한 세대의 간격은 30년, 1000년 동안 33명의 여성이
동일한 mtDNA를 갖게 된다. 한편 32명의 남성은 mtDNA를 가지고
있으나 자녀에게 물려줄 수 없다. 반면 딸들이 각각 딸을 둘씩 낳는다
면 동일한 기간에 mtDNA를 갖고 있는 여성은 80억 명 이상이다. 여
기에 이 여성들의 아들까지 포함된다. 우리가 mtDNA의 계통도를 따
라가다 보면 누구나 어느 한 지점에서 공통의 모계 조상을 찾을 수 있
다. 미토콘드리아 이브는 우리 모두의 조상이지만 현재 미토콘드리아
이브의 최초 mtDNA를 가지고 있는 사람은 아무도 없다. 지난 16만
년 동안 수많은 돌연변이가 발생해, 다양한 mtDNA 계통으로 분화되
었기 때문이다.

10   두 현생 인류의 mtDNA에 차이가 많을수록 분화된 시기가 오래된 것
이다. mtDNA의 경우 3000년에 한 번꼴로 돌연변이가 발생한다. 현
재 살아있는 사람은 계산상으로 mtDNA에 돌연변이가 33회 일어난
것이고, 10만 년 전에 그의 조상들에게는 아직 돌연변이가 나타나지
도 않았다. 두 인간 유형, 즉 네안데르탈인과 현생 인류로 분화될 때
이 효과가 2배로 증가한다. 한 유형은 10만 년 동안 33회의 돌연변이
가 나타났고, 다른 유형은 66회의 차이가 나타났다. 예를 들어 세 인
간 유형, 구체적으로 데니소바인, 네안데르탈인, 현생 인류의 mtDNA
를 관찰할 때 유전자 시계를 이용하면 어느 시기에 어느 인간 유형이
어떻게 분화되었는지 알 수 있다. 침팬지와 인간이 분화된 시기도 같
은 방법으로 산출한다. 현재 침팬지와 인간의 mtDNA에 나타난 차이
점을 관찰하면 분화 시기는 약 700만 년 전이다(하지만 현생 인류의 분화

시점보다 이 기간에 유전자 시계의 신뢰도가 더 떨어진다). 핵 DNA에는 유전된 돌연변이가 훨씬 많다. mtDNA처럼 3000년에 한 번이 아니라 1년에 한 번 돌연변이가 일어난다. 이 경우에도 유전자 시계가 작동하고, 측정할 수 있는 돌연변이가 훨씬 많을 뿐이다.

11 분화는 아프리카에서 일어났고, 인류가 이베리아반도로 확산되기까지 어느 정도의 시간이 걸렸다.

12 모든 사람에게는 2명의 부모, 4명의 조부모, 8명의 증조부모, 16명의 고조부모가 있다. 4세대를 연도로 환산하면 대략 80년에서 100년 사이다. 20세대 전 계보로 거슬러 올라갈 경우 기간은 약 400년에서 500년 사이이고, 100만 명 이상의 '원시 부모'가 생긴다. 30세대인 경우 조상 수는 벌써 10억 명이 넘으며, 이것은 650년 전 지구상에 살았던 사람보다 훨씬 많은 수다. 카를 대제가 사망한 이후 최소 40세대 지났다면 순수하게 수치상으로 조상 수가 1조 명에 달한다. 물론 이것은 변수가 반영되지 않은 이론적 수치다. 당시 모든 사람에게 아이가 있던 것도 아니고, 아이가 더 많은 사람들도 있었을 것이다. 이렇게 따지면 지금으로부터 600년 내지 700년 전 아이를 낳았고 그 후손들이 계속 아이를 낳은 사람들은 전부 현재 살아있는 유럽인들의 조상이라는 결론을 내릴 수 있다.

13 이 기간은 다른 DNA, 약 12만 년 전 독일 울름 인근에 살았던 네안데르탈인의 DNA를 분석해 나온 결과다. 이 네안데르탈인의 mtDNA는 지금까지 알려진 네안데르탈인의 것과는 달랐다. 이 네안데르탈인은 이후에 살았고 초기 현생 인류의 mtDNA를 갖고 있었다. 유전자 시계를 이용해 계산한 결과 두 네안데르탈인 개체군은 늦어도 22만 년 전에 분화되었다. 스페인 지역 네안데르탈인과 이렇게 분화된 네안데르탈인이 나타난 시점 중간에 초기 현생 인류가 유럽으로 넘어왔고 이들의 mtDNA를 네안데르탈인이 받은 것이 틀림없다. 하지만 이 일이 일어난

장소는 정확하게 말할 수 없다. 대략 근동 지방일 것으로 짐작된다.

14 　전 유럽과 아시아에 최대 350개의 네안데르탈인 뼈가 있다. 독일에서는 6개의 개체가 발굴되었다. 네안데르탈인 발굴지 중 가장 북쪽이다.

15 　아프리카에도 자연 장벽이 있었다. 하지만 그 수가 많지 않고 험하지도 않았다. 사하라는 지금보다 규모가 훨씬 작고 한때는 완전히 초원이었다. 아프리카 초기 현생 인류들 간의 경계가 모호했고 유전자 교류가 훨씬 많았던 듯하다.

16 　네안데르탈인의 고립 상태가 다른 인간종으로부터 이들을 보호해주었다는 것은 추측일 뿐이다. 어쨌든 네안데르탈인의 진화는 이런 작은 유전자풀의 혜택을 입었다. 파트너 선택 기회가 제한되어 불리했던 네안데르탈인의 유전자가 유전되기에 더 좋은 기회를 얻었는지도 모른다. 이들의 가까운 유연관계로 말미암아 많은 경우 부모들의 유전자에도 불리한 돌연변이가 있었다. 네안데르탈인보다 데니소바인의 유전적 상황이 더 심각했다. 이들의 DNA는 강한 근친상간의 흔적이 있었다. 데니소바인 소녀의 조상들은 훨씬 더 가까운 유연관계에 있었을 것이다. 왜냐하면 빙하기 아시아의 대부분 지역은 외부와 차단되어 있었기 때문이다. 데니소바인 주거 지역은 독일 중부 평지에 뻗쳐 있었고 이곳에 몇백 개체들이 살고 있었던 것으로 추정된다. 원시 인류에게는 파트너 선택의 기회가 많지 않았기 때문에 유전적으로 해로운 결합이 이루어졌다.

17 　오랫동안 고립된 민족과 서로 교류를 해온 민족들을 비교해보면 알 수 있듯이 그렇지 않았더라면 아프리카에서 이주한 현생 인류의 언어가 이들이 아프리카를 떠난 후 발달해 현재 개체군만큼 다양한 언어를 갖고 있어야 한다. 현대인들은 동일한 수준의 언어를 사용하기 때문에 이 시나리오는 제외시킬 수 있다.

18 　FOXP2 유전자는 소위 전사요소로, 게놈에 있는 수백 개의 다른 유전

자들의 스위치를 켜고 끌 수 있다. 이 기능이 언어 능력에 영향을 끼치는 이유는 아직 상세히 밝혀지지 않았다. 학문적으로는 현재 영국에 거주하고 있는 'KE 가족'의 사례가 특히 유명하다. 가족 구성원의 절반이 조음과 언어 이해 능력에 문제가 있다. 이들은 한쪽 부모로부터 돌연변이 FOXP2 유전자를 물려받았다. 나는 박사 논문을 쓸 당시 네안데르탈인의 핵 DNA 유전자를 연구했다. 몇 년 전 이 유전자의 게놈 전체가 해독되었는데, 당시 나는 침팬지와 현생 인류의 FOXP2 유전자가 두 가지 요소에서 차이가 나타난다는 사실을 확인했다. 반면 네안데르탈인과 현생 인류에게서는 이러한 차이가 발견되지 않았다. FOXP2 유전자는 언어에 간접적으로만 영향을 끼치기 때문에 이후 나는 이런 표현을 사용할 때 조심하게 되었다. 네안데르탈인과 인간의 FOXP2 유전자 비교를 통해, 적어도 네안데르탈인에게 언어 능력이 없다는 결론을 내릴 수 없었다.

19   제2차 세계대전 이전 현재 이스라엘 지역의 스쿨 동굴에서 한 인간의 뼈가 발견되었다. 이 인간은 지금으로부터 10만 년 전 죽었고 그의 조상들은 사하라 남부 지역에 살았다. 이후 1년이 채 되지 않아 아프리카 이외 지역에서 현생 인류의 흔적이 새롭게 발견되었다. 이들에게서 발견된 유전자는 현대인에게는 더 이상 존재하지 않는다.

20   지금으로부터 4만 2000년 전 오아제 동굴에 살았던 사람들의 유전자는 현대 유럽인들에게 그 흔적이 남아있지 않다. 우리는 이 사실을 알고 있기 때문에 화산 폭발 이후 살았던 마르키나-고라인에 대해서는 다음 시나리오가 더 현실적일 것이라고 생각한다. 화산 폭발 이후, 그 전에 유럽으로 이주했던 현생 인류의 수는 급격히 감소했거나 완전히 멸종되었을 가능성이 있다. 이후 도나우강 통로를 통해 새로운 이주 물결이 이어졌고, 오리냐크인이 확산된 것으로 보인다. 4000년 전 사건을 정확하게 배열할 수는 없으므로 이것은 아주 확실한 정보는 아

니다. 지금까지 오리냐크시대의 유전자 증거는 2개다. 이 시기의 것으로, 두 번째로 염기 서열이 분석된 인간은 지금으로부터 약 3만 8000년 전 벨기에의 고예 지역에 살았고 현대 유럽인과 똑같은 유전자를 갖고 있었다.

21   아마 그라베트인들은 이 시기 유럽으로 확산된 아시아의 매머드를 따라온 듯하다. 이 이론에 의하면 화산 폭발 이후 유럽에서 살아남은 거대 동물은 없었기 때문에 아시아 종을 받아들이게 되었다고 한다. 오리냐크에서 사람 때문에 멸종되었다는 설도 있고, 새로운 종이 유입되면서 기존의 종들이 멸종했다는 설도 있다.

22   남부 봉쇄는 유전적으로 입증되었다. 2018년 우리는 북아프리카 지역 최초의 빙하기 유전자의 염기 서열을 분석했다. 이 뼈는 모로코의 동굴에서 발굴되었다. 1만 5000년 전 이곳에 살았던 사람들은 이웃인 유럽과 유전적 교류를 하지 않았다.

23   여기에서는 간단하게 미케네인이라고 표기했다. 이 명칭은 19세기부터 사용되었지만 원래 전혀 다르게 불렸을 것이다.

24   CRISPR는 Clustered Regularly Interspaced Short Palindromic Repeats의 약칭으로, 우리말로 번역하면 '일정한 간격으로 떨어져서 존재하는 회문구조palindrome의 반복이 모여있는 것'이란 뜻이다. CAS라고도 표기한다.

참고문헌

이 책에서 우리는 가독성을 위해 각주를 달지 않고 아래와 같이 장별로 학술 논문, 전문서적, 기타 출처에 관한 정보를 정리했다. 이 책의 일부 정보는 동료 학자들과의 대화를 바탕으로 하였고, 이는 저자와 동일한 입장의 평가와 해석이라는 사실을 서두에서 이미 밝힌 바 있다.

1 작은 뼛조각에서 시작된 질문

1. Mullis, K., et al., *Specific enzymatic amplification of DNA in vitro: the polymerase chain reaction.* Cold Spring Harb Symp Quant Biol, 1986. 51 Pt 1: p. 263-73.
2. Venter, J. C., et al., *The sequence of the human genome.* Science, 2001. 291(5507): p. 1304-51.
3. International Human Genome Sequencing, C., *Finishing the euchromatic sequence of the human genome.* Nature, 2004. 431(7011): p. 931-45.
4. Reich, D., *Who we are and how we got here: ancient DNA revolution and the*

new science of the human past. First edition. ed. 2018, New York: Pantheon Books. xxv, 335pages.

5. Pääbo, S., *Über den Nachweis von DNA in altägyptischen Mumien.* Das Altertum, 1984. 30(213-218).

6. Pääbo, S., *Neanderthal man: in search of lost genomes.* 2014, New York: Basic Books, a member of the Perseus Books Group. ix, 275 pages.

7. Krause, J., et al., *The complete mitochondRIal DNA genome of an unknown hominin from southern SibeRIa.* Nature, 2010. 464(7290): p. 894-7.

8. Gregory, T. R., *The evolution of the genome.* 2005, Burlington, MA: Elsevier Academic. xxvi, 740 p.

9. Nystedt, B., et al., *The Norway spruce genome sequence and conifer genome evolution.* Nature, 2013. 497(7451): p. 579-84.

10. Consortium, E. P., *An integrated encyclopedia of DNA elements in the human genome.* Nature, 2012. 489(7414): p. 57-74.

11. Kimura, M., *Evolutionary rate at the molecular level.* Nature, 1968. 217(5129): p. 624-6.

12. Posth, C., et al., *Deeply divergent archaic mitochondRIal genome provides lower time boundary for African gene flow into Neanderthals.* Nat Commun, 2017. 8: p.16046.

13. Kuhlwilm, M., et al., *Ancient gene flow from early modern humans into Eastern Neanderthals.* Nature, 2016. 530(7591): p. 429-33.

14. Meyer, M., et al., *Nuclear DNA sequences from the Middle Pleistocene Sima de los Huesos hominins.* Nature, 2016. 531(7595): p. 504-7.

15. Reich, D., et al., *Genetic history of an archaic hominin group from Denisova Cave in SibeRIa.* Nature, 2010. 468(7327): p. 1053-60.

16. Krings, M., et al., *Neandertal DNA sequences and the origin of modern humans.* Cell, 1997. 90(1): p. 19-30.

17. Krause, J. and S. Paabo, *Genetic Time Travel.* Genetics, 2016. 203(1): p. 9-12.

18. Krause, J., et al., *A complete mtDNA genome of an early modern human from Kostenki, Russia.* Curr Biol, 2010. 20(3): p. 231-6.

19. Lazaridis, I., et al., *Ancient human genomes suggest three ancestral populations for present-day Europeans.* Nature, 2014. 513(7518): p. 409-13.

20. Haak, W., et al., *Massive migration from the steppe was a source for Indo-European languages in Europe.* Nature, 2015. 522(7555): p. 207-11.

21. Andrades Valtuena, A., et al., *The Stone Age Plague and Its Persistence in Eurasia.* Curr Biol, 2017. 27(23): p.3683-3691 e8.

22. Key, F. M., et al., *Mining Metagenomic Data Sets for Ancient DNA: Recommended Protocols for Authentication.* Trends Genet, 2017. 33(8): p. 508-520.

23. Rasmussen, S., et al., *Early divergent strains of Yersinia pestis in Eurasia 5,000 years ago.* Cell, 2015. 163(3): p.571-82.

2 끈질긴 이주민들

1. Green, R. E., et al., *A draft sequence of the Neandertal genome.* Science, 2010. 328(5979): p. 710-22.

2. Kuhlwilm, M., et al., *Ancient gene flow from early modern humans into Eastern Neanderthals.* Nature, 2016. 530(7591): p. 429-33.

3. Meyer, M., et al., *Nuclear DNA sequences from the Middle Pleistocene Sima de los Huesos hominins.* Nature, 2016. 531(7595): p. 504-7.

4. Posth, C., et al., *Deeply divergent archaic mitochondR1al genome provides lower time boundary for African gene flow into Neanderthals.* Nat Commun, 2017. 8: p. 16046.

5. Prufer, K., et al., *The complete genome sequence of a Neanderthal from the Altai Mountains.* Nature, 2014. 505(7481): p. 43-9.

6. Stringer, C. and P. Andrews, *The complete world of human evolution.* Rev. ed. 2011, London; New York: Thames&Hudson, Inc., 240 p.

7. Meyer, M., et al., *A high-coverage genome sequence from an archaic Denisovan individual.* Science, 2012. 338(6104): p. 222-6.

8. Faupl, P., W. Richter, and C. Urbanek, *Geochronology: dating of the Herto hominin fossils.* Nature, 2003. 426(6967): p. 621-2; discussion 622.

9. Krause, J., et al., *Neanderthals in central Asia and SibeR1a.* Nature, 2007. 449(7164): p. 902-4.

10. Enard, W., et al., *Intra- and interspecific vaR1ation in primate gene expression patterns.* Science, 2002. 296(5566): p. 340-3.

11. Krause, J., et al., *The derived FOXP2 vaR1ant of modern humans was shared with Neandertals.* Curr Biol, 2007. 17(21): p. 1908-12.

12. De Queiroz, K., *Species concepts and species delimitation.* Syst Biol, 2007. 56(6): p. 879-86.

13. Dannemann, M., K. Prufer, and J. Kelso, *Functional implications of Neandertal introgression in modern humans.* Genome Biol, 2017. 18(1): p. 61.

14. Fu, Q., et al., *Genome sequence of a 45,000-year-old modern human from*

western SibeR1a. Nature, 2014. 514(7523): p. 445-9.

15. Fu, Q., et al., *An early modern human from Romania with a recent Neanderthal ancestor.* Nature, 2015. 524(7564): p. 216-9.

16. Fu, Q., et al., *The genetic history of Ice Age Europe.* Nature, 2016. 534(7606): p. 200-5.

17. Kind, N. C. K.-J., *Als der Mensch die Kunst erfand: Eiszeithöhlen der Schwäbischen Alb.* 2017: Konrad Theiss.

18. Conard, N. J., *A female figurine from the basal Aurignacian of Hohle Fels Cave in southwestern Germany.* Nature, 2009. 459(7244): p. 248-52.

19. Conard, N. J., M. Malina, and S. C. Munzel, *New flutes document the earliest musical tradition in southwestern Germany.* Nature, 2009. 460(7256): p. 737-40.

20. Lieberman, D., *The story of the human body: evolution, health, and disease.* First edition. ed. 2013, New York: Pantheon Books. xii, 460 pages.

21. Grine, F. E., J. G. Fleagle, and R. E. Leakey, *The first humans: origin and early evolution of the genus Homo: contR1butions from the third Stony Brook Human Evolution Symposium and Workshop, October 3-October 7, 2006.* Vertebrate paleobiology and paleoanthropology series. 2009, Dordrecht: Springer. xi, 218 p.

22. Giaccio, B., et al., *High-precision (14)C and (40)Ar/(39) Ar dating of the Campanian Ignimbrite (Y-5) reconciles the time-scales of climatic-cultural processes at 40 ka.* Sci Rep, 2017. 7: p. 45940.

23. Marti, A., et al., *Reconstructing the plinian and co-ignimbrite sources of large volcanic eruptions: A novel approach for the Campanian Ignimbrite.* Sci Rep, 2016. 6: p. 21220.

24. Marom, A., et al., *Single amino acid radiocarbon dating of Upper Paleolithic modern humans*. Proc Natl Acad Sci USA, 2012. 109(18): p. 6878-81.

25. Krause, J., et al., *A complete mtDNA genome of an early modern human from Kostenki, Russia*. Curr Biol, 2010. 20(3): p. 231-6.

26. Fellows Yates, J. A., et al., *Central European Woolly Mammoth Population Dynamics: Insights from Late Pleistocene MitochondR1al Genomes*. Sci Rep, 2017. 7(1): p. 17714.

27. Mittnik, A., et al., *A Molecular Approach to the Sexing of the Triple BuR1al at the Upper Paleolithic Site of Dolni Vestonice*. PLoS One, 2016. 11(10): p. e0163019.

28. Forni, F., et al., *Long-term magmatic evolution reveals the beginning of a new caldera cycle at Campi Flegrei*. Science Advances, 2018. Vol. 4, no. 11, eaat9401.

3 이주민이 미래다

1. Odar, B., *A Dufour bladelet from Potočka zijalka (Slovenia)*. Arheološki vestnik, 2008. 59: p. 9-16.

2. Posth, C., et al., *Pleistocene MitochondR1al Genomes Suggest a Single Major Dispersal of Non-Africans and a Late Glacial Population Turnover in Europe*. Curr Biol, 2016. 26: p. 1-7.

3. Tallavaara, M., et al., *Human population dynamics in Europe over the Last Glacial Maximum*. Proc Natl Acad Sci USA, 2015. 112(27): p. 8232-7.

4. Alley, R. B., *The Younger Dryas cold interval as viewed from central*

Greenland. Quaternary Science Reviews., 2000. 19(1): p. 213—226.

5. Broecker, W. S., *Geology. Was the Younger Dryas triggered by a flood?* Science, 2006. 312(5777): p. 1146-8.

6. Walter, K. M., et al., *Methane bubbling from SibeR1an thaw lakes as a positive feedback to climate warming.* Nature, 2006. 443(7107): p. 71-5.

7. Zimov, S. A., E. A. Schuur, and F. S. Chapin, 3rd. *Climate change. Permafrost and the global carbon budget.* Science, 2006. 312(5780): p. 1612-3.

8. Grüberg, J. M., et al., *Mesolithic buR1als – Rites, symbols and social organisation of early postglacial communities.* Tagungen des Landesmuseums für Vorgeschichte Halle (Saale), Germany. Vol. 13. 2013, International Conference Halle.

9. Mannino, M. A., et al., *Climate-driven environmental changes around 8,200 years ago favoured increases in cetacean strandings and Mediterranean hunter-gatherers exploited them.* Sci Rep, 2015. 5: p. 16288.

10. Botigue, L. R., et al., *Ancient European dog genomes reveal continuity since the Early Neolithic.* Nat Commun, 2017. 8: p. 16082.

11. Thalmann, O., et al., *Complete mitochondR1al genomes of ancient canids suggest a European origin of domestic dogs.* Science, 2013. 342(6160): p. 871-4.

12. Arendt, M., et al., *Diet adaptation in dog reflects spread of prehistoric agriculture.* Heredity (Edinb), 2016. 117(5): p. 301-306.

13. Mascher, M., et al., *Genomic analysis of 6,000-year-old cultivated grain illuminates the domestication history of barley.* Nat Genet, 2016. 48(9): p. 1089-93.

14. Riehl, S., M. Zeidi, and N. J. Conard, *Emergence of agriculture in the foothills of the Zagros Mountains of Iran.* Science, 2013. 341(6141): p. 65-7.

15. Larson, G., *The Evolution of Animal Domestication.* Annual Review of Ecology, Evolution, and Systematics, 2014. 45: p. 115-36.

16. Gamba, C., et al., *Genome flux and stasis in a five millennium transect of European prehistory.* Nat Commun, 2014. 5: p. 5257.

17. Feldman, M., et al., *Late Pleistocene human genome suggests a local origin for the first farmers of central Anatolia.* bioRxiv 2018. 422295.

18. Lazaridis, I., et al., *Genomic insights into the origin of farming in the ancient Near East.* Nature, 2016. 536(7617): p. 419-24.

19. Lazaridis, I., et al., *Ancient human genomes suggest three ancestral populations for present-day Europeans.* Nature, 2014. 513(7518): p. 409-13.

20. Mathieson, I., et al., *Genome-wide patterns of selection in 230 ancient Eurasians.* Nature, 2015. 528(7583): p. 499-503.

21. Jablonski, N. G. and G. Chaplin, *Colloquium paper: human skin pigmentation as an adaptation to UV radiation.* Proc Natl Acad Sci USA, 2010. 107 Suppl 2: p. 8962-8.

22. Gamarra, B., et al., *5000 years of dietary vaR1ations of prehistoric farmers in the Great HungaR1an Plain.* PLoS One, 2018. 13(5): p. e0197214.

23. Liem, E. B., et al., *Increased sensitivity to thermal pain and reduced subcutaneous lidocaine efficacy in redheads.* Anesthesiology, 2005. 102(3): p. 509-14.

24. Ryan, C., et al., *Sex at Dawn: The Prehistoric Origins of Modern Sexuality.* 2010: Harper.

25. Uthmeier, T., *Bestens angepasst–Jungpaläolithische Jäger und Sammler in*

Europa. In: *Klimagewalten: Treibende Kraft der Evolution.* 2017: Konrad Theiss.

26. Behringer, W., *Das wechselhafte Klima der letzten 1000 Jahre.* In: ebd.

27. Müller, A, *Was passiert, wenn es kälter oder wärmer wird?* In: ebd.

28. Hallgren, F., et al., *Skulls on stakes and in water. Mesolithic mortuary rituals at Kanaljorden, Motala, Sweden 7000 BP. In: Mesolithische Bestattungen–Riten, Symbole und soziale Organisation früher postglazialer Gemeinschaften.* 2013: Landesamt für Denkmalpflege und Archäologie Sachsen-Anhalt.

4 평행사회

1. Bollongino, R., et al., *2000 years of parallel societies in Stone Age Central Europe.* Science, 2013. 342(6157): p. 479-81.

2. Bajic, V., et al., *Genetic structure and sex-biased gene flow in the history of southern African populations.* Am J Phys Anthropol, 2018. 167(3): p. 656-671.

3. Mummert, A., et al., *Stature and robusticity during the agricultural transition: evidence from the bioarchaeological record.* Econ Hum Biol, 2011. 9(3): p. 284-301.

4. Cohen, M. N. and G. J. Armelagos, *Paleopathology and the origins of agriculture.* 1984: Orlando: Academic Press.

5. Mischka, D., *Flintbek LA 3, biography of a monument.* Journal of Neolithic Archaeology, 2010.

6. Brandt, G., et al., *Ancient DNA reveals key stages in the formation of central*

European mitochondR1al genetic diversity. Science, 2013. 342(6155): p. 257-61.

7. Haak, W., et al., *Massive migration from the steppe was a source for Indo-European languages in Europe.* Nature, 2015. 522(7555): p. 207-11.

8. Meller, H. (Hrsg.), Krieg–*eine archäologische Spurensuche.* 2015: Konrad Theiss.

9. Meller, H. (Hrsg.), *3300 BC. Mysteriöse Steinzeittote und ihre Welt.* 2013: Nünnerich-Asmus.

10. Mittnik, A., et al., *The genetic prehistory of the Baltic Sea region.* Nat Commun, 2018. 9(1): p. 442.

11. Fugazzola Delpino, M. A. and M. Mineo, *La piroga neolitica del lago di Bracciano, La Marmotta 1.* Bullettino di Paletnologia Italiana (Rome), 1995. 86: p. 197—266.

12. Greenblatt, C. and M. Spigelman, *Emerging pathogens: archaeology, ecology and evolution of infectious disease.* 2003: Oxford University Press.

5 젊은 남성들의 홀로서기

1. Patterson, N., et al., *Ancient admixture in human history.* Genetics, 2012. 192(3): p. 1065-93.

2. Skoglund, P. and D. Reich, *A genomic view of the peopling of the Americas.* Curr Opin Genet Dev, 2016. 41: p. 27-35.

3. Raghavan, M., et al., *Upper Palaeolithic SibeR1an genome reveals dual ancestry of Native Americans.* Nature, 2014. 505(7481): p. 87-91.

4. Allentoft, M. E., et al., *Population genomics of Bronze Age Eurasia*. Nature, 2015. 522(7555): p. 167-72.

5. Anthony, D. W., *The Horse, the Wheel, and Language: How Bronze-Age Riders from the Eurasian Steppes Shaped the Modern World*. 2007: Princeton University Press.

6. Wang, C. C., et al., *The genetic prehistory of the Greater Caucasus*. bioRxiv 2018. 322347.

7. Mathieson, I., et al., *The genomic history of southeastern Europe*. Nature, 2018. 555(7695): p. 197-203.

8. Andrades Valtuena, A., et al., *The Stone Age Plague and Its Persistence in Eurasia*. Curr Biol, 2017. 27(23): p. 3683-3691 e8.

9. Olalde, I., et al., *The Beaker phenomenon and the genomic transformation of northwest Europe*. Nature, 2018. 555(7695): p. 190-196.

10. Adler, W., *Gustaf Kossinna, in Studien zum Kulturbegriff in der Vor- und Frühgeschichtsforschung*, R. Habelt, Editor. 1987. p. 33-56.

11. Heyd, V., *Kossina's smile*. Antiquity, 2017. 91(356): p. 348-359.

12. Kristiansen, K., et al., *Re-theorizing mobility and the formation of culture and language among the Corded Ware Cultures in Europe*. Antiquity 91: 334–47. Antiquity, 2017. 91: p. 334-47.

13. Orlando, L., et al., *Recalibrating Equus evolution using the genome sequence of an early Middle Pleistocene horse*. Nature, 2013. 499(7456): p. 74-8.

14. Gaunitz, C., et al., *Ancient genomes revisit the ancestry of domestic and Przewalski's horses*. Science, 2018. 360(6384): p. 111-114.

15. Goldberg, A., et al., *Ancient X chromosomes reveal contrasting sex bias in Neolithic and Bronze Age Eurasian migrations*. Proc Natl Acad Sci USA,

2017. 114(10): p. 2657-2662.

16. Meller, H., A. Muhl, and K. Heckenhahn, *Tatort Eulau: Ein 4500 Jahre altes Verbrechen wird aufgeklärt.* 2010: Konrad Theiss.

17. Meller, H. and K. Michel, *Die Himmelsscheibe von Nebra: Der Schlüssel zu einer untergegangenen Kultur im Herzen Europas.* 2018: Propyläen Verlag.

18. Segurel, L. and C. Bon, *On the Evolution of Lactase Persistence in Humans.* Annu Rev Genomics Hum Genet, 2017. 18: p. 297-319.

6 유럽, 하나의 언어를 찾다

1. Haspelmath, M., M. S. Dryer, and D. Gil, *The World Atlas of Language Structures.* 2005, Oxford Linguistics.

2. Gray, R. D., Q. D. Atkinson, and S. J. Greenhill, *Language evolution and humanhistory: what a difference a date makes.* Philos Trans R Soc Lond B Biol Sci, 2011. 366(1567): p. 1090-100.

3. Renfrew, C., *Archaeology and Language: The Puzzle of Indo-European Origins.* 1987: Cambridge University Press.

4. Gray, R. D. and Q. D. Atkinson, *Language-tree divergence times support the Anatolian theory of Indo-European origin.* Nature, 2003. 426(6965): p. 435-9.

5. Gimbutas, M. *Culture Change in Europe at the Start of the Second Millennium B. C. A ContR1bution to the Indo-European Problem. In: Fifth International Congress of Anthropological and Ethnological Sciences.* 1956. Philadelphia.

6. Kontler, L., *Millennium in Central Europe: A History of Hungary.* 1999: Atlantisz Publishing House.

7. Narasimhan, V., et al., *The Genomic Formation of South and Central Asia.* bioRxiv 2018. 292581.

8. Wang, C. C., et al., *The genetic prehistory of the Greater Caucasus.* bioRxiv 2018. 322347.

9. Jones, E. R., et al., *Upper Palaeolithic genomes reveal deep roots of modern Eurasians.* Nat Commun, 2015. 6: p.8912.

7 가부장제와 수직적 서열 구조의 등장

1. Fokkens, H. and A. Harding, *The Oxford Handbook of the European Bronze Age.* 2013: Oxford University Press.

2. Anthony, D. W., *The Horse, the Wheel, and Language: How Bronze-Age Riders from the Eurasian Steppes Shaped the Modern World.* 2007: Princeton University Press.

3. Risch, R. *Ein Klimasturz als Ursache für den Zerfall der alten Welt.* In: *7. Mitteldeutscher Archäologentag* 2014. Halle (Saale), Germany: Landesamt f. Denkmalpflege u. Archäologie Sachsen-Anhalt.

4. Knipper, C., et al., *A distinct section of the Early Bronze Age society? Stable isotope investigations of buR1als in settlement pits and multiple inhumations of the Unetice culture in central Germany.* Am J Phys Anthropol, 2016. 159(3): p. 496-516.

5. Knipper, C., et al., *Female exogamy and gene pool diversification at the*

transition from the Final Neolithic to the Early Bronze Age in central Europe.
Proc Natl Acad Sci U S A, 2017. 114(38): p. 10083-10088.

6. Mittnik, A., et al., *Kinship-based social inequality in Bronze Age Europe.*
    Unpublished, 2019.

7. Maran, J. and P. Stockhammer, *ApproprIating Innovations: Entangled
    Knowledge in Eurasia, 5000-1500 BCE* 2017: Oxbow Books.

8. Hofmanova, Z., et al., *Early farmers from across Europe directly descended from
    Neolithic Aegeans.* Proc Natl Acad Sci USA, 2016. 113(25): p. 6886-91.

9. Meller, H., M. Schefzik, and P. Ettel, *Krieg–eine archäologische Spurensuche.*
    2015: Theiss, in Wissenschaftliche Buchgesellschaft.

10. Lidke, G., T. Terberger, and D. Jantzen, *Das bronzezeitliche Schlachtfeld im
    Tollensetal - Krieg, Fehde oder Elitenkonflikt? In: Krieg-eine archäologische
    Spurensuche*, H. Meller and M. Schefzik, Editors. 2015: Theiss, in
    Wissenschaftliche Buchgesellschaft.

11. Schiffels, S., et al., *Iron Age and Anglo-Saxon genomes from East England
    reveal British migration history.* Nat Commun, 2016. 7: p. 10408.

12. Risch, R., et al., *Vorwort der Herausgeber. In: 2200 BC - Ein Klimasturz als
    Ursache für den Zerfall der Alten Welt?* 2015: Landesamt für Denkmalpflege
    und Archäologie Sachsen-Anhalt.

13. Weiss, H., *Megadrought, collapse, and resilience in late 3rd millenium BC
    Mesopotamia.* In: ebd.

1. Little, L. K., *Plague and the end of antiquity: the pandemic of 541-750*. 2007: Cambridge University Press.

2. Bos, K. I., et al., *Eighteenth century Yersinia pestis genomes reveal the long-term persistence of an historical plague focus*. Elife, 2016. 5: p. e12994.

3. Bos, K. I., et al., *Parallel detection of ancient pathogens via array-based DNA capture*. Philos Trans R Soc Lond B Biol Sci, 2015. 370(1660): p. 20130375.

4. Bos, K. I., et al., *A draft genome of Yersinia pestis from victims of the Black Death*. Nature, 2011. 478(7370): p. 506-10.

5. Bos, K. I., et al., *Yersinia pestis: New Evidence for an Old Infection*. PLoS One, 2012. 7(11): p. e49803.

6. Du Toit, A., *Continued risk of Ebola virus outbreak*. Nat Rev Microbiol, 2018. 16(9): p. 521.

7. Rasmussen, S., et al., *Early divergent strains of Yersinia pestis in Eurasia 5,000 years ago*. Cell, 2015. 163(3): p. 571-82.

8. Achtman, M., et al., *Yersinia pestis, the cause of plague, is a recently emerged clone of Yersinia pseudotuberculosis*. Proc Natl Acad Sci USA, 1999. 96(24): p. 14043-8.

9. Allocati, N., et al., *Bat-man disease transmission: zoonotic pathogens from wildlife reservoirs to human populations*. Cell Death Discov, 2016. 2: p. 16048.

10. Armelagos, G. J. and K. Barnes, *The evolution of human disease and the rise of allergy: Epidemiological transitions*. Medical Anthropology: Cross

Cultural Studies in Health and Illness, 1999. 18(2).

11. Armelagos, G. J., A. H. Goodman, and K. H. Jacobs, *The origins of agriculture: Population growth during a period of declining health.* Population and environment, 1991. 13: p. 9-22.

12. Omran, A. R., *The epidemiologic transition. A theory of the epidemiology of population change.* Milbank Mem Fund Q, 1971. 49(4): p. 509-38.

13. Gage, K. L. and M. Y. Kosoy, *Natural history of plague: perspectives from more than a century of research.* Annu Rev Entomol, 2005. 50: p. 505-28.

14. Benedictow, O. J., *The Black Death, 1346-1353: The complete history.* 2004: Boydell & Brewer.

15. Hinnebusch, B. J., C. O. Jarrett, and D. M. Bland, *»Fleaing« the Plague: Adaptations of Yersinia pestis to Its Insect Vector That Lead to Transmission.* Annu Rev Microbiol, 2017. 71: p. 215-232.

16. Hinnebusch, B. J. and D. L. Erickson, *Yersinia pestis biofilm in the flea vector and its role in the transmission of plague.* Curr Top Microbiol Immunol, 2008. 322: p. 229-48.

17. Wiechmann, I. and G. Grupe, *Detection of Yersinia pestis DNA in two early medieval skeletal finds from Aschheim (Upper BavaR1a, 6th century A.D.).* Am J Phys Anthropol, 2005. 126(1): p. 48-55.

18. Vagene, A. J., et al., *Salmonella enterica genomes from victims of a major sixteenth-century epidemic in Mexico.* Nat Ecol Evol, 2018. 2(3): p. 520-528.

19. Andrades Valtuena, A., et al., *The Stone Age Plague and Its Persistence in Eurasia.* Curr Biol, 2017. 27(23): p. 3683-3691 e8.

20. Rascovan, N., et al., *Emergence and Spread of Basal Lineages of Yersinia*

pestis during the Neolithic Decline. Cell, 2018.

21. Hymes, R., *Epilogue: A Hypothesis on the East Asian Beginnings of the Yersinia pestis Polytomy.* The Medieval Globe, 2016. 1(12).

22. Yersin, A., *Sur la peste bubonique (sérothérapie).* Ann Inst Pasteur, 1897. 11: p. 81-93.

23. Bergdolt, K., *Über die Pest. Geschichte des Schwarzen Tods.* 2006: C. H. Beck.

24. Keller, M., et al., *Ancient Yersinia pestis genomes from across Western Europe reveal early diversification during the First Pandemic (541-750).* bioRxiv 2018. 481226.

25. Wheelis, M., *Biological warfare at the 1346 siege of Caffa.* Emerg Infect Dis, 2002. 8(9): p. 971-5.

26. Schulte-van Pol, K., *D-Day 1347: Die Invasion des Schwarzen Todes.,* in Die Zeit. 1997.

27. Buntgen, U., et al., *Digitizing historical plague.* Clin Infect Dis, 2012. 55(11): p. 1586-8.

28. Spyrou, M. A., et al., *Historical Y. pestis Genomes Reveal the European Black Death as the Source of Ancient and Modern Plague Pandemics.* Cell Host Microbe, 2016. 19(6): p. 874-81.

29. Spyrou, M. A., et al., *A phylogeography of the second plague pandemic revealed through the analysis of historical Y. pestis genomes.* bioRxiv. 481242.

1. World Health Organization, Wkly. Epidemiol. Rec., 2011. 86(389).

2. Brody, S. N., *The Disease of the Soul: Leprosy in Medieval Literature* 1974, Ithaca: Cornell Press.

3. Cole, S. T., et al., *Massive gene decay in the leprosy bacillus.* Nature, 2001. 409(6823): p. 1007-11.

4. *The MycobacteR1al Cell Envelope,* M. Daffé and J.-M. Reyrat, Editors. 2008, ASM Press: Washington, DC.

5. World Health Organization, *Fact Sheet Leprosy.* 2015.

6. Robbins, G., et al., *Ancient skeletal evidence for leprosy in India (2000 B.C.).* PLoS One, 2009. 4(5): p. e5669.

7. Schuenemann, V. J., et al., *Ancient genomes reveal a high diversity of Mycobacterium leprae in medieval Europe.* PLoS Pathog, 2018. 14(5): p. e1006997.

8. Schuenemann, V. J., et al., *Genome-wide comparison of medieval and modern Mycobacterium leprae.* Science, 2013. 341(6142): p. 179-83.

9. Truman, R. W., et al., *Probable zoonotic leprosy in the southern United States.* N Engl J Med, 2011. 364(17): p. 1626-33.

10. Singh, P., et al., *Insight into the evolution and origin of leprosy bacilli from the genome sequence of Mycobacterium lepromatosis.* Proc Natl Acad Sci USA, 2015. 112(14): p. 4459-64.

11. Avanzi, C., et al., *Red squirrels in the British Isles are infected with leprosy bacilli.* Science, 2016. 354(6313): p. 744-747.

12. Irgens, L. M., *[The discovery of the leprosy bacillus].* Tidsskr Nor Laegeforen,

2002. 122(7): p. 708-9.

13. Cao, A., et al., *Thalassaemia types and their incidence in Sardinia.* J Med Genet, 1978. 15(6): p. 443-7.

14. Wambua, S., et al., *The effect of alpha+-thalassaemia on the incidence of malaR1a and other diseases in children living on the coast of Kenya.* PLoS Med, 2006. 3(5): p. e158.

15. Luzzatto, L., *Sickle cell anaemia and malaR1a.* Mediterr J Hematol Infect Dis, 2012. 4(1): p. e2012065.

16. O'Brien, S. J. and J. P. Moore, *The effect of genetic vaR1ation in chemokines and their receptors on HIV transmission and progression to Aids.* Immunol Rev, 2000. 177: p. 99-111.

17. Wirth, T., et al., *Origin, spread and demography of the Mycobacterium tuberculosis complex.* PLoS Pathog, 2008. 4(9): p. e1000160.

18. World Health Organization, *Tuberculosis* (TB). 2018.

19. Brosch, R., et al., *A new evolutionary scenario for the Mycobacterium tuberculosis complex.* Proc Natl Acad Sci USA, 2002. 99(6): p. 3684-9.

20. Comas, I., et al., *Out-of-Africa migration and Neolithic coexpansion of Mycobacterium tuberculosis with modern humans.* Nat Genet, 2013. 45(10): p. 1176-82.

21. Bos, K. I., et al., *Pre-Columbian mycobacteR1al genomes reveal seals as a source of New World human tuberculosis.* Nature, 2014. 514(7523): p. 494-7.

22. Vagene, A. J., et al., *Salmonella enterica genomes from victims of a major sixteenth-century epidemic in Mexico.* Nat Ecol Evol, 2018. 2(3): p. 520-528.

23. Dobyns, H. F., *Disease transfer at contact.* Annu. Rev. Anthropol, 1993.

22: p. 273–291.

24. Farhi, D. and N. Dupin, *Origins of syphilis and management in the immunocompetent patient: facts and controversies.* Clin Dermatol, 2010. 28(5): p. 533-8.

25. Crosby, A. W., *The Columbian exchange: biological and cultural consequences of 1492.* 2003, New York: Praeger.

26. Diamond, J. G., *Germs and Steel. New York: W. W. Norton. p. 210. In: Guns, Germs and Steel.* 1997, New York: W. W. Norton.

27. Winau, R., *Seuchen und Plagen: Seit Armors Köcher vergiftete Pfeile führt.* Fundiert, 2002. 1.

28. Schuenemann, V. J., et al., *Historic Treponema pallidum genomes from Colonial Mexico retrieved from archaeological remains.* PLoS Negl Trop Dis, 2018. 12(6): p. e0006447.

29. Knauf, S., et al., *Nonhuman primates across sub-Saharan Africa are infected with the yaws bacterium Treponema pallidum subsp. pertenue.* Emerg Microbes Infect, 2018. 7(1): p. 157.

30. Taubenberger, J. K. and D. M. Morens, *1918 Influenza: the mother of all pandemics.* Emerg Infect Dis, 2006. 12(1): p. 15-22.

31. Gygli, S. M., et al., *Antimicrobial resistance in Mycobacterium tuberculosis: mechanistic and evolutionary perspectives.* FEMS Microbiol Rev, 2017. 41(3): p. 354-373.

32. Findlater, A. and Bogoch, I. I., *Human Mobility and the Global Spread of Infectious Diseases:* A Focus on Air Travel. Trends Parasitol, 2018. 34(9): p. 772-783.

결론 흑백 대립의 종말

1. Findlater, A. and Bogoch, I. I., *Human Mobility and the Global Spread of Infectious Diseases*: *A Focus on Air Travel*. Trends Parasitol, 2018. 34(9): p. 772-783.

2. Klein, L., *Gustaf Kossinna: 1858–1931, in Encyclopedia of Archaeology: The Great Archaeologists,* T. Murray, Editor. 1999, ABC-CLIO. p. 233–246.

3. Kossinna, G., *Die Herkunft der Germanen. Zur Methode der Siedlungsarchäologie.* 1911, Würzburg: Kabitzsch.

4. Grünert, H., *Gustaf Kossinna. Ein Wegbereiter der nationalsozialistischen Ideologie, in Prähistorie und Nationalsozialismus: Die mittel-und osteuropäische Ur-und Frühgeschichtsforschung in den Jahren 1933–1945,* A. Leube, Editor. 2002, Synchron Wissenschaftsverlag der Autoren: Heidelberg.

5. Eggers, H. J., *Einführung in die Vorgeschichte.* 1959, München: Piper.

6. Eggert, M. K. H., *Archäologie. Grundzüge einer historischen Kulturwissenschaft.* 2006, Tübingen: A. Francke

7. Schulz, M., *Neolithic Immigration: How Middle Eastern Milk Drinkers Conquered Europe,* in *Spiegel Online.* 2010.

8. Martin, A. R., et al., *An Unexpectedly Complex Architecture for Skin Pigmentation in Africans.* Cell, 2017. 171(6): p. 1340-1353 e14.

9. Jinek, M., et al., *A programmable dual-RNA-guided DNA endonuclease in adaptive bacteR1al immunity.* Science, 2012. 337(6096): p. 816-21.

10. Wade, N., *Researchers Say Intelligence and Diseases May Be Linked in Ashkenazic Genes.* New York Times, 2005.

11. Gauland, A., *Warum muss es Populismus sein?* Frankfurter Allgemeine Zeitung: 6. Oktober 2018.

12. Rosling, H., *Factfulness: Wie wir lernen, die Welt so zu sehen, wie sie wirklich ist.* 2018: Ullstein.

13. Ahrendt, H., *Elemente und Ursprünge totaler Herrschaft: Antisemitismus. ImpeR1alismus. Totale Herrschaft.* 1955: Piper.

14. Seibel, A., et al., *Mögen Sie keine Türken, Herr Sarrazin?* Welt am Sonntag: 29. August 2010.

15. *The elementary DNA of Dr Watson.* The Sunday Times: 14. Oktober 2007.

북해

발트해

대서양

종형 토기 문화

깔때기형-토기 문화

루아르강

알프스산맥

피레네산맥

타구스강

종형 토기 문화

새조개 토기 문화

아드리아해

지중해

티레니아해

이오니아해

지금으로부터
3000년 전

14 000 13 000 12 000 11 000 10 000 9000 8000 7000 6000 5000 4000

나투프 문화
14 000 - 11500년

스타체보 문화
8500 - 7400년

얌나야 문화 5600 - 4500년

깔대기형 토기 문화 6200 - 4800년

선형 토기 문화 7500 - 6900년

새조개 토기 문화 7500 - 5500년

종형 토기 문화 4600 - 3800년

매듭무늬 토기 문화 4800 - 4200년

신석기 문화

볼가강

매듭무늬 토기 문화

얌나야 문화

드네프르강

선형 토기 문화

카르파티아산맥

드네스트르강

도나우강

스타체보 문화

흑해

코카서스산맥

카스피해

에게해

자그로스산맥

비옥한 초승달지대

타우루스산맥

지중해

나투프 문화

나투프 문화
얌나야 문화
•••• 선형 토기 문화
종형 토기 문화
⧸⧸⧸ 매듭무늬 토기 문화
깔때기형 토기 문화
스타체보 문화
새조개 토기 문화
━━ 비옥한 초승달지대

0   300km